万山之巅

珠峰传

徐永清　著

青海人民出版社

图书在版编目（ＣＩＰ）数据

万山之巅：珠峰传 / 徐永清著 . –– 西宁 : 青海人
民出版社，2022.2

ISBN 978-7-225-06294-5

Ⅰ . ①万⋯ Ⅱ . ①徐⋯ Ⅲ . ①珠穆朗玛峰—概况
Ⅳ . ① K928.3

中国版本图书馆 CIP 数据核字 (2022) 第 009814 号

万山之巅：珠峰传

徐永清　著

出 版 人　樊原成

出版发行　青海人民出版社有限责任公司
西宁市五四西路 71 号　邮政编码：810023　电话：（0971）6143426（总编室）

发行热线　（0971）6143516/6137730

网　　址　http://www.qhrmcbs.com

印　　刷　陕西龙山海天艺术印务有限公司

经　　销　新华书店

开　　本　720mm×1010mm　1/16

印　　张　19.25

字　　数　240 千

版　　次　2022 年 5 月第 1 版　2022 年 5 月第 1 次印刷

书　　号　ISBN 978-7-225-06294-5

定　　价　128.00 元

目　录

珠峰之美

　　喜马拉雅群山苍茫无际，漫长弧形的山脉，逶迤盘亘于亚洲大地。珠穆朗玛峰，这座大自然塑造的巨型金字塔，昂首地球之巅，耸立天宇之间，卓尔不群，独领风骚。

　　珠峰之美，美在沧海桑田。距今 2.8 亿年前，珠峰地区曾经是一片汪洋大海，一个鱼鳖活跃的世界。在大约 3400 万年前的渐新世初期，印度板块这位硬汉子，从南边漂移过来，与欧亚板块剧烈相撞，特提斯海顿时无容身之地，那一片地区昂然而起，在一系列造山运动中，珠穆朗玛峰崛然而升，这座地球上最年轻的山峰，抬升为世界第一高峰。

珠峰之美，美在巍峨高峻。这座昂首云天的山峰，由暗色条纹状岩石构成，一层层不同色调的岩石，像千层糕似的叠合在一起，山的顶部冰雪银光闪耀，伟岸的山体，状若三面体的巨型金字塔，高大的身姿，颇具王者气概。地球的万山之宗，攀登者的朝圣地。

珠峰之美，美在嵯峨参差。山峦叠嶂，群峰崛起，白雪皑皑，银装素裹，一座座披着雪袍的高峰巍然列阵，聆听季风呼啸，仰视日月星辰，亘古寂寞。距今 4.8 亿年的奥陶纪的海相地层石灰岩，构成了这些伟大的山峰系列。珠峰附近高峰林立，仅海拔 7000 米以上的高峰就有 40 多座，其中海拔在 8000 米以上的高峰有 4 座，形成了世界上极高峰最集中的地区。

珠峰之美，美在冰川晶莹。珠峰周边，分布着 548 条大陆型冰川，巨大的山谷，晶莹的冰川，山舞银蛇，冰塔林立，构成一个宏伟的山岳冰川中心。在海拔 5500 ~ 6200 米的地段，发育着众多的冰塔林，千姿百态，瑰丽罕见；还有高达数十米的冰陡崖，步步陷阱的明暗冰裂隙，险象环生的冰崩雪崩区。珠峰北坡有著名的绒布冰川，在冰塔林之间散布着绚丽多彩的冰湖和冰面河流。位于珠峰南坡的昆布冰川，千姿百态，冰瀑高悬。

珠峰之美，美在气象万千。这里一年四季，翻云覆雨；珠峰之顶，冰凝雪舞，罡风凛冽。海拔 5000 米以上的高峰坚冰和积雪终年不化，经常发生冰崩、雪崩和滚石现象。科学家的研究表明，珠穆朗玛峰地区，极端最低气温在 -34℃ ~ -20℃ 之间，极端最高气温在 19℃ ~ 30℃。珠穆朗玛山区，是地球上氧气最为稀薄的地带，峰顶上大气中氧气的含量只相当于平原地区的四分之一到三分之一。每年 3 月初到 5 月末、9 月初到 10 月末，这两段时间海拔 8000 多米高处的风速较小，少有雨雪，有可能出现较好的天气，是珠峰登山的最佳季节。

珠峰之美，美在自然层带。重峦叠嶂，雪岭冰峰，随着山地高度的增加，高山地区的自然景象也不断变化，由南至北，自高而低，形成一系列自然分带。在珠峰北坡，气候干寒，降水量少，植被稀疏，群山苍茫，层叠起伏，雪坡冰壁，盆地开阔，乱石嶙峋。在珠峰南坡，层林苍翠葱郁，草甸野花星布，山上有终年不化的积雪，山下是四季常青的花草。

珠峰之美，美在风光无限。宇宙大同，世界大同，珠峰是地球的骄傲，是人类探险精神和探索精神的制高点与交汇处。人类攀登珠峰，仰之弥高，爱之弥深。人类认知珠峰，回应自然的挑战，同时深入思考自然与人的关系。珠峰，不仅是最高的山峰，地理的标杆，神秘的雪域，攀登的圣地；她还是地球的活剧，历史的积淀，科学的峰峦，文化的发散。

让我们张开臂膀，拥抱珠峰！

第一章
地球之巅的崛起

青藏高原是世界上海拔最高的高原，平均海拔在 4000 米以上，高原上自北向南有数条东西走向的平行山脉：可可西里山—巴颜喀拉山；喀喇昆仑山—唐古拉山；冈底斯山—念青唐古拉山以及最南边的喜马拉雅山。中国科学家认为，喜马拉雅山大约在 4000 万年前的始新世中期，已经上升到了今天的高度。

中国地理学家徐近之先生曾经把青藏高原形象地比喻为一只无脚的鸵鸟：头顶是西段的帕米尔高原，鸟喙是兴都库什山，颈部是以大喀喇昆仑山为轴心的印度河上游的崇山峻岭；中部是青藏高原的主体，南边的喜马拉雅山到北部边沿的昆仑山、阿尔金山、祁连山，构成鸵鸟的躯干；东南部逐渐变为南北走向的横断山脉，是鸵鸟下垂的尾端。这只鸵鸟，西部为高山深谷区，中部为高原山脉盆地区，东南部为平行岭谷山原区。

新生代板块

1968 年 5 月，法国拉蒙特观测所的地质学家格扎维埃·勒皮雄（X.Lepichon），在《地球物理学研究》杂志上发表了一篇论文，系统地提出了全球板块构造学说。勒皮雄认为，地球表面是由太平洋板块、亚欧板块、印度洋板块、非洲板块、美洲板块和南极洲板块衔接而成的，这六大板块经过近 2 亿年的运动，才到达今天的位置。与勒皮雄几乎同步，也是在 1968 年，剑桥大学的麦肯齐（D.P.Mckenzin）和派克（R.L.Parker），普林斯顿大学的摩根（W.J.Morgan）等人，也不约而同地论述了板块构造学说。

板块构造，又叫全球大地构造。板块指岩石圈板块，包括整个地壳和莫霍面以下的上地幔顶部，即地壳和软流圈以上的地幔顶部。板块构造学说认为，岩石圈的构造单元是板块，地球表面覆盖着不变形且坚固的板块（地壳），由于地幔的对流，板块在洋中脊分离、扩大，在俯冲带和地缝合线处下冲、消失。大陆只是传送带上的"乘客"。板块构造学说的提出与完善，使得许多被视为不解之谜的地球活动，大多得到了解释。

由于大规模的水平运动，板块可以产生、生长、消亡，而且这种变化，可以定量预测。20世纪70年代以来，地球观测证实，板块确实在以每年1厘米到10厘米的速度移动。

格扎维埃·勒皮雄（X.Lepichon）

在地质学的概念中，距今约5.7亿年至2.3亿年，为古生代；距今约2.5亿年至6500万年，为中生代；距今约6500万年，为新生代。新生代，是地球历史上最新的一个地质时代。

根据珠穆朗玛峰地区几万米厚的地层剖面及其中所含的化石分析，在经历了晚元古代大冰期考验的地球，气候变得越来越暖和，喜马拉雅古海里阳光充足，气候炎热，演化出了珊瑚、海百合、鹦鹉螺等不少生物，到古生代末，古海里已出现旋齿鲨等大型鱼类。

从约2.5亿年前开始的中生代，古海里的生物更繁盛。只是到了中生代中期，地壳运动强烈起来，火山激烈喷发，海相和陆相沉积相同，环境比较动荡。

新生代肇始，古中国和古印度尚为古地中海所隔；古土耳其和古波斯还是古地中海中的岛屿；红海尚未形成，古阿拉伯半岛是古非洲的一角；古南美洲和古北美洲相距遥远；而古北美洲与古欧亚大陆接近，时或相连。

距今约5300万年到3650万年的始新世，印度洋板块与亚欧板块发

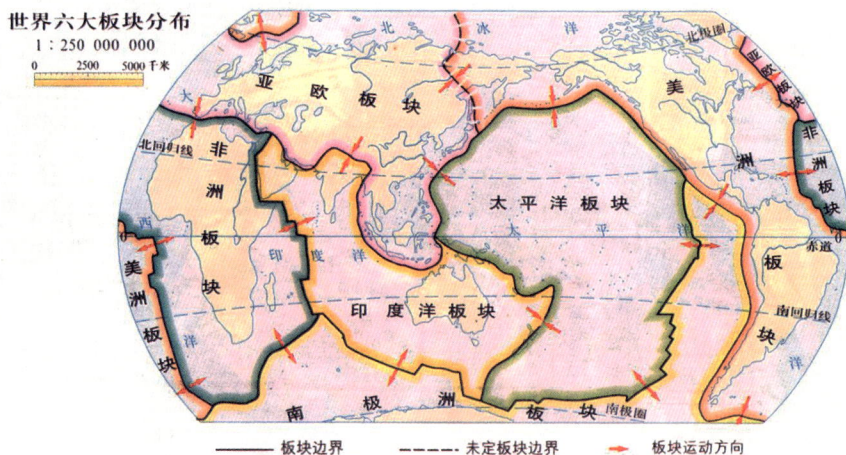

世界六大板块分布图

生了影响深远的大碰撞。印度洋板块从南半球脱缰北移，撞到了亚欧板块上，终于使喜马拉雅山脉从海底正式隆起。横空出世的喜马拉雅山脉，以欲上九天揽月的势头，逐渐拔地而起，成为地球上最年轻、最高大的山脉。

始新世以来的喜马拉雅运动，以喜马拉雅山南北两大断裂带为界，强烈地挤压和不均匀抬升，而南侧则大幅相应沉降，终于使喜马拉雅山南部翘起，形成中部段最高峻的地形。而珠穆朗玛峰，也跟着喜马拉雅运动作用步步升高，特别是在喜马拉雅运动第四期，更加快上升，断块翘起，脱颖而出，成为现在这样的巨大角峰体，耸立在地球之巅。

板块构造学说，是在大陆漂移学说和海底扩张学说的理论基础上，又根据大量的海洋地质、地球物理、海底地貌等资料，经过综合分析而提出的学说。因此，大陆漂移说、海底扩张说和板块构造说，也被称为全球大地构造理论发展的"三部曲"。板块构造理论是地球科学的基石，与量子力学、相对论、分子生物学一起，被誉为20世纪自然科学四大奠基性理论。

地球的岩石圈不是一整块，而是被地壳的生长边界海岭和转换断层，以及被地壳的消亡边界海沟和造山带、地缝合线等一些构造带分割成许多构造单元，这些构造单元叫作板块。全球的岩石圈分为六大板块，其中太平洋板块几乎完全是海洋，其余五大板块都有大块陆地和大面积海洋。大板块还可划分成若干次一级的小板块，板块之间为俯冲、碰撞带，中洋脊，以及转换断层等活动带。地球表面的运动主要由板块之间的断层活动来完成，而板块边界之间宽阔的块体变形很小，在全球尺度上可以忽略不计。随着软流层的运动，各个板块也会发生相应的水平运动。据地质学家估计，大板块每年可以移动 1 ~ 10 厘米。这个速度虽然很小，但经过亿万年后，地球的海陆面貌就会发生巨大的变化：当两个板块逐渐分离时，在分离处即可出现新的凹地或海洋。当两个大板块相互靠拢并发生碰撞时，碰撞合拢的地方就会被挤压出高大险峻的山脉。

科学界的一种说法是，距今约 2.25 亿年到 7000 万年，印度洋板块的海洋型地壳开始俯冲到亚欧板块之下，整个西藏南部地区地壳逐渐抬升。板块运动使得分离出来的印度洋板块以较快的速度向北移动、挤压，其北部发生了强烈的褶皱断裂和抬升，促使昆仑山和可可西里地区隆升为陆地。强烈的水平挤压和陆内俯冲，形成了喜马拉雅和冈底斯山脉。

随着印度洋板块继续向北插入古洋壳下，并推动着洋壳不断发生断裂，特提斯海北部再次进入构造活跃期，北羌塘地区、喀喇昆仑山、唐古拉山、横断山脉脱离了海浸。此时，印度洋板块和欧亚大陆全面碰撞接触，中国西部普遍发生强烈的构造变形，并产生构造变动与岩浆活动，挤压加剧，引起古地理—古构造景观的根本变化，造成特提斯海的关闭，青藏地区成为陆地，从而转为剥蚀区。喜马拉雅山，就是在南面的印度洋板块向北面的亚欧板块碰撞、挤压、作用、反作用过程中孕育而生的。

　　发生于印度次大陆与欧亚大陆之间的弧—陆、陆—陆碰撞行为，分为初始碰撞、主碰撞和后碰撞三个阶段，各个阶段的作用过程不一样，都持续很长一段时间。在综合分析古地磁、地层学、古生物学以及岩石学资料后，中国科学家们认为，印度板块和欧亚大陆之间的初始碰撞阶段，可能开始于白垩纪晚期，大约在距今 7000 万年至 6500 万年。

　　近年来，中国科学家在珠穆朗玛地区定日一带考察，对那里的海相白垩系—古近系沉积演化、Sr 和 C 同位素的变化等进行研究，认为印度—亚洲大陆碰撞的启动时间，最有可能在 6500 万年前。

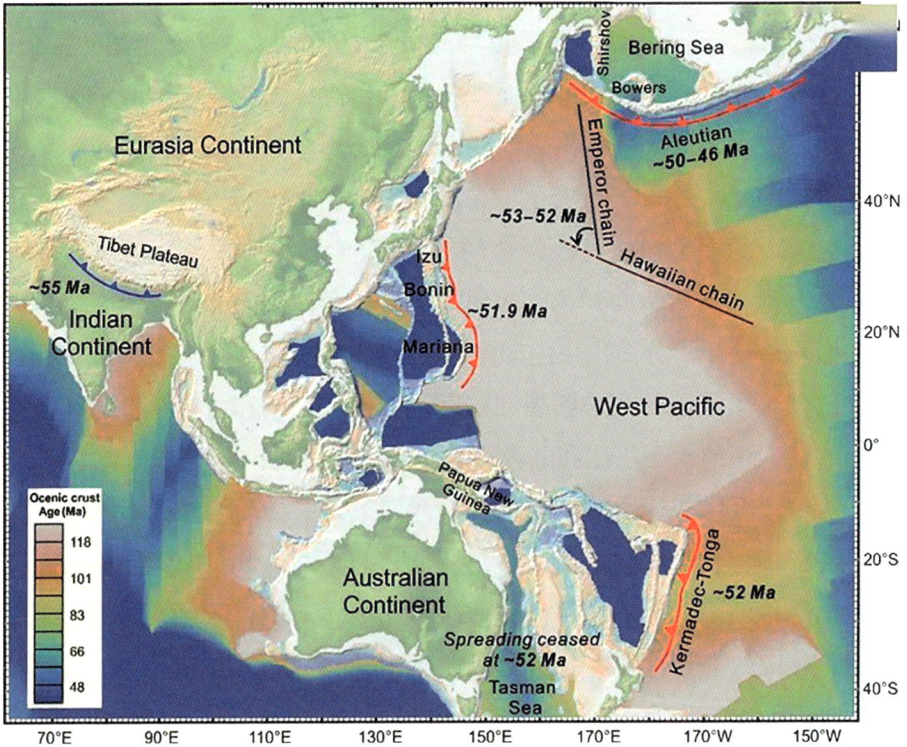

中国科学院海洋研究所孙卫东研究员课题组认为，在约 5300 万年前，印度板块、澳大利亚板块均与欧亚板块发生了硬碰撞

从与碰撞事件有关的岩石学和构造变形响应事件出发，科学家们提出，两大板块的主碰撞期，出现在距今 5500 万年至 5000 万年前后。而印度次大陆和欧亚大陆之间的陆—陆碰撞行为，结束于 4500 万年至 3500 万年前。随后，两大陆转为强烈的陆内汇聚时期。

中国科学院海洋研究所研究员孙卫东的课题组于 2020 年在《科学通报》（Science Bulletin）上在线发表的论文认为，约 5300 万年前，印度板块与澳大利亚板块几乎同时与欧亚板块发生硬碰撞，在形成青藏高原的同时，引发太平洋板块向西北俯冲，漂移速率大幅度降低。距今约 1 亿至 5300 万年，印度板块、澳大利亚板块和太平洋板块均向北漂移。此时，太平洋板块向北俯冲，与澳大利亚板块之间藕断丝连，构造关系类似现今的印度板块与澳大利亚板块。此时，太平洋板块向北漂移未受到阻挡，形成了一个巨大杠杆，导致太平洋板块运动方向改变，发生新的俯冲。这一发现支持了"岩浆引擎"假说，即老的洋盆碰撞闭合导致相邻洋盆新的板块俯冲，这正是板块构造体制得以持续数十亿年的关键。该板块俯冲起始机制为完善板块构造理论提供了重要制约。

遥远的特提斯海

包括珠穆朗玛峰在内的喜马拉雅地区，曾经有过一段十分漫长的海洋史。那时，青藏高原东南部还是一片汪洋，被称为新特提斯海。

距今约 6 亿年前（寒武纪加里东构造阶段），地球北部亚欧大陆和位于南半球的印度次大陆之间，是一片汪洋大海，人们通称它为"特提斯海"，属于古地中海的一部分。今天位于欧洲和非洲间的地中海，为特提斯海残留部分。这片海域，横贯现在欧亚大陆的南部地区，与北非、南欧、西亚和东南亚的海域连通。当时特提斯海地区的气候温暖，海洋动植物发育繁盛。其南北两侧是已被分裂开的原始古陆(也称"泛大陆")，南边称冈瓦纳大陆，包括现在的南美洲、非洲、澳大利亚、南极洲和南亚次大陆；北边称劳亚大陆，包括现在的欧洲、亚洲和北美洲。

1885 年，德国学者 M·诺伊迈尔提出设想，在中生代存在一个东西向赤道海洋，称为中央地中海。

1893 年，奥地利著名地质学家修斯推测，在地质历史上，欧亚与非洲、印度之间存在过横贯赤道附近的大洋，并以希腊神话中海神妻子的名字将其命名为特提斯。

1924 年，维也纳学派的科学家阿尔冈发表《亚洲大地构造》，提出现代印度北缘曾存在过广阔的大陆架，它和冈瓦纳古陆北缘的其他大陆架以及印度—澳大利亚之间的海洋水体洼地一起构成了特提斯的南翼。后来，冈瓦纳和劳亚碰撞相接，特提斯消失了，印度北缘的大陆架俯冲而下一直到西藏。这种作用使西藏地境的双倍地壳厚达 70 千米，并且由于均衡作用使西藏隆起，成为世界上独一无二的高原，而且在亚洲广大地区形成一系列复杂的地质构造变动。特提斯古海经受挤压，褶皱的沉积物出现在高耸入云的青藏高原、喜马拉雅及阿尔卑斯山脉上。特提斯古海的最后阶段，是一部青藏高原形成史。

1924 年，探险家诺埃尔·奥德尔首次发现了嵌入珠穆朗玛峰岩石中的海洋化石，这证明了珠峰所在地区曾是一片海洋。

特提斯海

1956 年的瑞士登山队和 1963 年的美国登山队首次带回了珠穆朗玛峰的岩石样本。

1968 年，板块构造学说提出后，这一海区被称为特提斯海。一般将古生代的特提斯海称古特提斯海，而三叠纪后的特提斯海称新特提斯海。

2005 年，本人在珠峰北坡大本营工作的时候，也曾在当地藏族的手里见到不少海洋生物化石和贝壳化石。

特提斯海大体沿阿尔卑斯—喜马拉雅褶皱带分布，自西而东，包括今比利牛斯、阿特拉斯、亚平宁、阿尔卑斯、喀尔巴阡、高加索、扎格罗斯、兴都库什、喜马拉雅等巨大山脉，然后转向东南亚，并延伸至苏门答腊和帝汶，与环太平洋海域连通。

在 3.5 亿年到 2 亿年前的古特提斯时代，地球上出现了生命：从鱼类到两栖动物，从孢子植物到后来的裸子植物，所有的岛、陆生物在这个多岛屿的古海洋南北间相互迁移交流，欣欣向荣。

一般认为喜马拉雅山脉是在 6000 万年前形成的，但事实上珠穆朗玛峰峰顶上的石灰岩和砂岩，曾是 4.5 亿年前的海底沉积岩的一部分。后来，海底岩石因受挤压而聚拢在一起，并且以每年 11 厘米（4.5 英寸）的速度上升，最后形成了现在的高度。如今，人们仍能在珠穆朗玛峰地区见到几亿年前的海洋生物化石和贝壳化石。

随着古特提斯海的衰亡，新特提斯海在欧亚大陆的南缘开始诞生了。此时，已是距今 1.8 亿年前的恐龙时代，那时的印度还在遥远的南半球南部，到 7100 万年前，它的最南端还在南纬 40° 的地方呢！这块大陆以每年 10 厘米的速度迅速北移，有近万千米的行程，到 4000 万年前与欧亚大陆相撞，从而使新特提斯海彻底消失，只留下雅鲁藏布江这条缝合线，连接起曾远隔重洋的两块大陆，而青藏地区也就此成形。

千条江河流大海，携带并沉淀了大量的泥沙。这些泥沙，在巨大的压力和高温作用下，变成片岩和片麻岩。这些片岩和片麻岩，构成了一座金字塔状的巨大山峰——珠穆朗玛峰。科学家在珠峰地区的岩石中，发现了被称为"菊石"的动物化石，还发现了远古鱼类和贝类的遗体。这些古海洋生物化石的年代，在白垩纪时代以后，这说明那时的珠峰是海相地层，珠峰是从海洋上升为陆地的。

二叠纪晚期，地球上南、北两块大陆开始分裂、漂移，形成板块。印度洋板块分离出来以后，以较快的速度向北移动，特提斯洋壳受到强烈的挤压，不断发生褶皱断裂和上升。到始新世晚期，印度洋板块与亚欧板块相撞，导致了剧烈的地壳构造运动，使喜马拉雅地区全部露出海面，特提斯海消亡，宣告了整个高原地区海洋历史的结束。

关于特提斯海消失的原因，多年来地学界逐渐形成了两大学派。一种学派认为，今天的地中海是一个复合式海盆，在其陆块沉陷与裂合作用下，形成了边缘海，经常有火山活动和地震发生就是最重要的证明。1987 年，中国地质学家黄汲清、陈炳蔚出版的《中国及邻区特提斯海的演化》一书，提出古特提斯、中特提斯和新特提斯的新见解，以及北主缝合带、南主缝合带和互换构造域的新概念，为探讨青藏高原的隆升历史和形成机制提供了新的思路。黄汲清所创立的"槽台多旋回说"，对特提斯海的形成演变做了有说服力的论证。他指出，在中国大陆及其他地区，发现了很多特提斯海全盛时期的生物化石、沉积岩石、岩浆石及火山喷发的物质。在新疆还找到了只有在冈瓦纳古陆上出现过的水龙兽、二齿兽化石。就连冈瓦纳古陆和劳亚大陆发生碰撞的缝合线，也在西藏、新疆、青海的边界处找到了。不仅如此，人们还认为，阿尔卑斯山—地中海—喜马拉雅山是一条中新世代以来的地槽带。

另一种学派用大陆漂移说、海底扩张说、板块构造说来解释地中海的成因。"格洛玛·挑战者"号钻探船在世界各大洋获得的大量钻孔岩芯资料，以及海底古磁性条带的发现，使人们有更多的理由相信，海底扩张造成了陆地板块的漂移。根据这一学说，大西洋在逐渐扩大，太平洋则在逐渐缩减，而地处欧、非、亚大陆中的地中海，正处于逐渐消亡的过程之中。于是，有的科学家认为，今天的地中海是古特提斯海的一部分。

2.5 亿年前的特提斯海，位于北方劳亚大陆和南方冈瓦纳大陆之间，由于大陆板块的漂移，南北两大块古陆逐渐靠近，使得东部的特提斯海在阿拉伯板块和印度洋板块同亚洲板块漂移缝合之后，逐渐归于消亡。喜马拉雅山就是板块缝合线上的山脉。西部的特提斯海，由于非洲板块和欧洲板块的靠近，逐渐发生抬升，形成了阿尔卑斯山系。因此，今天的地中海完全可以看作是特提斯海的残留部分。地质学家发现，这一时期以前沉积的地层开始时是一些浅绿色和灰绿色为主的碎屑岩，其间夹有煤层。这表明，那时候气候温暖、湿润，植被繁茂。高大的蕨类、苏铁等植物组成了茂密的森林，而森林中则游荡着各种喜暖喜湿的动物。在森林边缘以及森林间的洼地上河流纵横，湖泊和沼泽星罗棋布，水边生活着一些大型两栖动物、似哺乳动物和爬行动物。这样的景观可能一直持续到三叠纪的晚期。

特提斯海不仅延伸到了中国，而且在中国的部分是特提斯东段的主体。在特提斯海北侧是冈底斯山，当时那里山间谷地森林茂密，低缓山坡草原繁盛，时有火山爆发，景色犹如今日的安第斯山。在这个特提斯海盆以北几百千米，从边境地区的班公湖附近向东到怒江一带，大约从三叠纪开始，到约 1.4 亿年前（白垩纪），存在另一个中生代特提斯洋盆。再向北，从藏北的可可西里向东又折转东南到澜沧江一带，则是更为古老的特提斯海盆的位置。可能在约 3.6 亿年前的泥盆纪晚期，那里就出现了海洋，地质学家叫它澜沧江洋。在川西金沙江到云南哀牢山一线，大约在 2.9 亿年前也出现了海洋，为金沙江洋。澜沧江洋和金沙江洋都是宽达上千千米的晚古生代洋盆，而且一度彼此相通，但是澜沧江洋到了 2.6 亿年前就消失了，而金沙江洋则又推迟了几千万年才最后消失。

青藏高原北边的莽莽昆仑也是晚古生代特提斯洋盆的一部分。它向东南延伸与金沙江洋相连，向东延伸与秦岭同时代的海洋相通，于是将神州大地劈成华南、华北两大块。然后，它还向西越过帕米尔和中亚的古特提斯海相接，成为中国古特提斯海向西的通道。中国的特提斯海，还涉及青藏高原以北更远的地域。

在青藏高原地区，雅鲁藏布江蛇绿岩带，是特提斯海的残余。在 5000 万年前，处在特提斯海南侧的喜马拉雅，还是一片浅海。特提斯喜马拉雅，指藏南拆离系的上盘，一套包括从元古宙到始新世碎屑岩和碳酸盐沉积岩石，夹有古生代和中生代火山岩。它们以定日—岗巴断裂为界又可分为南北两个亚带，从寒武纪到泥盆纪的地层在特提斯喜马拉雅北带缺失，却存在于特提斯喜马拉雅南带。

于 2014 年 10 月发表在《美国地质学会通报》上的一项研究成果表明，喜马拉雅山的大部分高耸的山峰，都曾经是太阳照射下泛着粼粼波光的海洋。论文的第一作者休斯敦大学的苏哈勃·科韩说："事实上，这些小岛就位于现在的山脉边缘，因此你可以从岩床走到这些小岛的海底沉积物上，这种现象令人难以置信。"

中国科学家的研究证实，在新生代时，这两个地区的沉积环境发生了明显变化。特提斯喜马拉雅南带，是一套以浅水沉积为主的被动大陆边缘沉积；特提斯喜马拉雅北带，则为一套深水盆地沉积。在西藏札达和江孜地区、萨嘎地区，都发育了新生代海相地层。而且，根据对珠穆朗玛峰北侧遮普惹组一套新生代地层的研究表明，海相地层的时代可能要延续到始新世末期。

在青藏高原隆起

扶摇直上的高原，陡峭参差的山峰，形态多姿的冰川，侵蚀切割的地形，深不可测的峡谷，奔腾不息的河流，生态累叠的系列海拔带，这就是喜马拉雅山脉。波澜壮阔的造山运动，因首先在喜马拉雅山区确定而得名。地质学上把这段高原崛起的构造运动称为喜马拉雅运动。

侏罗纪时代，当时的印度次大陆还与冈瓦纳大陆连在一起。一条深深的地槽——特提斯海与整个劳亚大陆的南缘交界。那时，古老的冈瓦纳大陆发生破裂，分成几个板块向不同方向漂移。板块之一，形成印度次大陆的岩石圈板块。印度—澳大利亚板块逐渐将特提斯地槽局限于自身与亚欧板块之间的巨钳之内。

青藏高原在亚洲大陆广泛发育，使中生代的特提斯海变成巨大的山脉，更新统形成的湖泊、河流堆积物，隆起高达 2000 多米。这一造山作用，形成了绵延数千千米的纬向山系——著名的阿尔卑斯—喜马拉雅造山带。这个地壳上最新的褶皱山系，至今仍在强烈活动。

由于印度洋不断扩张，推动着刚硬的印度洋板块沿雅鲁藏布江缝合线向亚洲大陆南缘俯冲挤压，使喜马拉雅山和青藏高原大幅度抬升。

4000万年前，印度洋板块从南半球脱缰北移，一头撞在亚欧板块的边缘上，并顺着海沟下沉，钻入大陆以下的地幔中。在板块的相互作用下，发生了强烈的差异性升降运动。这种以小的倾角俯冲于亚欧板块之下的印度洋板块，持续向北产生强大挤压力，而北部固结历史悠久的刚性地块（塔里木、中朝、扬子）奋起抵抗，产生强大的反作用力，使构造作用力高度集中，引起地壳的重叠。上地幔物质运动的加强，深层及表层构造运动的激化，导致地壳急剧加厚，地表面积大幅度急剧抬升。于是形成雄伟的青藏高原，构成中国地形的第一级阶梯。

在板块运动巨大力量的冲击下，以喜马拉雅山南北两大断裂带为界，强烈的挤压和不均匀抬升以及南侧的大幅相应沉降，终于使喜马拉雅山

在青藏高原隆起的珠穆朗玛峰

南部翘起，形成中部段最高峻的地形。

喜马拉雅山脉从海底隆升，横空出世，拔地而起，成为地球上最年轻、最高大的山脉。而珠穆朗玛峰，在喜马拉雅运动的作用下，年复一年，崛起加速，断块翘起，步步升高，终于以金字塔的体状，在喜马拉雅山脉的群峰之中巍然耸立，夺得世界最高峰的桂冠，成为地球上最年轻的最高峰。

多年来，各国科学家从多学科的角度，研究青藏高原隆升和喜马拉雅运动的历史。1964 年，中国科学家施雅风和刘东生，根据在希夏邦马峰北坡上新世野博康加勒地层中发现的高山栎等植物化石，首次推测上新世以来喜马拉雅山已上升 3000 米。徐仁等则根据青藏高原多处发现的古植物化石，认为两大板块大陆碰撞以来，始新世是温暖的低地环境，以后是一个逐步升高的连续过程。李吉钧等根据高原隆升所导致的地表自然环境的变化以及与环境密切相关的沉积记录，提出了青藏高原三期隆升、两次夷平，最强烈的隆升发生在上新世末至第四纪初，并把第四纪高原隆升划分为三个阶段。

中国科学家认为，青藏高原在距今 4000 万年的始新世中期，已经达到了现在的高度，而当时的高原南部喜马拉雅地区还处于海洋环境，高原的北部边界为现今的唐古拉山，类似于现在的喜马拉雅山在其北缘也存在一个前陆盆地——可可西里盆地。在距今 2000 万年的中新世早期，可可西里盆地海拔高度已经隆升到接近现在的高度，此时祁连山也发生隆升并达到一定的高度。高原东北部、东南部以及喜马拉雅的隆升主要发生在中新世晚期，此时高原逐步扩大，向北、向南和向东生长。喜马拉雅的构造运动，至今尚未结束。喜马拉雅山脉，还在缓缓地上升之中。

一峰高耸，群峰竞秀

1852 年，珠穆朗玛峰被确认为地球上的最高峰，成为地球上重要的地理坐标。珠穆朗玛峰不仅巍峨宏大，而且气势磅礴。在其周围 20 千米的范围内，雪山林立，重峦叠嶂，一峰高耸，群峰竞秀。珠峰附近高峰林立，形成了世界上极高峰最集中的地区。

这里仅海拔 7000 米以上的高峰就有 40 多座，其中海拔 8000 米以上的高峰有 4 座。距离珠峰约 80 千米的遮古拉山口，是从北面观看珠峰群峰的绝佳位置。如果天气好，这里能够看到南方 4 座 8000 米以上的雪山，依次是马卡鲁峰、洛子峰、珠穆朗玛峰和卓奥友峰，从左向右排成一列，景象极为壮观。

珠峰南面 3000 米处，是海拔 8516 米的洛子峰，即世界第四高峰和海拔 7589 米的卓穷峰；东南面是海拔 8463 米的马卡鲁峰，即世界第五高峰；北面是海拔 7543 米的章子峰；

西面是海拔 7861 米的努子峰和海拔 7161 米的普莫里峰。

在这些巨峰的外围，还有一些世界极高峰与珠穆朗玛峰遥遥相对：东南方向有世界第三高峰干城章嘉峰，海拔 8586 米；西面有海拔 7952 米的格重康峰，即世界第十五高峰；西北方向有海拔 8201 米的卓奥友峰，即世界第六高峰，以及海拔 8012 米的希夏邦马峰，即世界第十四高峰。

洛子峰，英文名 Lhotse，海拔 8516 米，位于北纬 27° 57′ 42″、东经 86° 56′ 00″。洛子峰有两座卫峰，分别是洛子中峰（海拔 8410 米）和洛子夏尔峰（海拔 8383 米），旁边还有著名的努子峰。两峰之间隔着一条

一峰高耸，群峰竞秀

山坳，即"南坳"。以山峰的北山脊与东南山脊为界，其东侧在中国西藏自治区境内，其西侧属尼泊尔。"洛子"是南的意思，因为它位于珠峰的南边。洛子峰藏语称之为"丁结协桑玛"，意为"青色美貌的仙女"，但这位"仙女"地形非常险峻，环境极其复杂，冰川密布，气候变幻莫测。风速比珠峰略低，但雨量又大过珠峰。洛子峰雄伟险峻，冰崩、雪崩频繁，大本营至1号营地都是被千年的冰碛和巨大的冰川覆盖，地形错综复杂，路线长，坡度大，还有数不尽的巨大冰裂缝。攀登洛子峰最艰难的路段，还经常会有较大的高空风，积雪深度平均为 60 ~ 65 厘米，冰坡度为 75°，有些地段可达 85° 以上。据了解，半个多世纪以来，已有 300 多名勇士不幸长眠于此峰上，因而此峰也被喻为"虎口"。

马卡鲁峰，海拔 8463 米，位于东经 87° 05′ 20″、北纬 27° 53′ 23″，地处喜马拉雅山脉中段，其西北直线距离 24 千米就是珠穆朗玛峰。以西北山脊和东南山脊为界，其北侧在中国西藏自治区境内，南侧属尼泊尔。马卡鲁峰，英文名为 Makalu，Makalu 的称谓来自梵语 Maha-Kala，是印度教中至高无上的湿婆神的别称，代表着大恶，他的性情反复无常，时而冷酷，时而仁慈。马卡鲁峰在当地方言里还有另一个名字——Kumba Karna，意思是巨人。马卡鲁山有 5 条主要山脊，分别为西北山脊、西南山脊、东北山脊、东南山脊和北山脊。

北山脊上的卫峰名叫珠穆隆素峰，海拔 7816 米；西北山脊的卫峰为马卡鲁Ⅱ峰，海拔 7640 米；东南山脊的卫峰稍高，海拔 8010 米。这些峰体上有厚厚的冰雪，坡谷中还分布着巨大的冰川，冰川上多锯齿形的陡崖和裂缝，冰崩、雪崩也十分频繁。所以马卡鲁峰的攀登难度极大。1955 年 5 月，法国登山队的 9 名队员从尼泊尔境内越过西北山脊鞍部，从中国境内的西北侧登上了顶峰，成功首登马卡鲁峰。马卡鲁峰的气候与珠穆朗玛峰大体相似，冬半年干燥且风大，为干季和风季，夏半年为雨季，呈大陆性高原气候特征。每年 6 月初至 9 月中旬为雨季，强烈的东南季风带来的暴雨会引发频繁的冰崩、雪崩，使得山上云雾弥漫、冰雪肆虐，气候恶劣。11 月中旬至翌年的 2 月中旬，受强烈的西北寒流控制，气温可达 –60℃，平均气温也在 –50℃ ~ –40℃之间。最大风速可达 90 米 / 秒。只有在 4 月底至 5 月底，或 9 月到 10 月这段时间，是风季与雨季相互过渡的时段，也就时有 3 ~ 4 次持续 2 ~ 5 天的好天气，这时便是进行登山活动的绝好时机。

章子峰，海拔 7543 米，位于东经 86° 54′ 51″、北纬 28° 1′ 31″，地处喜马拉雅山脉中段，在西藏日喀则市定日县境内。章子峰位于珠穆朗玛峰的北面，也被称为"北峰"，通过北坳与珠峰相连。1982 年 10 月 14 日，西德登山队由东南山脊首登章子峰。1986 年，日本登山队开创北壁攀登路线。

努子峰，海拔 7861 米，地处珠峰以西，由主峰和相连的 6 个副峰组成，山体较特别，从南面看像一堵 7000 多米高的巨墙，从西面看却是一座尖峭的高峰。努子峰在当地被称为"佛洛青日岗"，是"三尖山"之意，因为它的三条主山脊一共耸立着三座高峰：海拔 7861 米的主峰、海拔 7016 米的卫峰和海拔 7550 米的北峰。挺拔突兀，直刺蓝天。努子峰地形条件较为复杂，包含冰壁、冰岩混合、岩壁、雪桥、雪檐、悬冰川、危险的雪崩区等，是登山的"地形博物馆"。

普莫里峰，在珠峰西侧，位于中国西藏和尼泊尔边境上，海拔 7161 米，积雪厚，峰状圆润，从任何方位看都像一支插向天际的雪白竹笋。山峰附近都是冰河，下游是世界海拔最高的寺庙——绒布寺。普莫里峰地处多重地质构造的叠合部位，构造应力集中，多次的区域强烈变形和强烈挤压使普莫里峰向上作剧烈的断块上升，形成了喜马拉雅山脉西端的最高峰，同时围绕拔地而起的南峰形成了一系列紧密的弧形拐弯，成为罕见的"雅鲁藏布大拐弯"。从白雪皑皑的普莫里峰峰顶，到墨脱县雅鲁藏布江出境处巴昔卡的蕉叶摇曳的热带风光，这些反差强烈的气候带居然就在直线距离不足 200 千米的普莫里峰南坡下依次排开，形成了一道完整无缺的植物垂直分布带谱。

干城章嘉峰（Kangchenjunga），也称作金城章嘉峰。它位于东经 88° 08′ 48″、北纬 27° 42′ 09″，在喜马拉雅山脉中段尼泊尔和印度边界处，海拔 8586 米，是世界第三高峰。干城章嘉峰的名字有"雪神五项珍宝"之意。在珠穆朗玛峰被确认之前，它曾被认为是世界最高峰。干城章嘉峰是一组巨大的群峰的主峰，它坐落在三座海拔超过 8400 米的高峰中央，西侧有海拔 8505 米的雅兰康峰，东侧紧靠主峰的是海拔 8438 米的干城章嘉 II 峰，最东边的是海拔 8476 米的达龙康日峰。其间有众多山谷冰川，使得山势更为险峻，冰崩、雪崩频繁。1955 年 5 月 25 日，英国登山队的 G·班德、N·哈迪、J·布朗和 T·斯特里塞尔四人首次登上顶峰。

格重康峰（Gyachung Kang），海拔 7952 米（另有 7985 米、7998 米两种说法），位于东经 86° 44′ 32″、北纬 28° 05′ 53″，地处喜马拉雅山脉中段。横亘于中尼边界，北侧位于西藏自治区定日县（定日冈嘎）境内，在卓奥友峰的东侧。格重康峰是西藏境内十大山峰之一，也是珠穆朗玛峰与卓奥友峰之间的最高山峰。格重康的发音"Gyachung Kang"在藏语中有"百谷雪山"的意思（Gya 意为"一百"，chung 意为"山谷"，Kang 意为"雪山"）。日本登山队于 1964 年 4 月 10 日首先登顶。

卓奥友峰（Cho Oyu），海拔 8201 米，是世界第六高峰，位于东经 86°36'、北纬 28°的中尼边界上，北侧在中国西藏境内，南侧在尼泊尔境内。卓奥友，藏语意为"大尊师"。卓奥友峰位于喜马拉雅山脉的中部，东距珠穆朗玛峰约 30 千米。卓奥友峰有五条主山脊，常年积雪，四周雪峰林立，层峦叠嶂，十分壮观。卓奥友峰山体高大、雄伟壮丽，被当地人视为"神"。卓奥友峰由于冰川及恶劣气候的影响，攀登极其不易。1954 年 10 月 19 日，奥地利登山队四名登山者在夏尔巴人的帮助下成功登顶。

希夏邦马峰（Shishapangma），海拔 8012 米，是世界第十四高峰。它位于东经 85°46'44"、北纬 28°21'18"，地处喜马拉雅山脉中段，东南方距珠穆朗玛峰约 120 千米，是唯一一座完全在中国（西藏聂拉木县）境内 8000 米以上的高峰。希夏邦马峰，藏语意为"气候严寒、天气恶劣多变"，旧称高僧赞峰，藏族人民有许多神话和歌谣称颂其为吉祥的神山。它由三个高程相近的姐妹峰组成，在主峰西北 200 米和 400 米处，分别有 8008 米、7966 米的两个峰尖。希夏邦马峰是喜马拉雅山脉现代冰川作用的中心之一，北坡横对着的是 13.5 千米长的野博康加勒冰川，与它平行的是达曲冰川。北山脊以东是格牙冰川，南坡有 16 千米长的富曲冰川，其末端一直降到 4550 米的灌木林带。海拔 5000 ~ 5800 米之间的冰塔林区最引人入胜，长达几千米，形态甚是奇异，像一个"冰晶园林"。

1964 年 5 月 2 日，许竞、王富洲、张俊岩、邬宗岳、陈山、索南多吉、成天亮、尼玛扎西、多吉、云登 10 名中国登山队队员首登希夏邦马峰，标志着世界上 8000 米以上的极高峰已全部被人类踏足。

第三极

地球除了它的南极和北极之外，还有第三极。如果说，青藏高原堪称地球第三极，整个高原是第三极的极区，那么，珠穆朗玛峰就是第三极的极点。

地球的南极、北极早已众所周知，2000多年前就有人对其进行过探险。然而，地球还有一个"极"在相当长时间内鲜为人知，这就是地球的高"极"——青藏高原。一个多世纪前，人们的注意力才转移到青藏高原这块神秘的地域，特别是 20 世纪 60 年代以来，人们才逐渐意识到这块土地在地球科学和生命科学中的重要性，因而愈来愈重视。

珠穆朗玛峰，山峰极高。作为喜马拉雅山脉的主峰，珠峰附近高峰林立，形成了世界上极高峰最集中的地区，被称为"飞鸟也不能越过的山峰"。1852 年，珠峰被确认为地球上的最高峰，成为地球上重要的地理坐标。其后，珠穆朗玛峰的高程成为各国学者关注而热烈讨论的问题，曾先后被进行过数次有记录的测量，按照各国至今公布和曾被采用过的珠峰海拔高程，分别有 8839.8 米、8847.7344 米、8848.13 米、8846.50 米、8872 米、8850 米和 8844.43 米等，其中，最高值和最低值相差约 32 米。由于这些测量是从不同坡向，使用不同的现代测量仪器和参数测定的，所采用的不同高程系，如黄海高程系与印度洋高程系，基准面本身之间就存在一个差值，如果按统计规则来看待上述不同的测量高程，去掉最高值和最低值，当今珠穆朗玛峰高程可能的变化范围应在 8845 ~ 8850 米之间。

珠穆朗玛峰，气温极低。珠穆朗玛峰和它所在的喜马拉雅群山，冰雪连绵，一派银色世界。青藏高原上也绵延横亘着许多挺拔的高山，这些山脉冰川发育、雪峰林立，成为举世无双的山原，发育有冰帽和小冰盖，海拔 4500 米以上的高原腹地年平均气温在 0℃以下。高原上冰雪和寒冻风化作用普遍，现代冰川和冻土发育，多年冻土连续分布，是中低纬度地区最大的冻土岛和最大的冰川作用中心。

青藏高原

珠穆朗玛峰，地形极险峻。珠穆朗玛峰的雪线高度北坡为
5800 ～ 6200 米，南坡为 5500 ～ 6100 米。东北山脊、东南山脊和西山
山脊中间，夹着三大陡壁：北壁、东壁和西南壁。在这些山脊和峭壁之间，
又分布着 548 条大陆型冰川，总面积达 1457.07 平方千米，平均厚度在
100 米以上。冰川的补给主要靠印度洋季风带两大降水带积雪变质形成。
冰川上有千姿百态、瑰丽罕见的冰塔林，又有高达数十米的冰陡崖和步
步陷阱的明暗冰裂隙，还有险象环生的冰崩、雪崩区。

珠穆朗玛峰，环境极复杂。5000 米以上的坚冰和积雪终年不化，还
有数不清的冰雪陡坡和岩石峭壁，而且经常发生冰崩、雪崩和滚石现象。
气象条件也极为恶劣，即便是在登山季节，也几乎天天刮着七八级的高
空风，顶峰的风力常达十级以上。珠穆朗玛山区还是地球上氧气最稀薄
的地带，峰顶上大气中氧气的含量，只相当于平原地区的四分之一到三
分之一。山上经常下雪，气温很低，一般在 -40℃ ～ -30℃。这些原因
使得珠穆朗玛峰极难攀登。

珠穆朗玛峰，景观极奇异。珠峰雄踞于喜马拉雅山之上，气势雄伟，
直耸云天，远在 100 千米之外，用肉眼就能看见那金字塔形的峰体。珠
穆朗玛峰北坡，有东、西、中绒布冰川泄合而成的绒布冰川，为珠峰
冰川中最大者，全长 22.2 千米，面积 86.89 平方千米。这里的雪线高达
6000 米以上，因而也是世界山地冰川中冰川位置最高的地方。在海拔
5300 ～ 6300 米的广阔地带，发育有 5.5 千米长的冰塔林带，这是世界上
发育最充分、保存最完好的特有冰川形态。在冰塔林之间，散布着冰湖
和冰面河流，绚丽多彩，千姿百态。

第二章

山南山北

　　珠穆朗玛峰地区的自然地理，具有典型的青藏高原和喜马拉雅高地两个区域的特征。青藏高原的崛起，阻断了湿润的太平洋、印度洋的东南季风，构成了屏蔽效应，导致了气候的突变，相应地促使地质、地理及地貌等发生一系列变化。珠峰是喜马拉雅山的主峰，喜马拉雅山位于低中纬度之间，呈近似东—西走向，因此珠峰南、北两翼的地理要素出现了很大差异，分属截然不同的两大自然带系统。南翼，发育着以亚热带常绿阔叶林为基带的自然分带；北翼，一派青藏高原景色。

　　珠穆朗玛峰地区的自然分带，由南至北、自高而低，形成一系列自然分带。从永久冰雪带开始的三个高山自然带，经过以多种杜鹃为优势的亚高山灌丛草甸带，下到以西藏冷杉为主的针叶林带，以铁杉和高山栎为主的针阔叶混交林带，以铁槠、桢楠、红木荷等亚热带树种为主的常绿阔叶林带，最终下接尼泊尔境内的热带低山季雨林。各个带中，均有自己的动物群，构成完整的低纬海洋性高山自然带谱和生物链。

在喜马拉雅山两边

多年来，中国科学院郑度院士等中国科学家经过实地考察以后，对珠峰自然带进行了细致的划分。

珠峰南翼属于半湿润地区：位于尼泊尔境内的低山热带雨林带，海拔 1600 ～ 2500 米的亚热带常绿阔叶林带，海拔 2500 ～ 3100 米的山地温带针阔叶混交林带，海拔 3100 ～ 3900 米的山地寒温带针叶林带，海拔 3900 ～ 4700 米的亚高山寒带灌丛草甸带，海拔 4700 ～ 5200 米的高山寒冻草甸垫状植被带，海拔 5200 ～ 5500 米的高山冻冰碛地衣带，海拔 5500 米以上的高山冰雪带。

珠峰北翼属于半干旱地区：海拔 4000 ～ 5000 米的高原寒冷半干旱草原带，海拔 5000 ～ 5600 米的高山寒冻草甸垫状植被带，海拔 5600 ～ 6000 米的高山冻冰碛地衣带，海拔 6000 米以上的高山冰雪带。

珠峰之南

　　由于喜马拉雅山脉巨大海拔高度的地形屏障作用，珠峰北翼输入的水汽甚少，寒冷干燥，具有大陆性高原气候特征。这里地域面积广大，是高原农牧业生产活动集中的地区。在局部土壤和水热条件有利的地方，农业生产的上限可达海拔 4750 米高程。

　　在北翼海拔 5000～6000 米以上的高山环境中，下部是以小嵩草和冰川苔草为主的高山草甸带。在这一高山带中，有多种适应高山生态条件的双子叶植物，具有垫状的外貌，如多毛蚤缀、垫状蚤缀、长毛点地梅、垫状点地梅和垫状紫云英等。这些美丽的花朵，点缀着草甸。

　　南、北两翼的热量多少不同。南翼纬度偏低，从温度带上来说是亚热带、热带，太阳辐射强度大，单位面积获得太阳光热多。而北翼地形偏高，单位面积获得太阳光热偏少一些。

　　南、北两坡的地形、地势不同，高差有很大差别，气温差别也很大。南翼由低山、丘陵组成，起伏和缓，坡度变化较小，气温变化幅度沿坡

珠峰之北

面较小。北翼主要由世界上海拔最高的青藏高原组成，青藏高原的平均海拔为 4000 米，面积广阔，受地形、地势影响，北翼气温比南翼气温沿坡面变化快，导致南、北两翼的气温有很大差别，南翼比北翼高一些，南翼的气温变化也比北翼更为复杂。

南、北两翼的降水量有很大差别。珠峰南、北两翼受地形、地势的影响，海洋气流对其影响程度不同，降水量不同。从世界年降水量分布图上可知，南翼的年降水量大多在 1000 毫米以上，而北坡的年降水量一般在 200 毫米左右。只有青藏高原的东部和东南边缘年降水量在 500 毫米以上。南翼的年降水量远多于北翼。

从珠峰南、北两翼的积雪冰川带位置来看，南翼偏低。珠穆朗玛峰南坡积雪冰川带出现高度比北坡低，其主要原因是南坡朝阳，北坡是背阴面，而且北坡的降水量比南坡少。喜马拉雅山脉的雪线，北翼海拔 6000 米左右，南翼海拔为 5000 ~ 5500 米，北翼比南翼高 500 ~ 1000 米。

从气温分布分析，南翼暖于北坡，为什么南翼的雪线反而比北翼低了呢？这是因为雪线高度是由温度和降雪两个方面共同决定的。南面迎风接受从印度洋来的潮湿西南季风、空气温和湿润、降雪比背风的北面要多得多；北翼雪少，加上空气干燥、蒸发量大，到了夏季，在阳光照耀下积雪容易融化。于是，就出现了北翼雪线比南翼高的现象。

另外，从卫星云图上也可以发现，喜马拉雅山脉的雪线以上，不是所有地方天天都有雪的，因为在一些较陡的山坡上积雪薄、容易融化。此外，还有风的影响、珠穆朗玛峰地区冬春季节西风特别强劲、高山积雪常被吹落，导致岩石裸露。

喜马拉雅山脉的上升，对珠穆朗玛峰地区现代自然地理过程的影响显著。珠穆朗玛峰地区自然分带的形成，总的趋势上经历着从低海拔向高海拔，从暖湿到寒冷，在北侧并伴随着向干旱发展的过程，因而具有多元特点。雪山、高原、河流、湖泊、花草树木、鸟兽虫鱼，以及数以万计的农牧民，在珠峰地区，与山川大地相互依存、和谐共生。

如果从印度洋越过喜马拉雅山脉，画一张剖面图，喜马拉雅山无疑属于"单面山"地貌类型：北坡平缓，南坡陡峻。喜马拉雅山连绵成群的高峰挡住了从印度洋上吹来的湿润气流。因此，喜马拉雅山的南坡雨量充沛，植被茂盛，而北坡的雨量较少，植被稀疏，形成鲜明的对比。随着山地高度的增加，高山地区的自然景象也不断变化，形成明显的垂直自然带。

在珠峰的北侧，群山苍茫，河谷错落。太平洋、印度洋的东南季风受到阻隔，降水量稀少，蒸发量巨大，内陆河流往往构成了尾闾，很多淡水湖逐渐成了咸水湖，甚至逐渐干涸，最终成了盐湖或干盐湖。在北坡山麓地带，是中国青藏高原湖盆带，流向印度洋的大河，几乎都发源于北坡，切穿大喜马拉雅山脉，形成 3000 ~ 4000 米深的大峡谷。北坡气候干寒，降水量少，自然景观垂直分布的层次也比南坡少得多。由于喜马拉雅的屏障作用，印度洋暖湿气候在翻越山地时受到重重阻挡，大量水汽被南翼山地截去，气流翻山后下沉，绝热增温产生焚风效应，更加剧了北部气候的干旱。致使这里呈现出大陆性高原气候特征，发育了半干旱灌丛、草原生态系统。

珠穆朗玛峰南坡，是尼泊尔一翼的喜马拉雅山区，那里坐落着总面积 1244 平方千米的萨加玛塔国家公园。萨加玛塔国家公园包括珠穆朗玛峰在内共 7 座 7000 米以上山峰。公园内分布着三个植被带：由橡树、松树、桦树和杜鹃构成的较低的森林带；以矮小的杜鹃和刺柏丛林为主的高山中间带；遍布苔藓和地衣的高处森林带。园内动物种类繁多，生存着麇鹿、雪豹等珍稀动物。植物系以喜马拉雅雪松和杜鹃为代表，还有银枫、杜松、银桦等。萨加玛塔国家公园夏无酷暑，冬无严寒，这里一年之中最冷的月份是 1 月，平均温度为 –9℃ ~ –3℃；一年之中最暖和的月份是 7 月，平均温度为 4℃ ~ 14℃。年均降水量为 1078 毫米。

萨加玛塔国家公园

垂直植物博物馆

喜马拉雅山中段、珠穆朗玛峰及其邻近地区的植被垂直分带，中国科学家自 1959 年起，曾先后在这个地区进行多次植被和自然地理的调查。①

由于喜马拉雅山阻截了来自印度洋的湿暖季风气流和减弱了北下寒流的侵袭，形成了南北坡植被和气候的差异。一般说来，南坡雨量丰沛，气温比北坡相应高程要低一些。例如在海拔 4300 米的南坡（帕里），年平均温度为 0.2℃，年降水量为 368.2 毫米，而海拔 4300 米的北坡定日，年平均温度为 0.7℃，年降水量为 224.6 毫米；在南坡海拔 3810 米的聂拉木，年平均温度为 2.9℃，年降水量为 433.5 毫米，而北坡海拔 3850 米的日喀则，年平均温度则

① 中国科学院植物研究所的科学家张经纬、姜恕于 1973 年 12 月在《植物学报》发表论文《珠穆朗玛峰地区的植被垂直分带及其与水平地带关系的初步研究》，集中讨论了珠穆朗玛峰植被垂直分带的有关问题，本节资料主要引自该文献。

为 6.7℃，年降水量为 372.9 毫米。

南坡降水丰富，河谷深切，生长有各种类型的森林植被，例如绒辖、朋曲、波曲、吉隆等河谷。然而，由于地形的影响，即使在南坡，也往往因谷地的宽窄，南来气流影响程度的不同而使植被的分布发生差异。

北坡由于海洋气流被拦截，出现雨影地带。这里降水较少，地表切割不深，有较多的宽谷和盆地，如定日盆地、佩枯错盆地等，以草原植被占优势。

南坡降水比北坡丰富，而温度则比相应海拔高度的北坡要低，雪线则南坡低（海拔 5500 ~ 6100 米）、北坡高（海拔 5500 ~ 6200 米）。南坡出现有深切的河谷和森林；北坡出现很多覆盖有草原植被的宽谷和盆地。

垂直植物博物馆

南坡的植被垂直分带如下：海拔 1000 米以下是婆罗双树季雨林带；海拔 1000 ~ 2500 米是山地常绿阔叶林带，其中海拔 2000 米以下以印度栲、木荷为主，海拔 2000 米以上则是铁锥、多穗石柯占优势；海拔 2500 ~ 3000 米是山地针叶阔叶（常绿、落叶）混交林带，主要有铁杉和高山栎，海拔 3000 ~ 3800（4100）米是冷杉亚高山针叶林带；海拔 3800（4100）~ 4500 米分布有杜鹃、桧柏高山灌丛；海拔

4500 ～ 5200 米是嵩草、冰川苔草高山草甸；往上到雪线则属地衣砾石带。

北坡的植被垂直带划分如下：海拔 4400 米往下到雅鲁藏布江南岸（海拔 3900 米）分布有白草、固沙草草原带；海拔 4400 ～ 5000 米是紫花针茅高山草原带；海拔 5000 ～ 5700 米分布有冰川苔草、嵩草高山草甸；海拔 5700 米往上和南坡相似，为地衣砾石带，一直分布到雪线附近。

珠穆朗玛峰地区植被分布，是由南坡、北坡两个迥然不同的植被垂直带谱所组成。珠穆朗玛峰南坡的垂直带谱，广泛地分布有以龙脑香科的婆罗双树为主的森林。多数学者认为这类森林是属于热带植被类型，并称之为"季雨林""北热带干性落叶林"和"北热带湿性落叶林"等，但也有人把它作为亚热带的植被。婆罗双树季雨林带的上限一般在海拔 1000 米左右，局部可达 1200 米，往上到海拔 2500 米左右即为山地常绿阔叶林带所代替。这里的常绿阔叶林与我国南部、日本南部的常绿阔叶林十分相似，都是以栲、石柯、栎等常绿类为主，并含有一定的樟科、茶科和木兰科的植物。通常在局部较阴湿的地段分布有以飞蛾槭和桢楠占优势的植物群落。树藤和兰科植物较茂盛。在河谷的裸岩上还可见大戟科的霸王鞭。这里栽培有水稻、香蕉等作物。

在中国境内海拔 1600 米以上地区，印度栲、木荷为主的山地常绿阔叶林逐渐稀少，在海拔 2000 米以上即消失，被铁锥、多穗石柯所替代，在尼泊尔被山地常绿阔叶林所替代，伴生树种有栎和落叶的泡花树等。

从山地常绿阔叶林带往上，即进入山地针叶、阔叶（常绿、落叶）混交林带。它的上限为海拔 3000 米，局部可达 3100 米，是整个南坡植被垂直带谱中幅度较窄的一个带。它主要是由铁杉和高山栎的纯林或混交林组成，并杂有紫槭、泡花树等落叶树种。在这种地带上限附近，即在海拔 3000 米左右的高度，局部混生有少量冷杉和糙皮桦。这是亚高山带种类向本带渗入。

珠峰地区动植物丰富多彩

山地针叶、阔叶（常绿、落叶）混交林带的上面，是亚高山针叶林带，主要是由冷杉林所构成。在这个带的最上部有一条宽约 200 米的糙皮桦矮曲林带，向上分布到海拔 3800 ~ 3900 米（局部地区如聂拉木，可达 4100 米），形成森林的上限。

冷杉林和糙皮桦林通常都分布在阴坡，而阳坡土层较厚处则有跨带分布的高山栎林，在土层瘠薄处则有桧柏疏林或灌丛。这些桧柏常超出森林线，呈低矮的灌丛而分布到海拔 4500 米左右。它们在北坡也常以灌丛的形式出现。在森林上限附近的阴坡，由于森林被破坏而经常出现杜鹃高灌丛，它们的枝干由于受雪压而基部弯曲，有点像矮曲林的样子。在较潮湿的地方（如聂拉木附近海拔 3600 ~ 4100 米的东北坡），箭竹占优势而形成竹丛。

从森林上限（海拔 3900 ~ 4100 米）到雪线（海拔 5500 ~ 5600 米）统属高山带。高山带的环境条件对植物生长来说更加严酷。随着温度的垂直递减，土壤机械组成变粗，受基质稳定程度差和冰冻等影响，植被在高山带内的分布也有显著不同。一般在林线以上到海拔 4500 ~ 4600 米的阴坡，地表物质比较稳定，在巨大的砾石上长有苔藓，土壤发育较好，形成以杜鹃为主的小叶矮灌丛；而阳坡则分布有扁芒草禾草草甸和桧柏灌丛。

在海拔 4500 ~ 4600 米以上，随着温度的下降和冰川活动的影响，地表多冰冻滑坡和重力坍塌，稳定性差，土壤发育较原始，灌丛植被让位于以嵩草、冰川苔草为主，并含有多种垫状植物和杂类草的高山草甸。嵩草草甸主要分布在平坦且基质较稳定的地段，可以形成茂密的群落和厚约 6 厘米且有机质含量丰富的草根层；但地面上更多的是倾斜且基质不稳定的地段，这里主要分布有草丛稀疏（覆盖度 20% 左右）、发育较差的冰川苔草草甸。

在海拔 5200 米以上，地面的砾石又大又多，冰碛大量出现，基质稳定性更差，冰川苔草群落变得更加稀少。相对地，在石块上显著分布有各种地衣，常见的有鸡皮衣、裂叶石耳、菊叶梅衣等，形成地衣砾石带。在海拔 5500 ~ 5600 米以上，地面上现代冰川占优势，常年冰雪覆盖，连地衣也难以生长，从而形成永久冰雪带。

在北坡，雨影烙印非常明显，定日的干燥度相当于半干燥的气候，生长有大面积的草原植被。在海拔 4400 米以下到雅鲁藏布江南岸（海拔约 3900 米），分布有白草草原，在砂性较重的土壤上出现有固沙草草原，在地下水条件较好的湖泊边缘或河漫滩上，分布有莫氏苔草甸和芨芨草草甸。在海拔 4400 ~ 5000（5100）米之间的山坡、谷地排水良好的地段，占优势的是紫花针茅高山草原。往高处到海拔 5700（5500）米，分布有冰川苔草、嵩草高山草甸，并杂有多种垫状植物，往上到雪线（海拔 5800 ~ 6200 米）之间为地衣砾石带，情况与南坡近似。

北坡缺乏成带状分布的杜鹃灌丛，而只有金蜡梅和藏忍冬灌丛零星分布在阴坡局部的坡麓碎石堆上，这又是与南坡高山带不同的地方。

上述植被垂直带谱主要是波曲河谷（樟木镇）及珠穆朗玛峰北坡的植被特点。实际上，在南坡往往因河谷地形及与其相联系的局部气候或土壤条件的不同（特别是河谷下段），呈现出明显的地区变化。例如，在波曲河谷西面，相距约 70 千米的吉隆河谷，相应的植被垂直带内的植被类型却很不相同。在河谷下段海拔 2200～2400 米以下的峡谷中，谷坡陡峻，巨大岩块上土层薄而干燥，加之河谷气候干热，形成了温暖干燥的生境，广泛分布有喜马拉雅长叶松林。林下草本植物以喜温暖的禾草为主。海拔 2400～3100 米之间分布有较多的乔松林与大面积的松林，尤其是喜马拉雅长叶松林分布高度相对应的常绿阔叶林则退缩到局部气候较湿润的溪谷底部。进入针叶阔叶（常绿、落叶）混交林带，情况与波曲河谷樟木一带正相反，铁杉成为次优势种，而高山栎不仅在阴坡形成混交林，在阳坡更形成大片纯林，并跨带伸入亚高山针叶林带到达海拔 3800 米森林上限附近。

通过和温带（长白山）、亚热带（四川西部山地）、热带（东、西喜马拉雅山和墨西哥山地）的植被垂直带谱的对比，我国科学家认为，珠穆朗玛峰地区的南坡应属热带（北缘）植被垂直带的范畴。

陈塘沟

珠穆朗玛峰地区有着日温差大、年温差较小的热带山地气候，南坡的植被垂直带基带，是由热带科属（龙脑香科的婆罗双树属等）的植物组成。在植被垂直带谱中缺乏温带山地落叶阔叶林带和冻原带，但具有由常绿栎类组成的、相当于雾林的山地常绿阔叶林带；珠穆朗玛峰地区的整个植被垂直带谱，是与热带的东、西喜马拉雅山连成一体的，植被垂直带应属于热带（北缘）山地植被垂直带。

山岳冰川

世界最高峰珠穆朗玛峰所处地区，由于气候寒冷，多年积雪堆积形成自然冰体，这些冰体以错落分布的高峰为中心，整体呈辐射状分布，形成了中纬度地区特有的山地冰川。

在珠穆朗玛峰地区，冰斗、角峰、冰川 U 形谷地、冰碛垄等冰川地貌屡见不鲜。冰川中冻结在底部的砾石在冰川运动过程中对周围岩石会有一定的破坏作用，冰川源头和冰床的岩石被破坏并且随冰川运动被带走，使底部逐渐成为洼地。这种过程反复进行，岩壁不断被侵蚀后退，洼地逐渐扩大与加深，原来的小洼地被刨蚀成三面环山宛如围椅状的冰斗。当冰斗后壁不断后退，由多个冰斗包围的山峰会形成尖金字塔形的山峰，即为角峰。珠穆朗玛峰本是一座高出雪蚀冰斗底部达 300 米的角峰。

当冰川占据以前的河谷或山谷后，由于冰川对底床和谷壁不断进行拔蚀和磨蚀，谷地变直并加深、加宽，谷壁变陡，谷底变平，冰川过后遗留下的横剖面变为"U"字形的山谷，即冰川 U 形谷。冰川 U 形谷与常见河流下切作用形成的河谷不同，通常 U 形谷谷底更平且谷壁上留有冰川擦痕。除了冰川的侵蚀作用，冰川在运动过程中还可以将所携带和搬运的碎屑在冰川消融区堆积下来，形成冰碛垄等冰川堆积地貌。在珠峰地区绒布河谷中就有典型的冰碛地貌发育，由于过去发生过多次冰期与间冰期的更替，绒布河谷也发育过多期次的冰碛地貌。

沿喜马拉雅山主脉南北两侧辐射状展布许多条规模巨大的冰川。这些大冰川与其他刃脊和卫峰上的多条中小型支冰川组成了雄伟的冰川群。珠峰地区是中国大陆性冰川的活动中心，面积在 10 平方千米以上的山岳冰川有 15 条，其中最大最为著名的是复式山谷冰川——绒布冰川。绒布冰川地处珠穆朗玛峰脚下海拔 5300 ~ 6500 米的广阔地带，全长 26 千米，平均厚度达 120 米，面积达 86.89 平方千米。

珠穆朗玛峰附近周围 5000 平方千米内，常年积雪和冰川覆盖面积达 1600 平方千米。珠穆朗玛峰附近不同地点的冰川，发育条件差异很大，存在北坡雪线（平均海拔为 6000 米）远高于南坡雪线（根据国外资料，

珠穆朗玛峰东绒布冰川

平均海拔为 5000 ～ 5500 米）的现象。

根据 2010 年的数据，珠峰冰川总面积为 1384.13 平方千米，其中北坡为 635.66 平方千米，南坡为 748.47 平方千米；珠峰共有冰川 707 条，其中北坡 328 条、南坡 379 条，构成一个宏伟的山岳冰川中心。

珠穆朗玛峰地区的现代冰川，大多数属于大陆性山岳冰川类型。冰川的补给量较小，运动速度中等，消融量不大，物质平衡水平较低，进退变化较轻微。

在珠峰的冰川中，最大者为北坡的绒布冰川。这里的雪线高达 6000 米以上，因而也是世界山地冰川中冰川位置最高的所在。绒布冰川末端，就是冰川永冻的最边缘，冰川没有消融的最低海拔高度，比欧洲最高峰——阿尔卑斯山脉的勃朗峰还要高几百米。因此，这里是典型的大陆性高位山地冰川区。

在珠穆朗玛峰地区多数的大冰川上，发育着琳琅满目、奇异多姿、延绵数千米的冰塔林，相对高度为 20 ～ 60 米。西藏珠穆朗玛峰麓冰塔林，位于珠峰脚下海拔 5300 ～ 6300 米的地带，它是世界上发育最充分、保存最完好的特有冰川形态。这种壮观的景象，只存在于中低纬度的喜马拉雅和喀喇昆仑山区。

在海拔 5800 米左右的冰川上，举目所及，洁白无瑕。宛如古代城堡般的悬岩，层次分明；风化岩石形成的高大石柱、石笋、石剑、石塔，成群结队，风情万种。海拔高、景色奇使这里被登山探险者们誉为世界上最大的"高山上的公园"。

绒布冰川得名于西藏日喀则地区定日县巴松乡南面珠穆朗玛峰下的绒布沟。当地还有著名的绒布寺，是世界上海拔最高的寺院。

冰川是在地球重力作用下，由万年不化的冰雪沿着山谷缓缓移动而形成的。珠峰冰川形成了许多奇特的景观。由于冰川各部分运动速度不同、融化温度不同导致冰体密度的不同，从而使冰川表面形成一些裂缝和裂隙，这些纵横相间的裂隙如刻刀将冰川分割成一个个冰块，在特定的气候条件下裂缝融化，慢慢地形成一座座耸立的冰塔。

冰塔林是珠峰冰雪世界的代表，也是珠峰地区和喜马拉雅山脉北侧冰川的特色。因为只有在低纬度气候干燥的高海拔地区，由于太阳入射角度大，太阳辐射从冰川上面直射冰川裂隙，引起冰川从上到下的消融，才能使冰塔林个体高耸、陡峭，冰塔才能成林。如果缺少任何一个条件，譬如：纬度偏高、太阳入射角偏小、冰川面从侧面开始融化，则形成的冰塔林就不会高而陡峭。只有珠峰北侧才具备前面提到的各种条件，一座座高耸的冰塔似大自然精雕细琢的艺术品，矗立在冰川之间，形态万千，神秘莫测。

绒布冰川巨大的冰塔林高达 40 米甚至 50 米，天成地就的各种造型巧夺天工。绒布冰川前端可以看到冰塔林、冰蚀湖、冰斗、角峰、刀脊等奇异的天然冰川现象。千姿百态的冰塔林突兀而立，有的像锋利的宝剑，有的像古刹钟楼，还有冰桌、冰桥、冰柱、冰洞。冰锥形似一柄柄利剑直插苍穹，又似一群群动物形态万千，其间更有幽深的冰洞，曲折的冰河，奇特壮观，使游人恍若走进一座晶莹圣洁的水晶宫殿。

"冰蘑菇"，指的是大石块被细细的冰柱所支撑，有的可高达 5 米。冰桥像条晶莹的纽带，连接着两个陡坎，像是有意为两个陡坎"保媒搭线"。冰墙陡峭直立，像座巨大的屏风，让人生畏。冰芽、冰针则作为奇异美景的点缀，处处可见。最令人称奇的还要数那千姿百态的冰塔林了。在海拔 5700 ~ 6300 米的地段，是"水晶宝塔"——冰塔林的世界。珠峰北坡绒布冰川上，发育有 5.5 千米长的冰塔林带。乳白色的冰塔拔地而起，一座接一座，高达数十米。

无数因差异消融而形成的冰塔郁密成林，在大自然的雕塑下，形成各种奇形怪态。有的形似雄伟壮观的金字塔，高逾 50 米；有的宛如雨后春笋，高不足 1 米，密密排列于地表；有的如同利剑，直插蓝天；有的却似长城，数里蜿蜒。冰塔融水，结成冰帘；绢绢细流，汇成冰河。冰河在冰塔间融蚀成幽深的涧谷，融水在冰下流淌，有如撞击钟磬，不时发出清脆悦耳的叮咚声。时而可见几座冰桥、几丛冰蘑菇；时而又为你摆上几张冰桌、放下几只冰凳。这里形成了一个水晶宫般的世界。恰似神话传说中琼楼玉宇、琪花瑶草的广寒仙境。

近 40 年来，珠峰冰川的退缩是个不争的事实。我国冰川科学家多次到珠峰观测，仅凭眼睛看到的，就能得出珠峰冰川加速退缩和融化的结论。

冰川资源作为一种动态资源，是随气候变化而不断变化的。20 世纪

珠峰的冰塔林

以来，随着气候变暖，全球范围内的冰川开始退缩。中国西部的冰川及其物质平衡出现亏损而退缩加剧。而 20 世纪 90 年代以来，冰川退缩强于 20 世纪的任何一个时期，而且冰川的退缩幅度急剧增加。珠峰地区同样受全球气候变暖影响，其冰川也出现了巨大变化。

青藏高原上存在的冰川是亚洲众多大河，如恒河、印度河、雅鲁藏布江、萨尔温江（中国境内称怒江）、湄公河、长江和黄河的源头，居住在印度次大陆和中国的数亿民众都依靠着这些河流供给水源。当喜马拉雅冰川融水减少时，水力发电能力也会随之减弱，这会使工业生产受到影响。水量减少还会影响农田灌溉，导致庄稼减产。研究发现，如果人类再不采取措施，那么最短只要 20 年，气候变化就会达到一个危险的程度。在 2026 年至 2060 年之间，全球平均气温将会上升 2℃。摩根说："所有国家必须明白，气温上升超过 2℃这个极限量是非常危险的。"

据了解，冰川是一种具有一定形状和运动着的、较长时间存在于地球寒冷地区的天然冰体，由多年降雪不断积累变质形成。冰川与人类息息相关，对全球水资源影响深远，长江和黄河就是发源于冰川的，全球冰川如果全部融化，将使世界海平面上升 60 多米。

2005 年，珠峰综合科考队队长、中国科学院青藏高原研究所康世昌研究员表示，中国珠峰综合科考队在珠峰北坡对绒布冰川进行考察时发现，珠峰北坡冰川退缩严重，与 2002 年相比，东绒布冰川的消融区上限在 3 年内上升了 50 米，从 6350 米上升到了 6400 米。

冰川退缩对人究竟有何影响？科学家们指出，在短期内，冰川退缩会使本地区的河流水量明显增加，但是长此以往，冰川平衡的打破会带来难以估量的生态灾难。康世昌担忧地说："包括珠峰冰川在内的高亚洲冰川的全面退缩，会导致冰川储量的巨额透支，这种巨额透支在短期内提高了对河流的补给程度。研究表明，在整个西北地区，20 世纪 90

年代以来冰川储量减少导致的冰川径流增加大于 5.5%。但是，如果全球变暖继续以目前的速率发展，估计到 2100 年，大部分冰川将消亡，一些冰川下游的河流也将干涸。"

雪域的生灵

1924 年，37 岁的英国珠峰登山探险队队员、博物学家欣斯顿，在珠峰北坡海拔 6700 米的地方，发现了峰上蜘蛛，并且采集到了跳蛛样本，这些样本至今还陈列在英国自然历史博物馆。在珠穆朗玛峰北翼斜坡上的凹缝和裂隙之中，可以见到被称为"喜马拉雅跳蛛"（Euophrysomnisuperstes，意为"万物之上"）的蜘蛛，它们是世界上居住海拔最高的永久居民之一。这些跳蛛，以被强风吹上山的迷途昆虫为食，可以说是生活在如此高海拔地区的唯一生物。

从 1958 年起，一直到 21 世纪，大批中国科学家对珠峰地区的动植物进行了多次野外调查。考察的成果显示，珠峰地区动物食物链保存完好。2009 年，中国又一次启动了珠峰野生动植物资源科学考察，历时 3 年多，对这一地区的陆生野生动植物资源现状进行了详细调查和生态评估。华南濒危动物研究所、中国林业科学研究院、湖南师范大学和广东省博物馆负责野生动物资源考察。

　　优越的地理位置，使珠峰地区拥有多个自然地理区域的珍稀濒危物种，物种多样性非常丰富。据中国科学家的调查，目前珠峰自然保护区已记录陆生野生脊椎动物共 30 目 93 科 491 种，占全中国脊椎动物 2527 种的 19.4%，占西藏脊椎动物 655 种的 75%，超过了西藏已知物种

珠峰雪豹

数的 2/3。其中，国家一级重点保护野生动物 20 种、国家二级重点保护野生动物 64 种；列入世界自然保护联盟濒危物种红色名录濒危等级的 9 种；哺乳动物 82 种，占全国已记录 645 种的 12.7%；两栖类动物 50 多种，鱼类 10 多种。珠峰特有物种资源丰富，但其种群数量有限，且分布面

积十分狭窄。属东洋界的中国国家一类保护动物有长尾叶猴、熊猴、喜马拉雅塔尔羊、金钱豹、红胸角雉、棕尾虹雉、黑鹇；国家二类保护动物有小熊猫、黑熊、小爪水獭、丛林猫、金猫、喜马拉雅麝、赤鹿、斑羚、鬣羚、血雉等。属于古北界的中国国家一类保护动物有雪豹、藏野驴、黑颈鹤、玉带海雕；国家二类保护动物有藏原羚、盘羊、岩羊、猞猁、棕熊、马麝、藏雪鸡、喜山兀鹫、普通鵟、灰林鸮、短耳鸮。

珠峰地区的高海拔，拥有了世界上落差最大的栖息地分布，海拔从1440 ~ 8844 米，跨度高达 7000 余米。在山脉南翼 2200 米以下的沟谷底，可以见到具有热带和亚热带明显特征的动物，如太阳鸟、马来熊、长尾叶猴等。再往上至 2200 ~ 3100 米的区域，就多出现亚热带和温带动物，如金钱豹、黑熊、小熊猫等。再往上 3100 ~ 4000 米，则多出现温带和亚寒带动物，如喜马拉雅塔尔羊、黑鹇、虹雉等。到了珠峰北翼，则多属高原动物的"天下"，如藏野驴、藏原羚、棕熊、黑颈鹤、藏雪鸡、雪豹等。

树线，即天然森林垂直分布的上限。树线以上即为高山灌丛和草甸。树线高度依地理位置不同而不同，大致由赤道向极地逐渐降低。喜马拉雅山脉树线以上高度的动物，几乎完全由适应寒冷的当地特有物种构成，它们是在喜马拉雅山脉崛起后，从草原野生动物进化而来。树线以下，印度犀牛曾经在丘陵地带大量存在，现在濒临灭绝。麝和克什米尔鹿也在灭绝的边缘。

分布于喜马拉雅南翼山地的动

牦 牛

物，种类比较丰富，如喜马拉雅黑熊、云豹、长尾叶猴、喜马拉雅塔尔羊。大象、美洲野牛和犀牛，局限于尼泊尔南部低矮山麓森林覆盖的达赖（Tarai）地区中的湿地或沼泽地。在树线以上更高的地方，生存着雪豹、棕熊、红熊猫（即小熊猫）、藏狐和西藏牦牛。

在珠穆朗玛峰北坡，苍黄广袤的雪域高原在展示它的雄阔壮美之际，也显示了自然环境的严酷。珠峰地区最引人注目的标志性动物，当属中亚地区特有的雪豹。而漫山遍野被驯化牧养的牦牛，是珠峰地区重要的运输工具。在定日、佩枯错及其附近河谷地带海拔4700米左右的山地，生存着成群的藏野驴，与放牧的羊群共享草场。成群结队的藏原羚，在这里的草甸和河谷地带到处游荡。在珠峰的绒布寺和北坡登山大本营，以及定日县的强当日乌山谷内，生长繁育着岩羊种群。在樟木的丛林中，可以见到敏捷的金钱豹、藏狐等，栖息于海拔达2000~5200米的高山草甸、高山草原、荒漠草原和山地的半干旱到干旱地区，主要分布在中国、印度、尼泊尔，珠峰地区亦有所见。

雪山之下，高原之上，在十分艰苦的高原环境下，地理环境相对单一的喜马拉雅山脉北坡，野生动物种类急剧减少，而种群数量却大大增加。成群结队的藏野驴和藏原羚在此出没。散落在高原之上的大小湖泊，更成为鸟类的天堂。每年夏秋之季，藏野驴开始在这里集群，近几年种群有扩大趋势。在整个北坡高原，在晨昏时分，随处可见藏野

藏 狐

驴强健灵活的身影。它们大多集群出现，大的群落可达到三四十只。珠峰北坡气候寒冷干燥、植被稀少，以半干旱高原灌丛、草原生态系统为主。严酷的自然环境使北坡物种相对单一，但含有较多的高原特有物种，如雪豹、黑颈鹤等，以及一些具有代表性的高原物种，如藏野驴、藏原羚、西藏沙蜥等。

中国林业部门于 1989 年组织的青藏高原珍稀野生动物调查结果表明，由于受畜牧业挤压，藏野驴分布区历史上出现大幅萎缩，种群一度向羌塘北部和西南更边远地区转移。但 20 世纪 90 年代初以来，民间普遍禁猎，致使保护区内藏野驴、藏原羚和岩羊数量重新回升。据相关调查资料显示，目前藏野驴在西藏的栖息面积共约 45 万平方千米，数量达 5 万～6 万只。藏原羚的栖息地约 52 万平方千米，数量多达 20 万只。

珠峰南坡是高山峡谷湿润森林区，是典型的热带和亚热带气候，物种异常丰富，以具有代表性的喜马拉雅斑羚、赤鹿、火尾太阳鸟等物种居多，并含有较多的喜马拉雅特有物种，如喜山长尾叶猴、喜马拉雅塔尔羊等。海拔 2400 米左右的落帮村，夏尔巴山地原住居民们平时巡山时见过的野生动物有狗熊、羚羊、小鹿、蝙蝠、猕猴、长尾叶猴、狐狸、豺、黑熊、棕熊、伶鼬、雪豹、野猪、獐子、黄麂、豹猫、兔狲、鬣羚。

珠峰地区的藏野驴

飞翔在万仞峰巅

2010 年 10 月至 2012 年 10 月，受西藏珠峰自然保护区的委托，华南濒危动物研究所、中国林业科学研究院、湖南师范大学等单位组成考察队，对珠峰国家级自然保护区的野生动物资源进行了深入细致而广泛的野外考察，并针对保护区鸟类群落结构与多样性做了专题调查。根据 2010 年中国科学考察队的调查，记录了珠峰国家级自然保护区的将近 400 种鸟类。

珠峰保护区的鸟类，主要集中于雀形目（鸦科、画眉科、莺科）、雁形目（鸭科）、隼形目（鹰科）、鸽形目（鸠科、鸼科）及䴕形目（啄木鸟科）。

珠峰保护区内，留鸟和夏候鸟占主导地位。其中，黑颈鹤、藏雪鸡、高原山鹑、红胸角雉、灰腹角雉、棕尾虹雉、黑鹇、西藏毛腿沙鸡、长嘴百灵、地山雀、棕腹林鸲、鸲岩鹨、锈红

腹旋木雀、白腰雪雀、褐翅雪雀、棕颈雪雀、棕背雪雀、玫红眉朱雀、红头灰雀等为青藏高原特有种，喜马拉雅山脉是它们分布的最南缘。

这次实地调查，野外共记录鸟类 18 目 54 科 281 种，结合历史文献资料共计 18 目 62 科 390 种，占西藏自治区已知鸟类种数 473 种的 82.5%。其中，繁殖鸟共 13 目 50 科 326 种，留鸟和夏候鸟占主导地位，分别为 232 种和 97 种；旅鸟次之为 60 种；冬候鸟最少，为 24 种。部分鸟类兼具两种居留型。

珠峰保护区北坡分布有鸟类 13 目 31 科 115 种，南坡分布有鸟类 14 目 54 科 326 种，后者物种数明显高于前者。北坡留鸟、夏候鸟及旅鸟基本相当，分别为 42 种、36 种及 40 种，冬候鸟 13 种。南坡留鸟最多，达 122 种，夏候鸟 77 种、旅鸟 25 种、冬候鸟 12 种。北坡以雁形目和鸻形目物种居多，而南坡物种组成复杂，雀形目鸟类占总数的 60% 以上。

在 326 种繁殖鸟中，东洋界物种数最多，为 172 种；古北界物种数次之，为 113 种；广布种最少，为 41 种。在繁殖鸟中所占的比例，分别为 52.7%、34.7% 及 12.6%。

珠峰保护区南、北坡繁殖鸟的古北界及东洋界物种数比例差异明显。古北界物种在北坡占优势，有 55 种，为北坡物种数的 71.4%。东洋界物种在南坡占优势，有 168 种，为南坡物种数的 56.8%。

鸟翔巅峰

珠峰保护区南、北坡繁殖鸟东洋种、古北种和广布种的垂直分布模式差异明显。随着海拔的升高，东洋种种数持续下降，至海拔 4800 ~ 5500 米，已无东洋种分布。古北种物种数分布曲线呈"钟"字形，广布种曲线平缓，且两者物种数均于海拔 3100 ~ 4000 米达到最大值。东洋种和古北种种数于海拔 3100 ~ 4000 米基本持平，分别为 69 种和 67 种。随着海拔的升高，东洋种所占比例持续下降；古北种所占比例持续上升，于海拔 4800 ~ 5500 米达到最高值，为 83.3%；广布种在海拔 4000 ~ 4800 米达到比例最大值。

随着海拔的上升，繁殖鸟物种数于海拔 2500 ~ 3100 米达到最大值，为 185 种，留鸟和夏候鸟分别为 133 种和 52 种，于海拔 4800 ~ 5500 米达到最小值，为 24 种，留鸟和夏候鸟物种数分别为 20 种和 4 种。

研究发现珠峰保护区内有旅鸟 60 种，据此推测珠峰地区，甚至更广阔的喜马拉雅山脉南部沟谷，均为我国西部鸟类迁徙通道。

珠峰地区鸟类，具有突出的地域性特点。通过南、北坡鸟类物种对比结果显示，珠峰保护区南坡物种远比北坡丰富，并且珍稀、保护物种也较多。南北坡物种的差异，与南、北坡生态环境及气候的巨大差异有关。北坡垂直差异较小、生态环境简单和严酷的气候条件，应是造成物种相对贫乏的主要因素。

珠峰地区国家一级保护的鸟类物种有玉带海雕、白尾海雕、金雕、胡兀鹫、红胸角雉、灰腹角雉、棕尾虹雉和黑颈鹤等。属濒危等级的有猎隼；属近危等级的有秃鹫、白尾海雕、白眼潜鸭、红腹角雉、红胸角雉、长嘴剑鸻、黄腰响蜜䴕、灰头鸫等。

珠峰鸟类的群落结构与栖息地的气候、地形、地势及相关的植被类型密切相关，生态系统的多样性决定了鸟类群落结构的多样性。根据保护区内鸟类的分布、植被状况和地形气候特点，大致上可将保护区的鸟类群落划分为北坡和南坡两大群落以及六种生态类型。北坡：荒漠、湿地—农田；南坡：灌丛—草甸、针叶林、针阔混交林、阔叶林。

在动物地理区划上，珠峰保护区鸟类中，古北界鸟类约占 46%；东洋界鸟类约占 38% ；广布种约占 16%。

距樟木镇约 18 千米的德庆堂台地，在一片向阳的开阔山谷，飞翔着堪称世界上最漂亮的小鸟——火尾太阳鸟。火尾太阳鸟（学名：Aetho-pyga ignicauda），为太阳鸟科太阳鸟属的鸟类，是垂直迁移的候鸟，分布于印度至缅甸以及中国西南及西藏南部的亚高山针叶林至林线的林间空地，主要生活于海拔 2000 ～ 3000 米间的山地、沟谷或者村寨附近的次生阔叶林、开花灌丛中。火尾太阳鸟是肉食类鸟类，颜色鲜艳，通常一只成年火尾太阳鸟身上有 4 种颜色的羽毛。

喜马拉雅山脉的火尾太阳鸟

一些天生异禀的鸟类，具备了挑战珠穆朗玛峰的能力。

1973 年，曾有一只兀鹫在科特迪瓦约 11278 米的高空，与一架飞机相撞。万米翱翔，意味着有些鸟儿能够飞越珠穆朗玛峰。大雁飞越喜马拉雅山的飞行高度为 9000 米，它们可以在万米的高空翱翔。棕头雁、大天鹅、高山兀鹫、蓑羽鹤，都是飞得极高的鸟类。它们都能飞越世界屋脊——珠穆朗玛峰。天鹅是一种候鸟，冬天为了寻找食物而结队向南方迁徙。飞翔的天鹅长颈平直，微微上扬，双翼优雅地扇动，每年定期以 9144 米的高度飞越珠穆朗玛峰，是世界上飞得最高的鸟之一。有人甚至说，天鹅能在 17000 米的高空飞翔。1960 年和 1975 年，中国登山队两次从北坡登上了珠穆朗玛峰。在这座世界最高峰上，登山队员们亲眼看到喜马拉雅兀鹫在天空中飞翔。喜马拉雅兀鹫是典型的高

喜马拉雅兀鹫

原鸟类，中国体形最大的一种猛禽，被藏族人尊为"神鹰"。

　　每年都有数以万计的鸟儿来到喜马拉雅山脉中段，飞越珠穆朗玛峰，进行着地球上最伟大、最艰难的飞翔。飞越珠峰，它们要面对的是最险峻的峰峦、最复杂的冰川积雪、最恶劣的气候环境，甚至还有最强大的天敌。对于很多鸟儿来说，以坚强的翅膀，向世界之巅发起冲锋，这是它们一生中的第一次飞越，也可能是最后一次飞越。顽强而团结的鸟群团队，队形整齐，逆风而行，毫不畏惧地向上、向前飞翔，面对这世界上最高的冰山雪峰，以它们小小的身躯、振翅的节奏，在珠穆朗玛峰奏响了生命的凯歌。

　　一位新西兰的登山爱好者乔治·罗威（George Lowe）说，他曾在珠穆朗玛峰的山顶见到过飞行的大雁。斑头雁是大雁的一种，已经让生物学家们着迷了数十年。它们的生理极限让科学家们感觉不可思议，在它们飞行的海拔高度，空气中的氧气含量不足海平面的10%。斑头雁为什么能够飞越珠穆朗玛峰？这主要是因为与其他鸟类相比，它们体内的红细胞与氧结合的速度很快，可以承受仅有海平面上30%的氧气浓度，它们的血红蛋白的 α 亚基发生变异，导致它们的血红蛋白可以迅速地与氧结合，这是对高原生活的一种适应。英国威尔士班戈大学的研究团队，借助全球定位系统记录下一只斑头雁在2.4万英尺高空飞行的数据。研究人员在蒙古中部捕获了7只斑头雁，并借助植入式追踪器同时测量了它们的加速度、体温和心率，计算出它们的能量损耗，并追踪到斑头雁的"过山车式飞行模式"。

蓑羽鹤（学名：Anthropoidesvirgo），体长68～92厘米，是最小的鹤类。因为身体大部分呈蓝灰色，头、颈、胸部为黑色，眼后有一簇白色的细羽向后延伸，鸟羽的茎状部分中空透明，成须状，延伸到头部两侧，胸部有长长下垂的特殊羽饰，颊部两侧各生有一丛白色长羽，蓬松分垂，状若披发，故称蓑羽鹤。蓑羽鹤拥有一双修长笔直的腿以及长长的嘴、颈。雌雄蓑羽鹤的区别不大，但从眼睛可以轻易辨别：雄鹤的虹膜是红色的，而雌鹤是橘黄色。由于天

飞越喜马拉雅山的蓑羽鹤

灾、天敌、疾病以及艰苦的迁徙，蓑羽鹤的寿命只有其他鹤的一半左右，约为 20 年。

每年有数以万计的蓑羽鹤在珠穆朗玛峰进行着地球上最艰难的迁徙，它们用自己娇小的身躯，为了生存，挑战着世界的最高峰。瑞典皇家科学院的鸟类专家奇威格和他的助手，耗资千万美元，历经两年时间，从亚欧大陆中部和中国东北部广大地区，见证了蓑羽鹤万里大飞越。英国 BBC 据此拍摄了一部纪录片《我们的地球》，记录了蓑羽鹤飞越喜马拉雅山的壮观景象。经历了寒冷、暴风雪和金雕的猎杀，鹤群中会有四分之一的成员没能回到南方。据科学家估计，每年大约有 5 万只蓑羽鹤飞越珠峰，按这个比例，至少有 1 万只蓑羽鹤丧命在珠峰脚下，它们有的被冻死，有的在飞翔中体力不支掉进雪山，还有的被金雕猎杀……迁徙的幸存者最终会抵达印度北部地区，那里冬天的平均温度在 14℃左右，是蓑羽鹤喜爱的乐园。

截至 2005 年 3 月中旬，据调查数据显示，全球蓑羽鹤数量已从 20 世纪 90 年代初的 16 万只，下降到了不到 10 万只。

第三章

经幡猎猎

　　从石器时代到 21 世纪，珠穆朗玛的灵山雪域，一直笼罩在悠远而神秘的氤氲之中。高山上下，雪岭冰峰，到处闪耀着人类的文明之光。早在远古时代，珠峰地区就有古人类生息繁衍。考古工作者在这里发现了旧石器时代文化与新石器时代文化以及介于二者之间的史前文化遗存，以确凿无疑的实物表明，距今数万年前，珠峰地区就有远古人类的生产与生存活动。

　　在珠峰地区广袤壮阔的土地上，古老的文化和历史遗迹比比皆是。古老的象雄文明与吐蕃文化融合于此，定日、吉隆、聂拉木的石器遗存，吉隆从唐至清的摩崖石刻遗址，8 世纪吐蕃王朝的古墓葬群，9～11 世纪割据时期的古堡，18 世纪中尼战争的城碉残垣，莲花生大师、米拉日巴高僧传法修行的洞舍、寺庙，考古遗存和人文遗迹与藏地神话传说、宗教典籍、史诗故事会合，展示了这块神奇土地上留下的历史足迹和灿烂文化。

远古石器

考古发掘表明，早在 7000 年以前，珠峰这一带就存在人类活动。

20 世纪 50 年代末期到 90 年代，西藏境内发现了旧石器遗存，包括珠峰脚下的几处：定日的苏热、吉隆的哈东淌和却得淌、聂拉木的亚来和羊圈。考古工作者还发现了大面积介于旧石器时代文化与新石器时代文化之间的一种史前文化遗存。在距珠峰不远的定日县岗嘎乡苏热山南麓，聂拉木县北部的亚来、羊圈，吉隆县的措戳龙湖畔，先后发现有大量细石器和灰烬层。

1966 年至 1968 年，在距西藏定日县城协格尔镇东南 10 千米、海拔 4500 米的苏热山南坡第二阶地上，中国科学院西藏综合考察队出土石器制品 40 件，原料主要是片磨岩，也有一定数量的石英砂岩及少量的石英岩。石片的台面较小，呈三角形或月牙形，石片角平均

116°。石器 15 件，器形有刮削器和尖状器；刮削器 13 件；单刃 6 件、复刃 7 件；尖状器 2 件，由劈裂面向背面加工而成。苏热遗址属于旧石器时代的中晚期，大约距今 5 万年。

定日苏热山

吉隆县的哈东淌遗址和却得淌遗址，都形成于旧石器时代。从遗址中石器的数量和打造的精美程度看，日喀则地区的古人类过着游猎采撷的生活，正从旧石器时代的中期向晚期过渡。位于吉隆县宗嘎镇哈东沟的哈东淌遗址，标本采集范围约 2000 平方米，采集砍砸器、砍斫器、刮削器等旧石器标本近百件，原料绝大部分为黑色板岩，均由扁平砾石加工而成。位于吉隆县宗嘎镇北侧的却得淌遗址，标本采集范围约 1000 平方米。采集标本共 11 件，种类包括刮削器、切割器、砍器等。石器多用砾石直接打制而成，不见石片石器。其原料绝大部分为砾石，岩性为黑色板岩、青灰色花岗岩及火成岩。这两个地点采集到的石器标本器形较大，有不少接近或超过 10 厘米。1990 年 6 月，西藏自治区文管会文物普查队在吉隆雅鲁藏布江东岸第二级阶地，发现两处旧石器地点，共采集旧石器与石制品 80 余件，石器多为砾石工具，种类有刮削器、砍砸器等。时代约为旧石器时代的中晚期。

1966 年 7 ~ 8 月，中国珠穆朗玛峰地区综合考察队在西藏聂拉木发现了两个石器地点。第一个地点位于喜马拉雅山南坡聂拉木县亚来村南约 1.5 千米处，在中尼公路和波曲河的东侧，海拔约 4300 米，波曲河第一级阶地上，全新世石灰华堆积形成南北长约 2 千米、东西宽数百米、厚约 2 米的石灰华壳。在顶层石灰华中，发现石器 1 件，另在地表捡到 26 件，共 27 件。标本大部分是细石器，计石核 6 件、小石叶 12 件、石片 8 件、石器 1 件，原料为燧石、玉髓、水晶等。大致属于中石器时代或稍晚。亚来村石器绝大部分属细石器系统，并且是比较成熟的细石器，同时有一些较大的打制石片石器，推测属中石器时代或新石器时代早期。据此判断，在距今约 7000 年前，亚来地区已有人类活动。第二个地点位于聂聂雄拉冰碛平台北侧，羊圈（现第九道班）东南约 1 千米，在朗弄曲河左侧阶地上，海拔约 4900 米。捡到石器 3 件，原料为隧石。石核 1 件，系利用一厚石片，在其劈裂面上剥落石片，留下一个小石片疤痕。石片 1 件，小而薄，呈三角形叶片状。石器 1 件，由一小石片制成，两侧边缘都有垂直错向加工的痕迹。

大唐将军的摩崖

珠峰地区吉隆县北部崖壁上，遗存一处公元 658 年唐高宗时期的崖刻，题铭《大唐天竺使出铭》，当地人称为阿瓦呷英摩崖题铭。石碑镌刻在山口处一呈西北—东南走向的崖壁之上，宽 81.5 厘米、残高 53 厘米，其下端因当地修筑现代水渠已损毁残缺，现仅残存阴刻楷书 24 行，满行估计原为 30 ~ 40 字，上端无缺字，下端因损毁严重，现残存约 311字，其中多已损泐、漫漶。行、字间阴刻细线方格，每字间亦有阴线方格相间，碑铭的正中为篆刻阳文，一行 7 字"大唐天竺使出铭"。石碑正文因损泐过甚，文意多不能连贯，但仍有一些关键性的词句清晰可识。如第三行有"维显庆三年六月大唐驭天下之（下缺）"等语；第九行文字中有"大□□左骁卫长史王玄策（下缺）"等语。

四川大学的霍巍依据有关的文献材料考

刻着"大唐天竺使出铭"的石壁

证，认为此通石碑是唐显庆三年（唐高宗李治在位时期，658年）唐使节王玄策第三次奉旨出使天竺时途经吐蕃西南边境，勒石记功之遗物。也就是说，吉隆县境内的《大唐天竺使出铭》汉文摩崖碑铭，记载了唐显庆年间著名外交家王玄策通过吉隆出山口，取道泥婆罗（今尼泊尔），去往北印度的事迹。

大唐天竺使就是王玄策。王玄策，生殁年不明，汉族，生于河南洛阳，与高僧玄奘同乡。唐初贞观十七年至龙朔元年（643—661年）间，他三次出使印度（一说四赴印度），促进了中印文化的交流。

王玄策关于其出使印度的事迹，著有《中天竺行记》一书，可惜完本早已亡佚，只余下《法苑珠林》《解迦方志》等散佚残篇。

根据《大唐天竺使出铭》的发现及其所在位置判断，吉隆当系吐蕃—泥婆罗道南段的主要路线，也是唐代中印交通的重要出口。王玄策出使天竺，当出吉隆而非聂拉木。

王玄策早年任融州黄水县令。贞观十七年（643年）三月，他奉命作为副使，跟随朝散大夫、卫尉寺丞、上护军李义表护送婆罗门国使节回国。同年十二月，到达摩揭陀国。贞观十九年（645年）正月二十七日，李义表、王玄策到王舍城，登耆阇崛山，立碑，同年二月十一日，在摩河菩提寺立碑。

贞观二十一年（647年），唐朝又派王玄策为正使、蒋师仁为副使一行 30 人，出使印度摩揭陀国。到了印度之后，发现国王戒日王已死，国中大乱，其大臣阿罗那顺篡位，发动所有军队以拒王玄策。王玄策一行 30 骑兵受到阿罗那顺部下的袭击，身陷牢狱之中。后来王玄策设法逃离了摩揭陀国，到达吐蕃。王玄策发檄文征召军队，得到 1200 名吐蕃兵、7000 名泥婆罗（今尼泊尔）骑兵。王玄策与副使蒋师仁率吐蕃、泥婆罗的军队进攻到中天竺的

王玄策

茶镈和罗城，作战三天，攻破茶镈和罗城，斩首 3000 余级，敌人被溺死的约 1 万人。阿罗那顺逃走，收拢散兵再次交战，蒋师仁擒获阿罗那顺，俘斩敌人数以千计。余众跟随国王的妻子在乾陀卫江抵抗，蒋师仁击败他们，俘获其妃及王子等，又俘虏男女 12000 人，各种牲畜 3 万，580 座城邑投降。东天竺王尸鸠摩送牛马 3 万馈军，还送来了弓、刀、宝璎珞。迦没路国献异物，并送上地图，请求得到老子像。

贞观二十二年（648 年）五月，王玄策把俘获的阿罗那顺及王妃、王子等，以及俘虏的男女 12000 人、牛马 2 万余头（匹）送到长安献俘。唐太宗封王玄策为朝散大夫。显庆二年（657 年），王玄策第三次出使天竺（印度）。显庆五年（660 年），菩提寺主为王玄策等人设大会，送给王玄策使团成员每人华氎十段，然后菩提寺主又献上宝珠、大珍珠 8 箱，象牙佛塔 1 座，舍利宝塔 1 座，佛印 4 方。

王玄策几度出使印度，带回佛教文物，对中印文化的交流做出贡献。他著有《中天竺国行记》十卷，图三卷，今仅存片段文字。人们还在洛阳龙门石窟发现了王玄策的造佛像题记。

《大唐天竺使出铭》是王玄策经过吉隆时所题，崖壁面阔约 1.5 米，

《大唐天竺使出铭》

其上有崖棚遮盖，崖脚有水渠环绕而过，崖面距地表约 5 米。这一珍贵题铭对于研究珠峰一带古代唐蕃、中外关系等问题，具有极为重要的意义和价值。2001 年 6 月 25 日，"大唐天竺使出铭"作为公元 658 年的古建筑，被国务院批准列为全国重点文物保护单位。

"大唐天竺使出铭"摩崖的发现，为唐初对外（唐蕃、唐尼、唐印）交流提供了重要的史实资料。"吐蕃—泥婆罗"（尼泊尔古称）古道，在古籍中有记载。《释迦方志》中记载了唐朝中原内陆至印度的北、中、东三条古道，其中东道的大唐段即唐蕃古道，吐蕃段即蕃尼古道。许多学者认为蕃尼古道开通的缘起是因尺尊公主入藏，尼王鸯输伐摩为了加强与吐蕃的关系，将其女嫁与松赞干布。在大唐天竺使出铭碑文里可以印证蕃尼古道的具体路线，碑文第十三行记载"季夏五月届于小羊同之西"，说明碑刻的发现地吉隆县正是小羊同之西，故而小羊同的位置就在吉隆县以东。按照今天的地名，蕃尼古道系由拉萨始，经日喀则、吉隆、聂拉木、亚东翻越喜马拉雅山口后抵达泥婆罗王国（尼泊尔）。

藏王和公主

闻名于世的藏王松赞干布（617—650 年），是吐蕃王朝第 33 任赞普，吐蕃王朝实际上的立国之君。松赞干布在位 21 年期间，平定吐蕃内乱，极大扩张了吐蕃王朝的版图，使吐蕃成为青藏高原上的强国。他确立了吐蕃的政治、文化、军事、经济、法律等制度，从唐朝和天竺引入佛教，从唐朝引入科学技术以及历法。松赞干布与其王妃尺尊公主、文成公主，至今仍受藏族人民尊崇。

7 世纪初，松赞干布东征北伐，统一了西藏各部落，建立了以卫藏（雅鲁藏布江流域南部）为本土的吐蕃王朝。

松赞干布曾先后与尼泊尔和大唐联姻。那时尼泊尔叫泥婆罗，为了加强与泥婆罗的友好关系，松赞干布迎娶泥婆罗的尺尊公主为妃。

尺尊公主（？— 649 年），在西藏神话宗教书籍中，她的梵文名字是 Bhrikuti Devi，藏

松赞干布像

尺尊公主像

文为 Bal-mo-bza' Khri-btsun，即"拜木萨尺尊"，意为"来自泥婆罗的女神尺尊"，又译为墀尊公主、赤真公主、赤贞公主，或按梵文译为波利库姬、布里库提、毗俱胝。吐蕃传说中的泥婆罗（吐蕃的附属国，在现在的尼泊尔国境内的一个古国）的公主，远嫁吐蕃赞普松赞干布。现今留存的历史文献对尺尊公主的记载，主要来自巴·赛囊所著的史书《巴协》（dba' bzhed）、索南坚赞所著的《西藏王统记》以及布顿所著的《布顿佛教史》中。

尺尊公主出身尼泊尔塔库里王朝，父亲名为鸯输伐摩（光胄王）。当时松赞干布统一吐蕃，国势强盛，派禄东赞向光胄王提出和亲。光胄王为了求取边境和平，将他的女儿远嫁至西藏。

尺尊公主入藏的时间，各史书记载不同，但都认同松赞干布是16岁时正式迎娶了尺尊公主。松赞干布的生年不详，有569年、593年、617年、629年等不同的说法。如果以被普遍接受的617年来推算，尺尊公主应是于633年入藏与松赞干布结婚的。

《旧唐书》卷一九八《泥婆罗国》载："那陵提婆之父，为其叔父所篡，那陵提婆逃难于外，吐蕃因而纳焉，克复其位，遂羁属吐蕃。"光胄王过世后，他的弟弟夺得王位，其子那陵提婆逃至吐蕃，在641年借助吐蕃之力回国即位，此后泥婆罗成为吐蕃的藩属。

今日西藏珠峰地区的吉隆一带，吐蕃时叫芒域，是泥婆罗通向吐蕃腹地的必经之路。据文献记载，松赞干布迎请泥婆罗尺尊公主，就是从吉隆谷地，徒步行至芒域，后松赞干布派来牦牛群、骡子队，从芒域将尺尊公主接到拉萨。

尺尊公主笃信佛教，她带着佛经及佛像进入西藏，成为佛教输入西藏的开端。布顿著的《布顿佛教史》第五章"藏地佛教"载："此后，松赞干布派人从印度请来自然生成的蛇心旃檀十一面观音像。与泥婆罗光胄王之公主尺尊成婚，公主带来不动金刚佛像（即佛陀八岁等身像）、弥勒像、旃檀度母像。与汉王（即唐太宗）狮子王之汉公主（即文成公主）成婚，公主请来幻现的觉卧像（即佛陀十二岁等身像）。"

尺尊公主还带来大量泥婆罗工匠艺人，参与设计、修筑布达拉宫。松赞干布为文成公主与尺尊公主修建了大昭寺与小昭寺，并且开始了布达拉宫的兴建。尺尊公主携带至西藏的释迦牟尼八岁等身木制佛像与铜制弥勒佛像，后来被供奉在大昭寺之中。

因为瘟疫流行，据说松赞干布与尺尊公主在公元649年过世，松赞干布死后，成为一道光芒，进入大昭寺的木制佛像之中。

西藏人尊奉尺尊公主与文成公主，相传观世音菩萨见到西藏人民的痛苦后，流下两滴眼泪，眼泪成为度母，化身为两位公主，到西藏来解除人民的苦难，其中绿度母化身为尺尊公主，而白度母化身为文成公主。

王城与寺庙

"贡塘"这个地名，在藏文史书中多有述及，《卫藏道场胜迹志》中曾记载西藏佛教后弘期噶举派著名高僧米拉日巴的诞生地就在"芒域贡塘"。已故藏学家刘立千先生也曾记载："芒域古时属阿里三围之一，范围在今从普兰宗北到后藏昂仁宗，南到吉隆宗及接近尼泊尔边界，贡塘属日喀则专区吉隆县治所在地的宗喀南面，原吉隆宗的西北，贡塘拉大山的南面。"这里所说的地理位置，正是珠峰地区吉隆贡塘古城所在的位置。

根据文献史料可以肯定，吉隆古城，正是历史上吐蕃王朝后裔所建立的"贡塘王朝"的都城遗址——贡塘王城的外城廓废墟，至今已有900多年的历史。

珠峰地区吉隆县城的东南方，沿着山体顶部修筑有一座高大的土城，城墙依山势起伏高低错落，土黄色的墙体和土黄色的山崖融为一

贡塘王城遗址

体。这就是建于公元 11 世纪前后的贡塘王城遗址。

城址现存西南角楼,南垣西段,南垣东段及角一楼、东垣、夯土城墙,卵石勒脚,四角筑有角楼,城垣中段筑有碉堡。另有内城垣,城内有古寺卓玛拉康,位于贡塘王城遗址的中部,海拔 4160 米,坐北朝南,建筑面积 200 平方米,原为两层建筑,现在上层已坍塌,底层建筑遗址由门庭、中庭及后殿三部分组成。墙体有的是夯土而成,有的是由土坯石块砌建。卓玛拉康的始建年代,据文献记载,"该庙宇竣工于藏俗第五绕迥之庚午",即公元 1274 年。贡塘王城遗址约分为 5 个建筑时期,始建于第 6 代贡塘王拉觉德时期,于第 17 代贡塘王赤拉旺坚时期完成。

贡塘王城,构造坚固,结构精妙。城堡的墙体都是由人工夯筑而成,城墙的基础则是用天然的大石头垒砌,中间填以泥土,原料都是就地取材——利用当地的黄土掺杂以小砾石。夯层厚度每层在 40 ~ 60 厘米,墙体厚达 2 米以上,墙体的局部夹夯有木板。这种筑城的方法,从中亚到中原唐代城市都曾经十分流行。

从残垣断壁可以清楚地观察到这座古城的布局,城堡分为内外两重城墙,外墙的厚度达 2 米以上,可以沿着城墙绕城巡逻。外墙的正中和四个角上都建有城楼和角楼。城楼和角楼之间最长的距离不超过 90 米，这正是古代弓弩手们最佳的射程。城垣中央的城楼长约 15 米，最宽处约 10 米，凸出于城墙之外，沿着城楼的内部有夯土筑成的阶梯，可沿壁盘旋而上。城楼内的建筑物现在已经全部倒塌，但是壁面上一残存的木椽痕迹还清晰可见，由此可以推测出当时的城楼内部，原应有楼层之分，每层楼的高度为 2 ~ 3 米。在城楼的四面墙体上，都向外分层开设有射击孔和瞭望孔，其形状有梯形和长方形，都是内宽外狭，上下楼层之间的射击孔都相互错位，可从不同的层面形成密集的防御网。

与城楼互为掎角之势的是建在城堡四角上的角楼。其中，保存得最好的一座是城堡南墙的东南角楼，角楼的平面略呈"日"字形，边长约 10 米 × 10 米，门道仅可容一人通行，进门后在墙体上夯筑有阶梯，可以拾阶而上直达城顶。原来的楼层也是 3 层，每层高度为 2 ~ 3 米，墙体上的射击孔和瞭望孔一如城楼，也进行过精心布置，交叉错落的射击线路可将死角消灭殆尽。登上角楼，四周方圆十几里以内的道路形势尽收眼底。

藏文版《贡塘世系源流》记载，在吉隆一带所建立的"贡塘王朝"，一共传了 32 代，经历了数百年。在贡塘王朝第 6 代贡塘王拉觉德时期，"在形似巨幅帷帘之西山脚兴建宫堡，并在周围砌以围墙及修筑壕沟"，这应当是贡塘王城初建之时。到了第 11 代贡塘王朋德衮时期，不仅有了宫殿的四扇大门，修筑了城墙、碉楼，还在城内建造了中央王宫、王妃殿、神殿及如来佛灵塔等建筑。由于朋德衮在大修城堡前，曾前往萨迦会见过八思巴，所以可以推知这个时期大约是公元 13 世纪。第 14 代贡塘王赤扎西德时期，动工修建了大围墙。第 16 代贡塘王赤杰索朗时期和第 17 代贡塘王赤拉旺坚时期，在城内先后修建过大寺院、北王宫、密宗殿等建筑物。

贡塘王城遗址

　　1300 多年前的吐蕃王朝时代，松赞干布从汉地及尼泊尔分别迎娶文成公主、尺尊公主入藏之后，按照文成公主的"五行算图"，修建佛寺 12 座，以镇压"罗刹魔女"及其他魔怪。从那以后，珠峰地区陆续兴建多所寺庙，其中一些庙宇至今仍香火延续。

　　强准寺，一座历史悠久的格鲁派古寺，坐落于吉隆县邦兴村，亦称"绛真格杰寺""降振格吉寺"，是松赞干布为镇伏四面魔而建的 12 座佛寺之一，距今已有 1300 余年，是珠峰地区现存最古老的建筑之一。

　　据《西藏王臣记》载："在魔女的右肩上建察珠寺，在右足上建章丈寺，在左肩上建噶察寺，在左足上建仲巴寺等，这是镇压四边的四大寺。又在魔女的右肘上建贡波布曲寺，在左肘上建脱扎空厅寺，在右膝上建绛真格杰寺，在左膝上建江扎东哲寺等，这是再镇压的四大寺。"

强准寺

强准寺为木结构的楼阁式建筑，塔身方形，高四层，塔内设有木梯可达顶层。各层建有挑檐及门窗，第三层墙面设有三座桃形壶门，顶层四角以铜套饰挑出冰檐，其上为塔刹，刹顶饰火焰宝珠。底层四周以木栏杆环绕成外环廊，廊周设有转经嘛呢筒108个。塔高约15米，底层最大宽度为22米。寺庙主要建筑分布于底层、二层和三层。底层西面为门廊，面积57平方米（长19米，宽3米），门廊东侧有内、外回廊两重，其中外回廊为明廊，可直通塔顶，内回廊为暗廊，高约2米。回廊中心有密室6间，每间面积3～4平方米，高1.8米，大部分为仓库。底层东南角密室内有一口水井，直径0.6～0.7米。第二层平面结构与底层相同，其中5间密室为喇嘛修行室，一间为护法神殿，其外绕以回廊。第三层佛殿面积182平方米（长14米，宽13米），有柱4根，面阔3间，进深3间。佛殿六向东，东壁为旨橱，主供强巴佛镀金铜像，高约1.2米，其左右置18个佛龛，内供镀金铜佛像数尊，北、南两壁经橱藏有《甘珠尔》《丹珠尔》各一套。殿外绕以回廊。

强准寺各层建筑的壁面上多绘有壁画，至今大部分保存完好。门廊及底层回廊壁画，满绘释迦牟尼佛结跏趺坐像及立像，共有1000余尊。第二层四壁遍绘护法神像。第三层主殿门楣上方绘有次巴麦、莲花生、第五世达赖（阿旺·罗桑嘉措）等各世达赖像；其左侧至外回廊绘制有次巴麦及化佛像1000尊，以及钦布娃、古玛热、莲花生、墀松德赞、阿底峡、罗珠宁布等高僧大德法像；其右侧至外回廊绘制有次巴麦与"化佛"，以及协尊称、通麦、拉罗希、朵给次哇、巴扎哇、桑嘉益西等高僧活佛的法像。主殿内北壁为《西方净土变》壁画，高约 4 米，宽约 2.5 米，分为上、中、下三个层次。主殿西壁中央绘三尊度母像、观音像及日松贡布，下绘四大金刚和该寺保护神贝慧勒。西壁之左段绘有次巴麦、米拉日巴像。主殿南壁中央绘有一尊护法神及药师佛像，周围有十六罗汉像。

1385 年兴建的协格尔曲德寺，位于协格尔金刚山（也称孜加山）上，依山而建。协格尔金刚山形如度母跏趺姿态，墙体采用石块与土坯砌筑。

协格尔曲德寺建造后，不断扩大建筑规模，寺里最多可容纳 800 余名住寺僧人。各种教派共存一寺，萨迦教派、夏鲁教派、格鲁教派各拥

协格尔曲德寺

有 7 个扎仓。寺院有 15 个殿堂，主供佛为释迦牟尼（高 9 米）镀金佛像。

1643 年，五世达赖委派列杯顿珠到协格尔曲德寺担任堪布，并且由他把该寺转化为纯黄教寺院。1645 年，协格尔曲德寺统一信奉格鲁教派。从此，协格尔曲德寺正式立为官方寺庙。在五世达赖的扶持下，协格尔曲德寺的权限范围，从定日扩张到聂拉木。该寺先后任命了 28 位堪布，后又划归为拉萨色拉寺的下属寺，授权管理拉萨色拉寺在这里的领地，代理收租、派役等事宜。阿旺噶丹嘉措是协格尔曲德寺第 12 任格鲁派堪布，在 1730—1731 年间，搜集所有当时他能看到的当地文献资料，撰写了《协格尔宗教源流》。

协格尔曲德寺印制的藏经曾闻名后藏，该寺现保存有较珍贵的文物 100 多件，其中手印经、经板、唐卡、协格尔志、绸缎、佛像、法器等文物，对历史考证、研究都具有较高的价值。

珠穆朗玛峰北坡下面，有一条南北向的绒布沟，绒布沟是绒布河水冲刷而成的。绒布河，由珠穆朗玛峰北坡的东绒布冰川、中绒布冰川、西绒布冰川的部分融水汇成。绒布沟东侧的"卓玛"（度母）山顶，坐落着世界上海拔最高的寺庙——绒布寺。绒布寺位于珠峰北麓的绒布冰川末端，海拔 5154 米。

绒布寺（1966 年）

全称为"拉堆查绒布冬阿曲林寺"的绒布寺，由红教喇嘛阿旺丹增罗布于 1899 年创建。据《藏边人家》记载："他（阿旺丹增罗布）以不寻常的力量，首先建起了他的私邸拉让，并建起一座寺庙，接着为不断增加的弟子们盖起房屋。"阿旺丹增罗布将绒布寺发展成名扬四海的有相当规模的宁玛派寺院，并有了自己的属寺，包括尼泊尔境内4座夏尔巴人的小寺和定日境内的5座尼姑庙。当时绒布寺不仅有来自定日一带的修行者，而且也有很多来自喜马拉雅山南边夏康布一带的僧尼，他们翻越喜马拉雅山脉来此求学。当时，在绒布寺举行冬夏两季研习佛学活动，夏季2个月，冬季3个月。来此参加冬夏两季佛学活动的僧尼人数高达300余人。这个数字，对一个创建不久、地处偏僻山沟里的小寺来说，是一个奇迹。

绒布寺属宁玛派寺庙，僧尼混居。寺院有新旧两处，旧寺在新寺以南3000米处，更靠近珠穆朗玛峰，这里还保留着莲花生大师当年的修行洞，以及印有莲花生手足印的石头和石塔等。新寺建成于1902年。1983年，对寺庙进行了大规模的修建。

绒布寺依山而建，一共五层，使用的只有两层。绒布寺主殿正面供有释迦牟尼像、莲花生像等佛像。绒布寺距珠穆朗玛峰峰顶20余千米，从这里向南眺望，可以看到珠峰山体像一座巨大的金字塔，巍然屹立在群峰之间。从绒布寺到从北坡攀登珠峰的大本营，大约还有8千米的路程。

天波切寺，是尼泊尔最大的佛教寺院，位于珠峰南麓昆布地区海拔3867米的昆琼村，那里也是通往珠峰的一个宿营地。

约350年前，在昆布地区的夏尔巴人就虔诚地信仰藏传佛教。喇嘛多吉桑娃最先提出了修建佛寺的创意，他也被称为是昆布最古老的寺院天波切寺的创始人。

1916年，来自昆琼村的谷鲁喇嘛开始兴建天波切寺，1923年建成这座藏传佛教宁玛派传承下的珠峰南麓第一个大型寺院。当地夏尔巴人社区的3位富有的居民，资助了寺院的建设。1934年，一次地震摧毁了这

天波切寺

座寺庙，谷鲁喇嘛也在地震中遇难。谷鲁的继任者承担起重建寺院的任务，得到僧侣们和当地社区居民以及从拉萨来的一个熟练木匠的大力支持，几年后，寺庙得以重建。

1989 年 1 月 19 日，天波切寺又毁于电线短路引发的大火。1993 年，在志愿者和登顶珠峰第一人希拉里成立的希拉里基金会的帮助下，天波切寺再次得以重建。

如今，天波切寺每天下午 4 点半都会进行佛教仪式，游客可以参观。传闻天波切寺里还收藏有一幅雪人（Yati）的唐卡。每年 11 月前后满月的日子，寺庙都会举行两天的嘛呢仁度祭，四面八方涌来的夏尔巴人戴着面具通宵达旦地唱歌跳舞，纪念活佛驱走了邪灵。

大师的传说

　　莲花生（梵文 Padmasambhava），印度乌仗那国人，是建立藏传佛教前弘期传承的重要人物，藏传佛教宁玛派祖师。据多罗那他于 1610 年所著的《莲花生传》记载，莲花生约于摩揭陀国天护王时出生于乌仗那王族，他曾周游印度，广访密法大师，成为佛吉祥智的四个证得现法涅槃的弟子之一。莲花生又从吉禅师子学法，并曾到中国的五台山学习天文历数。他于 750 年由印度启行至尼泊尔，752 年至拉萨，秋季开始建桑耶寺，754 年建成。

　　1258 年，从西藏山南乃东县雅龙山谷西侧山坡上的雅龙玻璃洞，发掘出土《莲花生大师本生传》，也称《莲花遗教》，藏语称为《班玛瓜唐》，是由莲花生大师授记，其主要弟子益西措嘉撰写的莲花生大师传记。《莲花遗教》把珠穆朗玛峰地区称作"拉齐"，把珠峰主峰称为"拉齐次仁"（即"拉齐地区的长寿女神"）。

莲花生像

米拉日巴像

以"拉齐雪山"称之，这是在西藏本土文献中最早出现的记载珠峰的文字。

米拉日巴，出生于公元 1052 年，1135 年圆寂，藏传佛教噶举派第二代祖师，著名高僧、密宗修行大师。他出生于芒域贡塘地区（今日喀则市吉隆县）。本名米拉日巴·脱巴噶，法名协巴多吉。原属琼波家族，自祖父定居贡塘后，称米拉家族，先祖为宁玛派信徒。

米拉日巴幼年丧父，1077 年赴藏绒的拉尔地方（今仁布县境内），向宁玛派荣敦拉迦大师求法，习"大圆满正法"。后经引荐到洛扎向玛尔巴译师求法，七年后学得玛尔巴的全部教法。1084 年返乡，隐居吉隆、聂拉木附近的拉齐雪山，即今珠穆朗玛峰，在深山洞穴坐静，潜心苦修那若巴密宗教义及瑜伽的"拙火定"等秘密真言九年，最后获得"正果"。米拉日巴曾在冈底斯山与苯教首领"斗法"获胜。晚年声望很高，施主与追随弟子颇多。他的传教方法独特，常以歌唱教授门徒。

15 世纪噶举派高僧桑结坚赞编辑完成了《米拉日巴道歌集》，共 58 节、500 余首，雕版印刷，流传于世。"道歌"虽属佛教内容，但写人叙事多采取比喻手法，文字清新流畅，对话生动隽永，对后世藏族诗歌发展产生过深远影响，在藏族文学史上是较早的一部作家诗集。此外，桑结坚赞还著有《米拉日巴传》，在藏族地区广为流传。

《米拉日巴道歌集》又名《十万道歌集》，全书分为三部分：降服来犯鬼神使受佛法的约束、引导具缘弟子走入成熟解脱、成佛道路。在思想内容上，有对剥削者和统治者残暴、贪婪的揭露和批判，对某些上层喇嘛不守戒律、欺世盗名行为的抨击；深感社会的不平，对弱小者和受苦难的人寄予同情；赞美高原优美风光，对雪山、幽泉、飞雀都进行了传神描写；宣扬佛教的出世观。艺术风格上，采用了民歌的形式，散韵结合而自成流派；多段体的诗歌格律更有助于表达作者的思想感情；语言通俗质朴。由于贴近生活，受到人们的喜爱，流传甚广。

《米拉日巴道歌集》中有对珠峰一带的形象记载，称珠穆朗玛峰所在地为"拉齐雪山"和"顶多雪"，认为这个雪山连绵之地，是"在西藏和尼泊尔交界处的最为罕见和稀有的地区"，是"浑然天成的财宝之地"，其冰川雪峰之多，就好似"被水晶围墙所环绕一样"。

珠穆朗玛峰位于西藏定日县正南方喜马拉雅中段的中尼边境处。藏语"珠穆"是"女神"的意思，而"朗玛"则是"第三"。"珠穆朗玛峰"就是"第三女神"。

珠穆朗玛峰古称"绒布冈"。《绒布杂圣志》记载，莲花生大师到雪域高原时，珠穆朗玛峰一带称作"帕竹嘉莫绒"，那里满山遍野都是森林，到处都是野禽猛兽，莲花生大师在此将珠穆朗玛峰开光为神山，取名为"次仁玛"，同时给珠峰周围的四座山峰取名，并将五座神峰命名为"长寿五姊妹神山"。

藏文佛教史籍《红史》，为藏传佛教蔡巴噶举派学者蔡巴司徒·贡噶多杰著，始撰于1346年，成书于1363年，以手抄本传世。全书介绍印度古代王统及释迦牟尼事迹，中原各王朝历史，直至元末的蒙古王统、帝系，吐蕃王朝至萨迦派掌权的藏族历史。《红史》中亦称珠峰地区为"拉齐"，称这一地区的雪山为"拉齐岗"。"岗"在藏语里是"雪"的意思，

雪山长寿五姊妹

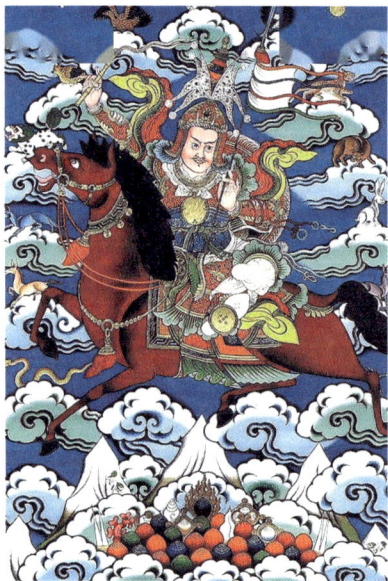

格萨尔王

这里即意味着雪山，所以"拉齐岗"意即"拉齐雪山"。书里还把以珠峰为主的五座雪山称作"次仁玛宾阿"。"次仁玛"藏语意为"长寿女神"，即指珠穆朗玛的主峰；"宾阿"意为"五姊妹"，所以"次仁玛宾阿"译成汉语就是"长寿女神五姊妹"。

传唱千年的史诗《格萨尔王传》，滥觞于青藏高原，主要流传于藏族、蒙古族、土族、裕固族、纳西族、普米族等民族中，以口耳相传的方式讲述了格萨尔王降临下界后降妖除魔、锄强扶弱、统一各部，最后回归天国的英雄业绩。《格萨尔王传》在青藏高原广泛流传，是在藏族古代神话传说、诗歌和谚语等民间文学的丰厚基础上产生和发展起来的，是一部形象化的古代藏族历史。《格萨尔王传》有 120 多卷，诗行多达 100 多万、字数超过 2000 万，是世界上最长的一部史诗。"格萨尔学"已成为国际藏学研究和国际史诗学研究中的一个重要分支。

长期以来，《格萨尔王传》在西藏南部以及尼泊尔东部的喜马拉雅山脉地区，即广义的珠穆朗玛峰周边地区，尤其是那一带的定日以及卡塔的藏人、阿龙河谷的昆波人和夏尔巴人中间传诵。每逢大的节庆，人们总是要说唱格萨尔史诗；在更多的非正式场合，也要说唱格萨尔。说唱者中有艺人、当地喇嘛，而更为常见的就是当地有学问的人。那些背诵史诗的人们，吟诵说唱的依据是记载《格萨尔王传》的书籍。

格萨尔史诗在农区和牧区的民众中同样广为流传，定日有位艺人，专攻格萨尔说唱，造诣颇深。据他说，那时长途跋涉从藏东前往冈底斯山的香客中，也有人说唱格萨尔。他们随身带了格萨尔唱本，只要歇脚，都要说唱格萨尔史诗。

受人喜爱的格萨尔史诗，在珠峰地区远超举行仪式时说唱的范围，成了人们日常文化生活的一个重要组成部分。男女均可说唱，有时分别扮演各个角色的几个人同时说唱，有时则是母亲在给自己的孩子讲格萨尔王的神话故事。不断整理更新的格萨尔各种版本，其中有一部分风光景物描写，与珠穆朗玛峰周边地方的风物对应。

史诗《格萨尔王传》和谐而又独特地表现了西藏文化。研究格萨尔的著名法国学者石泰安指出：“崇拜山神是格萨尔史诗得以流传的背景。”格萨尔作为聂和鲁的儿子，受天神梵天的派遣，被公认为英雄与国王，要在莲花生大师以及山神玛杰绷拉的支持下统一全球。这一重要的宇宙以及宗教仪式因素，将格萨尔史诗与西藏宗教背景调和为一体。而发挥着中枢作用的山神，通过莲花生大师，融入藏传佛教经典，《格萨尔王传》由此与珠峰地区大多数人群的宗教生活联系起来了。

在西藏以及中亚腹心地带广为流传的格萨尔史诗，在西藏地区统一诸部落领地的特殊的政治环境里，鲜明地表现了英雄人物格萨尔，并与当地特定的宗教仪式环境及宇宙论交织融合。

格萨尔史诗包含着古西藏文化与宗教背景的诸多要素，完美而又从容地与喜马拉雅山脉、谷地等地理环境融为一体。

第四章

夏尔巴人

　　珠穆朗玛峰让世界认识了夏尔巴人，夏尔巴人以给攀登珠穆朗玛峰的登山队当向导或背夫而闻名于世。

　　夏尔巴人主要分布在尼泊尔东北部的索卢（solu）、昆布（Khumbu）一带，有十多万人。12000多名夏尔巴人生活在喜马拉雅山脉中国一侧，他们聚居于西藏境内的定结陈塘、樟木立新和雪布岗、定日绒辖等地。

　　无论是尼泊尔境内的夏尔巴人，还是中国西藏地区的夏尔巴人，他们尽管现在国籍不同，但是语言文字、饮食服装、文化艺术、宗教信仰等各个方面均基本相同，可谓同族同源。夏尔巴人从哪里来？这个神秘的族群的祖先是谁？

雪峰之子

据学者们的推测，第一批夏尔巴人出现在尼泊尔，不早于 16 世纪，他们大概是从西藏来的。他们最开始聚居在索卢、克胡·姆布、普哈拉克、赫拉姆布等村镇里。尼泊尔夏尔巴人的聚居地，主要在尼泊尔的北部和东部山区一带，喜马拉雅山南侧的索卢、昆布地区，首都加德满都以东的尼泊尔东北角，杜德赫—科西河与勃霍捷—科西河之间的地区。

尼泊尔夏尔巴人与藏族谈话没有语言障碍，通用藏文。尼泊尔的夏尔巴人，典型的蒙古人种，他们的相貌、服饰和藏族人区别不大。夏尔巴人喇嘛的僧装，与中国涉藏地区喇嘛的服饰、色彩、样式完全相同。

据尼泊尔有关单位 1985 年的不完全统计，仅在夏尔巴人聚居的索卢、昆布地区，就有相当规模的藏传佛教寺院 30 余座，其他村间小庙不计其数。尼泊尔的夏尔巴人地区，保持饮用酥油茶的习惯。住房习惯也与中国的藏族极为相似，一般爱建两层石木结构建筑，上层住人，下层贮物、堆柴草、圈养牲畜，厕所建在上层，直通地面。

夏尔巴以野牛作为自己的"图腾"，并以野牛躯体的组成部分作为标志。夏尔巴的种姓，以男子为依承代代下传，凡同姓，都视为一族，

尼泊尔高山上的夏尔巴村落

表示同祖同源。流传下来的共有五个种姓，所以夏尔巴人是有名有姓的，这五种姓，一叫"色尔巴"，是野牛头上的角；二叫"嘎扎"，是野牛头顶中部的白毛；三叫"莎拉卡"，是野牛的嘴唇；四叫"贾巴"，是野牛下巴；五叫"翁巴"，是野牛尾巴。这五个种姓，又依牛头到尾部的顺序划分高低贵贱。

英国学者克·冯·菲勒尔·海门道夫在《尼泊尔的夏尔巴人》一书中说，"这地区大多数夏尔巴人认为：他们的祖先是沿着罗瓦林·希马（Rolwalnig Hi-mal）以西的绒辖河（Rongsharehu）南下，而后转向东，挤跑了原先住在索卢的基兰蒂人，定居在那里，然后再从索卢向北进入昆布。"

另一种相反的传说认为，夏尔巴人的祖先中的某些氏族是从西藏翻越囊巴拉山口，沿着现在定日到昆布之间的主要商道，直接抵达昆布。他们相当一致地认为，所有夏尔巴人氏族（ru，骨系）的祖先，差不多在同一时期到达这个地区，直到现在他们主要氏族的数目仍保持不变。

另外，还流传着一种说法，即构成索卢、帕拉克、昆布夏尔巴人社会的是 18 个氏族或骨系，也有 21 个氏族之说。

夏尔巴人因生活在高山，所以许多人都从事农业和畜牧业活动，包

劳作的夏尔巴农妇

括牧牛羊毛加工。夏尔巴男子穿羊毛织成的白色短袖外套，沿边镶有黑色羊毛，叫作"普都"。腰间插一把叫"果奔"的弯月形砍刀。夏尔巴女子穿着色彩鲜艳的长袖衫，下身围一条花筒裙，外面罩一件手工制作的白羊毛坎肩，叫"帕多"，梳一根长长的带红穗的发辫，还喜欢戴金玉耳环。

夏尔巴人忌食鱼、狗和小牛，由于受印度教影响，虽不忌牛肉，但从不主动屠宰牛。没有喂猪的习惯，但吃猪肉。

夏尔巴人普通的主食是玉米，可做"公则"，就是半干的玉米糊糊。炒菜很讲究佐料，用小茴香、辣椒、洋葱、大蒜和咖喱粉等，尤以辣椒、小茴香为不可缺少的调味品，这些佐料大都是用木冲或石臼捣碎，蘸着菜或饭团吃。夏尔巴人喜爱喝酥油茶、甜茶、"巴鲁"（玉米酒）、青稞酒、酸奶和烧酒。他们喜熟食，不吃生肉，用炒菜佐食。菜类最爱食用土豆、荨麻、鸡蛋、牛羊肉和一种类似蛤蟆的小动物。

夏尔巴人平时住木房，放牧时住牧棚。房屋建筑形式特殊，一般都是"人"字形顶，上盖鱼鳞板（即用斧子劈成的薄木板）。四周用石块垒成厚墙，就在墙上架梁造楼。大都修建两层楼房，平均高度为 6 米左右，楼上一般分隔成三间，分作厨房、宿舍和储藏室，楼下堆放零星什物或作牛羊圈。室内陈设简朴，厨房设在中间，有酥油桶、铝锅和各种炊具碗杯等，家家还有一个用石板砌垫而成的火炕，支架做饭，席地就食。他们注意卫生，室内清洁明亮。一般家庭都有厕所。

一般说来，夏尔巴人是以小家庭为单位生活的。离婚比较简单。妇女为了取得重新嫁人的权利，只要当着三四个人的面折断一根竹子就可以了。寡妇守孝大约一年时间，而后可以改嫁。

美国当代人类学家阿吉兹曾以索卢和昆布的人为对象，从几千人次的调查数据中整理出《藏边人家》一书，描述在夏尔巴人的舍尔巴种姓中，还有一种试婚的形式。

在索卢和昆布地区，还有许多舍尔巴人的试婚小木楼。舍尔巴人的女孩长到14岁时，父母就让她出门自由结交，同时分一间小屋给她，有钱人家还单独为女儿修建一座小木楼，让她晚上一个人住在那里。她选中了男朋友，可以引导他暗地里到小木楼来夜宿，父母即便知道也不干涉，而且还要向小姑娘讲解两性接触和两性生活的知识。住了一段时间，他们双方如果满意，便由男方托媒向女方父母送几钵米酒，就算正式订婚。订婚后，未婚夫就可以公开地住在姑娘的小木楼里。如果任何一方感到不满意，招呼一声就算解除婚约，男方得立即离开小木楼。不过，多数男女能顺利地进入下一阶段，即生孩子。有了孩子之后，男女双方才宣布互相为从属关系，于是男方正式向女方及其父母求婚，通过一定仪式，正式确定夫妻关系。如果夫妻之间还出现感情危机，通过协商，丈夫付给妻子一笔孩子的抚育费，便可离开女方，或者把孩子带走。如果能继续和睦相亲，那么可以确立终身伴侣关系，女方带着孩子移居夫家，再举行隆重的婚礼。

夏尔巴人是尼泊尔居住地域最高的高山居民。他们的住地冬季多雪严寒。寒冷的气候迫使他们当中的某些人每逢冬季便离乡背井，下山到南部盆地停留几个月。

夏尔巴人从事农业的条件是十分严酷的，但这却是他们的一项极为重要的活动。夏尔巴人种植小麦、玉米、土豆，还在一些河流沿岸栽种水稻。他们的畜牧业较发达。饲养牦牛、绵羊，以及黄牛与牦牛的杂交品种，杂交公牛以力大和吃苦耐劳著称，可作为驮载牲畜和耕地的役畜使用。杂交母牛给他们提供丰富的奶汁。夏尔巴人出售羊毛、黄油、奶酪，或者用这些商品交换粮食。

从定日到尼泊尔的索卢和昆布，有一条传统的"珠穆朗玛商道"。夏尔巴人充当西藏和尼泊尔之间，以及与印度之间贸易的中间人。

据资料显示，中国有夏尔巴人1.2万多人，他们分布在喜马拉雅山脉中国一侧。中国境内的夏尔巴人，主要居住在日喀则地区定结县的陈塘镇、定日县的绒辖乡、聂拉木县樟木镇的立新村及雪布岗村等地。

夏尔巴人大都信奉藏传佛教，立新和陈塘各有一座寺庙，名字分别为贡巴萨巴和拉岗，绝大多数人信奉萨迦派和噶举派，也有信奉格鲁派和宁玛派的。萨迦派和噶举派的信徒们可以居家结婚，不住在寺庙，耕种寺庙的土地，他们只是轮流去寺庙烧香、摆供和念经。他们以佛教教规作为行动准则，喇嘛在夏尔巴人中享有特殊地位。他们还崇尚鬼怪，相信星算，凡有重大举动都先占卜后作决定。如果亲人去世，都要先请喇嘛念经，然后举行火葬和土葬。成人去世后放在特制的木箱内，送到火葬的地方架柴火葬，葬后两三天取少许骨灰撒到江河里，其余部分用石头垒盖；孩童夭折后，把尸体捆绑成胎儿状，存放在山崖的石穴中或树洞里，时间一长就成了尸蜡。

樟木镇立新村的夏尔巴少女

夏尔巴人迁到樟木一带，至少应在300年前。夏尔巴人原聚居在尼泊尔靠近西藏定日的夏热昆布，约在250年前向东西两侧山区发展，其中一支来到了樟木口岸的立新、雪布岗一带，他们搭棚垦地定居下来，至今已传至

十几代人了。

西藏档案馆保存的两份藏文文书,皆署"水牛年",即清乾隆五十七年(1792年),距今已190多年。一份是清朝大将军福康安于七月初一给聂拉木宗(县)根保(头人)及百姓的告示,其中列示樟木地方有夏尔巴差地十三岗,过去一直向西藏地方政府支差,另一份是聂拉木根保、百姓为保证遵守上述告示,于七月初七立的甘结,其中有樟木夏尔巴根保巴桑等人及贡巴萨巴的喇嘛嗡则等人的签押。

喜马拉雅南坡森林茂密,气候温和,为发展畜牧业提供了很好的条件。这里的夏尔巴人几乎家家有牛羊,畜类以犏牛、黄牛为主,也有一些山羊、绵羊,还有少量的牦牛。粮食大都不能自给,还要依靠牧业收入从尼泊尔换来大米和日常用品,因此,畜牧业是其生活的重要来源。雪布岗一般牧场规律是春冬在山下,夏天雨季搬到较高的山上,秋后又往下移动。每年春耕前还要集中在农田地上放牧半月左右,用以积粪备耕。立新随着农、商、副业的发展,放牧的人在减少,定居的群众逐渐增多。

定结县的陈塘,是中国夏尔巴人的主要聚居地之一,位于喜马拉雅山北麓、珠穆朗玛峰东侧的原始森林地带,北与尼泊尔隔河相望,平均海拔2040米,属亚热带季风气候。陈塘镇夏尔巴人数量最多,目前有6个行政村,约400户2200余人。由于居住在深山之中,交通不便,陈塘夏尔巴人用一根绳子把货物捆好,留出一个绳套,背负时,将绳套顶在额头,重物附在后背。这种背负方式,是世代生活在这里的人们从喜马拉雅高山深壑中崎岖难行的山路上摸索出来的独特经验。

陈塘沟里的夏尔巴人大都有自己的夏营地和冬居地。春天来的时候,他们向高山上的夏营地迁移,在珍贵的耕地上种植庄稼、蔬菜,以储备一年的粮食和蔬菜;冬天到的时候,他们从高山上下来,到海拔较低、阳光温暖的地方去过冬。

夏尔巴的来历

夏尔巴人与藏族人，在语言、风俗习惯、宗教、纪年方法、文字使用、人名称谓等方面，都有非常密切的关系。而今日聚居在尼泊尔昆布等地的夏尔巴人，与中国境内的夏尔巴人，历经岁月沧桑，又形成了有别于藏族的一系列特点。夏尔巴人的先祖源于藏族，出自西藏许多氏族的康巴人，在长期发展中，形成了夏尔巴人。这是部分专家的一种观点。

西藏"古代六氏族"之一的董族，在东迁康地的塞莫岗之后，在那里发展了许多新的家族，其中的一个分支，起名为夏尔巴。约在宋代，夏尔巴人又伙同其他氏族后裔，西迁到珠穆朗玛峰北麓的定日。大概在元明时期，其中一部分南迁到尼泊尔昆布一带。

尼泊尔夏尔巴学者桑结甸增喇嘛指出，夏尔巴的先祖木雅康巴，是"西藏六氏族"之一"董族"的亲属"格尔王"的后代。中国社会科学院民族研究学者黄颢认为，塞莫岗的木雅巴当属藏族，他们约在宋代伙同其他氏族后裔西迁定日，大概在元明，其中一部分南迁夏尔康布或昆布。这些来自西藏众多家族的康巴，在长期发展中形成了夏尔巴。而定居定日的夏尔巴也是在同一个时期形成发展起来的。这些木雅康巴，"且与住在其东部木雅热岗（即今康定县）折多山以西、乾宁以东地区的西夏后裔木雅人不同"。

从 1970 年起，夏尔巴喇嘛桑结甸增的藏文著作《夏尔巴喇嘛桑结甸增传》《夏尔巴佛教史》和《夏尔巴先祖世系》陆续问世。从此，在关于夏尔巴人的研究领域里，出现了夏尔巴学者的看法。据《夏尔巴先祖世系》载，夏尔巴最早是藏族的一支，并在"康地"（即今四川甘孜藏族自治州）金沙江一带得到发展。这一说法，与藏史《贤者喜宴》所记相同。《贤者喜宴》由巴卧·祖拉陈瓦（1504—1566 年）所著，1564 年成书，内容包括世界形成、古印度简史、佛教产生及发展简况、印度王统、吐蕃王统史、各教派之兴起等。《夏尔巴先祖世系》的有关论述参考了此书。

塞莫岗风光

藏史《贤者喜宴》述说了藏族先民的来历。远古时期，在西藏泽当附近的山洞中修行的一只猕猴，与罗刹女成婚后生下了六只小猴，他们的后代发展出"六人种"，即塞 (se)、穆 (rmu)、董 (ldong)、东 (stong)、扎 (dbra)、珠 (vdru) 六氏族。夏尔巴人的祖先，就是出自"古代六氏族"中的董氏族，并在西藏东部的康区生息发展。

《夏尔巴先祖世系》认为，"前述西藏古代六氏族之一支，由出自董族亲属祖先格尔杰的官、仆及眷属等人前往康地，遂居于多康六岗中的塞莫岗。"诸多藏史文献印证了这一说法。

多康六岗，是藏族传统上对青海西南部、西藏东部、四川西部及云南迪庆州的涉藏地区的统称。"多康"是藏语中的"安多"和"康"的合称，"岗"是藏语对两水之间高原的称呼，据《安多政教史》记载，六岗指的是色莫岗、擦瓦岗、马康岗、绷波岗、玛扎岗和木雅热岗。塞莫岗即色莫岗，指金沙江和雅砻江中间地带，即今甘孜藏族自治州的白玉、德格、邓柯、石渠一带，藏史又称"上康区"。

据藏史《法王松赞干布遗训》载，董氏族最早分布地区在约如。约如是唐吐蕃军政建制，"如"藏语意为"翼"。7 世纪，赞普松赞干布仿唐府兵制创立，为军政单位，掌管辖区内军政事务。辖地在今山南雅隆一带，约如分上下两部，为"五如"之一。《贤者喜宴》记述约如的地望：东至工布芝纳，南至夏武达果（今门隅错那一带），西至卡热雪峰，北至玛拉山脉。

另一部藏史《拉达克王统记》，在叙述世界四大部洲的生物及种族的形成变化时说："内部四小人种是象雄的查氏族、苏毗的东氏族、弭药的董氏族、吐谷浑的塞氏族。"明确地将董氏族与弭药连在一起，称为董弭药。其他藏史也有同样的记述。由此可见，弭药确与董氏族有关。《拉达克王统记》还说，董族以后发展成十八大部，其中又分出王系和官系，小支系非常之多。弭药人的祖先董氏族，是发源于西藏山南雅隆河谷的约如地方，东迁到弭药日芒后，才逐渐形成弭药人。后来董族东迁康地，但书中又称"多康"。所谓康与多康，在藏史中两者有别，但有时又互用。"多康"作为总称，泛指前藏以北及以东广大藏族地区而言，具体指甘、青两省及阿坝州北部地区；"康"地，指今西藏昌都地区及四川甘孜藏族自治州地区。

董族所住的塞莫岗，是多康六岗之一。董族在塞莫岗的具体住地，是在木雅日芒及擦莫绒两点，这正是一条谷地的两端。董族在塞莫岗一带定居并逐渐发展起来。据《夏尔巴先祖世系》载，在董族中后来"遂有十八部落"，在种姓方面则有十八个"高贵种姓"，加上一个"低贱种姓"则为十九个，所谓低贱的种姓就是打铁的铁匠。

董族先祖是格尔杰，格尔杰当时已是一个董族部落中的首领。格尔杰为首的董族，在塞莫岗有了发展。格尔杰有五子，他们的后裔，绝大多数都住在木雅日芒，所以他们总称为"木雅巴"，也称"木雅族"。此后，从木雅族（即董族）中又分出三个支系，据《夏尔巴先祖世系》载："从木雅族所繁衍的其他家族是夏尔巴、希查巴及多楚巴等。"这是"夏尔巴"称谓的第一次出现。

"夏尔巴"族群的出现，大体经历了如下过程：西藏约如一带的藏族中的董氏族→雅康地塞莫岗的木雅族→夏尔巴。这只是"夏尔巴"家族的最早的情况，并非今天所称的夏尔巴人的全部含义。

董族的后裔，并未长期定居于康地塞莫岗。据《夏尔巴先祖世系》载，董族后裔在康地"经历了一个时期，由于灵格萨尔王率兵进到霍尔及索波和堆域等地发动长期战争，于是以前之米钦查巴（即格尔杰后裔）等康地之大多数人，遂即逃亡漂泊"。

灵格萨尔王时代，夏尔巴祖先弭药人家乡战乱频发，民不聊生，为了逃避战祸，被迫离开康地塞莫岗。弭药人分支西迁。迁徙时多为几个家族一起，分期分批迁移。弭药人西迁的时间，大约在 1205 年到 1255 年前后，即从蒙古人第一次攻打西夏，到八思巴回到上都的这一段时间。弭药人的这次西迁，取道羌塘前往拉萨。这些西迁者，在羌塘的桑甸却灵一带曾过了一段较短时期的游猎生活，然后，"这些康巴人依次前往上部地区（意指卫藏一带），并在定日朗阔等地居住了一些年代。"另外，堤米和斯巴家族亲属等人，则住在定日的尼玛拉堆扎孜宗。从这些材料看，居住在定日的这些迁移者，被称作"康巴人"，这表明了他们的来源。他们在定日一带似乎居住了一个相当长的时期。

弭药人从多康到西藏的西迁路线不止一条。米钦查巴带领的一批弭药人，经过拉萨对面的羌塘，南下到拉萨附近，而后折向西，经日喀则、拉孜到定日朗果，再南下翻过雪山来到昆布。而提米·桑波扎西家族的一批人，是从黑河南下，经羊八井，过古渡口达竹卡，到拉孜与昂仁之间的尼玛拉堆扎孜宗，然后翻雪山到夏尔巴聚居区。

弭药人迁至索卢、昆布，据考证大约在元明之际。《夏尔巴先祖世系》亦讲到，首批西迁的弭药人为米钦查巴的后裔，氏族名称为吠尔杂者，到夏尔昆布义繁衍分为五个兄弟氏族，诸小氏族的后裔到 1970 年已延续了十五六代。

居住在定日的康巴人，因生活、家族和心理状态的原因，又继续南迁。大部分康巴人越过中尼边境的囊巴雪山，进入一个"无人空地"。而佳巴家族的东卡仁莫祖孙三代，仍留住定日。南迁居住在"无人空地"的康巴人，认为这块"无人空地"是刚刚了解到的，所以就称这里为"昆贝地区"，意为"了解的地方"。后来，由于康巴人认为这块地方是康巴人首先了解发现的，并且在这里繁衍了康巴人的后裔，所以又称"昆布"。而《夏尔巴先祖世系》一书对"昆布"一词又做了进一步解释，认为这个形成康巴子孙的地方应称作"夏尔康布"（或昆布），意为"东方康地的子孙"，而居住在这里的这些康巴人，就称作"夏尔巴"。从此以后，住在我国和尼泊尔交界的这些康巴人，就统称"夏尔巴"。

从定日迁到索卢、昆布也有两条路线：一条路是沿着罗韦林·希马尔之西的绒辖河南下，而后转向东，侵占基兰蒂人原先居住的索卢（意为低地），定居在那里，以后再从索卢向北进入昆布；另一条路是从西藏翻越兰巴拉雪山，沿着现在定日到昆布的楠切巴扎之间的主要商道，直接到昆布。据夏尔巴人的传说，他们祖先的有些氏族，例如门德氏族的祖先，是从西藏的卡达附近翻越兰巴拉之后，首先住在门德上面的一个洞穴里。门德位于现在的塔米村和昆宗村之间。他们相信他们各氏族的祖先，是在相差不远的时期到达昆布的。随后，一部分人迁居到南边的索卢。西迁至此的弭药人分支——夏尔巴，就在这南北两部分地理、气候不同的索卢、昆布劳动和繁衍生息。此后，随着人口的发展，夏尔巴又从索卢、昆布逐渐向东扩展，迁徙至尼泊尔的阿龙河流域，以及印度的大吉岭、噶伦堡和锡金等地。向西迁移至耶尔穆巴康和博克拉及中国的樟木口岸等地，其路线是沿绒辖河北上，然后折而转西到普尔坪，经过拉不及，再转向西南到达樟木口岸。

夏尔巴是党项羌的一支，这是夏尔巴起源的另一种观点。

中国社会科学院民族研究所夏尔巴研究专家陈乃文先生指出，夏尔巴仅仅表示地理方位，弭药巴（即木雅巴）才表示族群之来源。根据汉藏史籍众多记载，弭药巴号称猕猴种，本出于西羌，与藏族同源，自唐代以来被看作是党项羌的一支。他们于宋末陆续西迁后藏，后辗转越过喜马拉雅山的山口，进入今尼泊尔的索卢、昆布，形成今日的夏尔巴人。其中一支约在300年前迁入中国樟木一带，他们的婚姻习俗至今保留着党项羌的特点。

党项羌

党项族，是我国古代北方少数民族之一，属西羌族的一支，也被称为"党项羌"。

唐初，青藏高原的吐蕃国日益强大，向外扩张，北上吞并了吐谷浑，并占领了党项族住地，致使散居在今甘肃南部和青海境内的党项部落南迁，留下来的党项居民为吐蕃贵族所役属，吐蕃称这些人为"弭药"。

"弭药"一词与夏尔巴紧密联系，最早见于《旧唐书·党项羌传》："其后吐蕃强盛，拓跋氏渐为所逼，遂请内徙，始移其部落于庆州，置静边等州以处之。其故地陷于吐蕃，其处者为其役属，吐蕃谓之弭药。"由此可知，吐蕃称为"弭药"的这部分人，在汉文史籍中，称为"党项羌"。公元7世纪下半叶，党项羌因受到吐蕃侵扰，大部分陆续被迫内迁至灵、庆、银、夏等州（今甘肃、宁夏一带），留居原地被吐蕃役属者，称为"弭药"，即藏文史书中所谓的"蕃弭药"，意为吐蕃属辖的弭药。

《夏尔巴先祖世系》一书中指出，尼泊尔索卢、昆布一带的夏尔巴，是从中国多康六岗中的塞莫岗谷底的弭药日芒迁去的，其祖先形成于该地，故而自称"弭药巴"。《夏尔巴先祖世系》中还称，弭药巴的祖先传说，是猕猴与岩魔女相配，生出许多小猴，小猴的后代又与西藏原有众生相结合，逐渐变化成人，形成塞、穆、董、东、扎、珠——藏族最早的六氏族。这一说法，与《贤者喜宴》所记藏族起源故事是相同的。汉文史书中，也有党项羌的祖先是猕猴的说法。《隋书·党项羌传》说："其种有宕昌、白狼皆自称猕猴种。"《旧唐书》指出弭药人源于西羌，说党项羌乃"汉西羌之别种也"。《汉书·西羌传》也记载了关于赐支以及蜀、汉以北地区羌人的活动。

唐以后，由于党项羌活动地域的扩大，"弭药"一词的含义随之增多，从对"弭药日芒"等特定地方的称呼，变成对形成于该地的某一族群"弭药巴"的称呼，又引申为西夏国国名以及地方名"河西"等。弭药族系繁衍发展，但并非所有党项羌中弭药的后代都是夏尔巴。据《夏尔巴先祖世系》载，弭药的其他支系尚有希查巴、多楚巴等。后藏贵族顿珠康萨、锡金王室皆自诩为弭药王的后裔。后藏南木林的一部分人以及川西的"木雅巴"也认为是弭药人的后代。但他们都不称为夏尔巴，只有南迁至今尼泊尔索卢、昆布的这一支弭药人，自称是从东方迁来的，所以叫夏尔巴，以别于周围的其他居民。

由此可知，夏尔巴仅标示族群来自的地理方位，弭药巴实指其族之所源。夏尔巴人是党项羌的后裔，还可从至今尚存的"骨系"及其婚姻习俗得到证明。夏尔巴人重视"族姓"的血缘传统，尼泊尔的索卢、昆布至今尚有大小二十一个族姓，樟木口岸立新地区有五个族姓：色尔巴、嘎尔杂、萨拉嘎、加巴、温巴。夏尔巴以族姓定亲疏、叙长幼，虽非同一族姓，自称夏尔巴者，也视为同种而有别于邻近其他居民。夏尔巴人奉行氏族外婚和部落内婚制，这是他们自成体系，有别于周围其他人的一大特点，因而长期以来不被他人所同化。

多种藏汉文史籍记载了"弭药"及所处的地理位置。《旧唐书》记载："党项羌在古析支之地……其界东至松州（今四川松潘），西接叶护，南杂春桑、迷桑等羌，北连吐谷浑，处山谷间，互三千里。"析支即赐支，在黄河源鄂陵湖、扎陵湖以东以南地区，这里原是秦汉时西羌的牧场。《贤者喜宴》中谓：松赞干布曾派人到"东部汉地及弭药取来工艺学和星算学的书籍"。《红史》记载，松赞干布统治的地域，东边到达"咱米"及"兴米"。咱米即指弭药。藏史《玛尼宝训》一书，称弭药王为"弭药咱米王"。《贤者喜宴》一书记载，有一位著名的高僧咱米桑杰查巴，出生于下多康之弭药地方，下多康即今青海东南部及四川西北部。《夏尔巴先祖世系》说，弭药人居住在多康六岗之一的塞莫岗。《安多政教史》中说，塞莫岗的地理位置在今四川的石渠、邓柯、德格和白玉等县境。中国语言学家对藏语康方言区的调查研究表明，四川甘孜地区的木雅语，不完全同于藏语，它较多地保留了羌语的词汇和特点。由此可以反证，这一带操木雅语者，因为是党项羌的后裔，所以至今保留了自己的语言特点。

《隋书》记载，附国南有薄缘夷，东北连着党项，其间有春桑、迷桑、婢药等羌。薄缘，吐蕃语为 Bod-yul，意为蕃域，薄缘夷即蕃域人，亦即吐蕃人。隋时，婢药依附于吐谷浑，后由隋朝"遥管"。婢药、弭药及春桑、迷桑等羌人居于深山峡谷，无大君长，不相统一。俗尚武，无法令、赋役，住在牦牛毛、羊毛织的帐篷里，以畜牧为业，风俗雷同。成书于1643年的藏史《西藏王臣记》，也有隋炀帝时汉人统治婢药地区的记载。由于羌人地域相连，习俗相同，故唐代汉文史书，将隋朝婢药羌后人记入党项羌之中，写作"弭药"。

陈乃文对比《隋书·附国传》和《旧唐书》的记述，认为《隋书》的"婢药"与《旧唐书》的"弭药"应是同一种羌。因为古代西北方言"婢""弭"两音相通，所以"婢药"即"弭药"。《隋书》的婢药，即是夏尔巴人的祖先弭药巴的先人。

夏尔巴人是西夏人的后裔。西夏被蒙古灭亡后，一部分族人逃回木雅，后又逃往西藏和尼泊尔，就是现在的夏尔巴人。这是关于夏尔巴族源的第三类观点。

据藏文史料记载，居住在西康塞莫岗的木雅日芝地方的土著，西夏王朝前称为木雅人，即党项木雅人，是历史上曾建立过西夏政权的党项羌人的后裔。12世纪西夏被蒙古灭亡后，一部分西夏人为了躲避战争，从西康往西迁徙到后藏和尼泊尔,后来逐渐与当地的绒巴(山地人)通婚,繁衍了后代, 当地的异族把他们称为"夏尔巴人"。兰州大学西北少数民族研究中心藏族学者切排、桑代吉对此著文加以阐述。西夏学者李范文也持此说。

切排、桑代吉在文章中称:"大量的夏尔巴迁往藏尼边界的时间应该是 13 世纪末,而且不是一次性的迁徙,是在那一段动乱时期陆续迁往的。原来由于战乱侵袭曾使一些夏尔巴人迁至藏尼边界,后来西夏被灭之后,那部分原来的木雅人又沿着当年寻找牧场北上的路线返回木雅。公元1260 年忽必烈南征时,木雅人再次遭战乱,于是这部分人又沿着前人的足迹踏上了前往西藏和尼泊尔的路程。"

康定木雅是西夏人后裔当初逃亡最集中的地方。藏文《夏尔巴教法史和祖源》一书记载,夏尔巴人的祖先来自康区(西藏东部、四川西部、青海玉树、云南中甸等地的藏族地区)木雅地方,经拉萨、定日辗转到

西夏王陵

达西藏和尼泊尔交界的地方，最终在索卢、昆布定居下来。此后逐渐向尼泊尔西北部地区和西藏聂拉木的樟木、雪布岗、立新，定结县的陈塘一带迁移。

西夏王朝被蒙古人打败以后，南下的党项人一部分到达如今四川阿坝藏族羌族自治州和甘孜藏族自治州一带，一部分到达道孚、稻城一带，还有一部分西移抵达西藏地区。当初党项人最后的一支力量，逃离西夏的首都银川后，从西北到了西南，在今阿坝、甘孜一带生活了近100年的时间。1252年，元世祖忽必烈统军10万征伐大理，这次行动还带有灭绝西夏人后裔的任务。当时一些党项人已经逐渐融入当地人中间了，但那些骨血里一直坚持党项人乃是西夏皇室成员，开始再一次向南、向西逃亡。这次逃亡从南北两线出发，分别进入西藏，在昌都会合。这是昌都存有大量木雅人的原因，也是党项人对这里推崇的原因。越来越多的党项人和加入这一行列的其他民族的人集聚昌都，形成了影响巨大的"羌都"。元代政权招抚了藏族八思巴政权和德格土司后，从西和东两方面夹击"羌都"，党项人只好再次大迁徙，最后落脚米尼雅山腰，成了后来的夏尔巴人。

高山上的辉煌

夏尔巴人世居深山老林，过去几乎与世隔绝。直到夏尔巴人作为向导或背夫，频频出现在攀登珠穆朗玛峰的各国登山队中，他们才因登山而闻名于世。1953 年首次登上珠穆朗玛峰的两位登山者中，丹增·诺尔盖（Tenzing Norgay）就是夏尔巴人。

夏尔巴人祖祖辈辈生活在中尼边境海拔 5000 米以上的山地上，他们的归宿就在山上。商业登山发展起来后，不少天生适应高山环境的夏尔巴人成为职业高山向导，帮助众多登山爱好者完成了登上世界最高峰的梦想。

攀登珠峰是一项危险性极大的运动，夏尔巴人高山向导是为登山者铺路、领路的职业向导，他们被称为"珠穆朗玛峰上的挑夫"，其工作危险性非常大。夏尔巴高山向导们负责清

夏尔巴人

理、修缮珠峰登山路线，他们打路绳，搭金属梯子，插路标，清理冰裂缝，搭建帐篷，建立前进营地以及运送登山装备、物资。

现在，夏尔巴登山向导已成为世界上最优秀的职业高山向导群体。伟岸的珠穆朗玛峰，让世界认识了夏尔巴人。可以说，没有夏尔巴人，就没有珠穆朗玛峰的登山运动。夏尔巴人，珠峰的守护者，天生的登山家。夏尔巴向导，登山者实现梦想的奠基石。

1953 年，新西兰登山家埃德蒙·希拉里和夏尔巴向导丹增·诺尔盖首次双双登顶珠穆朗玛峰。在人类第一次征服世界最高峰的壮举中，没有丹增，就不会有希拉里。

丹增·诺尔盖

丹增·诺尔盖，夏尔巴人永远的骄傲。从小时候起，夏尔巴少年丹增·诺尔盖就梦想到雪峰的山巅看看。他所知道的一切，从牦牛的叫声到山林的鸟鸣，都和喜马拉雅山有着或多或少的联系。

1935 年，年轻的丹增·诺尔盖离家来到大吉岭。在那里，第五支由七人组成的英国珠峰登山队，正在队长埃里克·希普顿的带领下考察珠峰东北面和西面山脊。由于夏尔巴人团队死伤和病号减员，丹增·诺尔盖以背夫的身份加入这支英国探险队。一连几年，他都给英国探险队运送物资，一趟趟往返于村庄和大本营之间。

丹增从未放弃过登山的梦想。他抓住一切机会学习攀登技巧，再加上天生无人能及的高海拔适应能力，1947 年，他得到机会，指挥一次重要的营救活动。当时瑞士探险队的斯里达尔（Sridhar）、旺堆罗布（Wangdi Norbu）在攀登中滑坠受重伤，而年轻的丹增在这次营救中起到了

丹增·诺尔盖（左）与埃德蒙·希拉里于 1953 年成功攀登珠穆朗玛峰（照片为他俩在营地的帐篷外喝茶）

至关重要的作用。在这次应急行动后，丹增正式被任命为领队并开始带领探险队。

20 世纪 30 ~ 40 年代，由丹增带领的探险队，尝试从北坡登顶珠峰，但未获得成功。20 世纪 50 年代，尼泊尔政府开始大举推进登山运动。与两个英国探险队协作后，丹增加入了一个瑞士探险团队，这一次，他不再只是一名夏尔巴协作，而是正式成了探险队的一员。瑞士探险团队创造了攀登至 8600 米的当时最好成绩，并开辟了一条新路线。为此，一度在世界范围内引发过关于哪个国家的登山队将第一个登顶珠峰的种种猜测。

1953 年，作为约翰·亨特登山考察队的一员，丹增·诺尔盖第七次尝试登顶珠峰。这一次他的搭档，是来自新西兰的埃德蒙·希拉里。希拉里已经是第四次来到珠峰山区了，这一次，他是奔着成功登顶而来的。但是，他们并不是唯一想要问鼎珠峰的登山团队。1953 年 5 月，大型联合登山队也来到了珠峰地区，他们包括 362 名背夫、20 名夏尔巴高山协作、

10 名专业登山家。

在攀登时，希拉里不慎坠入冰裂缝中，险些遇难，当时同在现场的丹增·诺尔盖迅速用手中的冰镐固定住了连接希拉里的登山路绳，救了他一命。正是这一次事故，让希拉里明白，如果他要在这个登山季登顶，丹增一定是不可或缺的最佳搭档。

1953 年 5 月 29 日上午 11 时 30 分，埃德蒙·希拉里和丹增·诺尔盖，成为第一批站在世界巅峰的人类。他们在 30 平方英尺的珠峰峰顶，停留了短短的 15 分钟。随后，丹增·诺尔盖把自己的生日改到了 5 月 29 日。

夏尔巴登山家昂·拉克巴

夏尔巴人，天生具有登山基因。有人问夏尔巴人，他们擅长登山有什么秘诀？他们说：是山神赋予了神力。曾经有人对夏尔巴人神奇的背负能力做过研究，结论是他们将负重技术与身体能力有机地结合起来。夏尔巴人高山负重时讲究技巧，他们通过改变步态，减少了肌肉的活动，而且负重行走时，非常注意休息。夏尔巴人"与生俱来的登山天赋"，很大程度上就是适应自然的结果。他们也没有什么"神力"，攀登珠峰遇难者中，至少有三分之一是夏尔巴人。只不过，与外来者相比，他们更熟悉也更了解大山的脾气，他们是这片大山的子民，世界最高极就是他们家乡的一部分。

聚居在海拔四五千米的喜马拉雅山区，长年的高山生活，塑造了夏尔巴人独特的体魄。夏尔巴人尽管身材普遍不高，但天生异禀，具有强壮的体魄。他们活跃在喜马拉雅山脉，就像在家中后院散步一样。他们对自然的、历史的命运安排，都流露出一种很自然也很平和健康的态度。

　　1989 年 5 月 5 日，中、日、尼三国联合登山队 12 名登山队员登顶珠峰，夏尔巴登山家昂·拉克巴与中国藏族队员次仁多吉、日本队员山田升从北坡登顶，从南侧下山，成为历史上第一批跨越珠峰的人。昂·拉克巴曾陪同首创无氧攀登珠峰的意大利登山家梅斯纳尔登上过世界第四、第五高峰的洛子峰和马卡鲁峰。1991 年，年仅 30 岁的昂·拉克巴，在卓奥友峰因遭遇巨大雪崩而遇难。

　　来自世界各地的登山者很赞赏夏尔巴人强壮的体魄、温和的性格，尤其赞赏他们十分敬业的职业态度。一个英国登山者在 1921 年为登顶珠峰做准备时，曾这样写道："夏尔巴人大概是最适合高山工作的了。"一位西方记者曾经开玩笑说："夏尔巴人长着专门用于登山的第三片肺叶。"

　　2011 年 5 月 11 日 9 时 15 分，夏尔巴登山名将阿帕·谢尔帕第 21 次成功登顶珠峰，再次刷新了自己保持的登顶珠峰次数纪录，他是世界上登顶珠峰次数最多的人。

　　事实上，两个夏尔巴人阿帕·谢尔帕（Apa Sherpa）和普巴·塔西（Phurba Tashi）共同保持着登顶珠峰次数最多的纪录。他们两人各自成功登顶珠峰 21 次。普巴在 2007 年独自一人三次登顶珠穆朗玛峰这座"世界之巅"，而阿帕则是在 1990 年到 2011 年这段时间里，几乎每年都会成功登顶珠峰。阿帕的好几次登峰探险，都是致力于保护珠峰生态和提高人们对气候变化的意识。

　　阿帕·谢尔帕（拉克帕·登津·谢尔帕），20 世纪 60 年代的早些时候生于尼泊尔萨加玛塔专区的塔姆村，这里距离世界最高峰珠穆朗玛峰和中尼边界线很近。

夏尔巴登山名将阿帕·谢尔帕

阿帕 12 岁时父亲去世，他不得不承担起照料母亲、两个姐妹和三个弟弟的家庭责任。他退了学，做了一名登山队的挑夫以养家糊口。从 1985 年起，阿帕正式将登山作为自己的职业，为许多登山队做厨师和挑夫，直到 1990 年他才获得机会首次登上珠峰。

2012 年 5 月 26 日，尼泊尔东北部珠峰脚下索卢昆布县一个村庄的 13 名夏尔巴人，创造了在同一个早上成功登顶珠穆朗玛峰的新世界纪录。据《新兴尼泊尔报》报道，这 13 名夏尔巴人是在早 8 点至 9 点之间相继成功登顶珠峰的。

2012 年 5 月 19 日、24 日和 27 日，来自尼泊尔的 51 岁的夏尔巴人卡米·夏尔巴，连续三次成功登顶珠穆朗玛峰，创造了在八天里三次成功登顶珠峰的世界纪录。卡米·夏尔巴自 1997 年第一次登顶珠峰后，他已经 14 次站在世界最高峰上了。

夏尔巴人至少从 1907 年开始就在喜马拉雅山区作脚夫了，那时的珠峰探险从印度的大吉岭启程。当时很多夏尔巴人离开家乡，穿越国界线来到大吉岭，寻找工作机会。

从 20 世纪 20 年代起，夏尔巴人就为喜马拉雅山上的登山者充当向导和协助，从中收取的酬劳，几乎是他们的唯一经济来源。体质好、抗缺氧能力强、吃苦耐劳的夏尔巴人，经过培训后，能讲英语，又有登山技巧。所以，几乎每支登山队伍中，都有夏尔巴人。

1951 年，尼泊尔对外国旅游者开放，游客对夏尔巴向导的需求不断增长。其实这种职业的形成很大程度上和地理位置有关，但夏尔巴人与喜马拉雅的登山行业早已密不可分。

夏尔巴人与生俱来的登山天赋，让英国登山家亚瑟·韦克菲尔德感叹不已，他写道："这是老人、妇女、男孩和女孩组成的花花绿绿的搬运队伍，在海拔 6000 米的高度上，他们背着 80 磅的器材设备却能攀登自如，一些妇女甚至还背着孩子！晚上，这些'高山搬运工'睡在帐篷外边，只找一块大岩石挡风，他们似乎并不在乎夜里零摄氏度以下的低温。"

夏尔巴人以生命为代价创下了"三个之最"：成功攀登珠峰人数最多，无氧登顶珠峰人数最多，珠峰遇难人数最多。

夏尔巴人，商业登山背后的无名英雄。"只要你足够有钱，你就能雇一群人将你抬上珠峰"，如今在登山圈内，这句话已不再是调侃。而为了养家糊口，夏尔巴人有时却要把自己的命都搭上。他们良好的职业精神与服务态度享誉全球。这些夏尔巴高山向导和搬运工，行走在海拔 6000 ~ 8000 米的高山上，通过最危险的昆布冰川，为客户背负食物、绳索、氧气罐和帐篷，平均每人负重 30 ~ 35 千克。

夏尔巴人承担着最大的死亡风险。每个登山季，他们来往于危险区域 30 ~ 40 次，而他们的客户（通常是西方登山客）只通过 6 ~ 10 次。每年攀登珠峰的旺季，最大的登山队，就以"盟主"的身份召集各国队伍，出钱、出物，请夏尔巴人先行上山修"路"。夏尔巴人在没有任何装备

2014 年 4 月 18 日，昆布冰川发生雪崩，16 名夏尔巴向导、厨师死亡

的情况下，冒着生命危险，架设全长达 7000 ～ 8000 米的安全绳。他们随身携带路绳爬到高处，将绳端用冰锥固定进千年岩冰，垂下的绳子就可以起到后勤运送、导路、辅助攀爬和一定程度上保障队员安全的作用。

据介绍，目前的珠峰登山客中约有 90% 为商业登山，基本上都离不开夏尔巴人做向导。美国《纽约时报》这样描述夏尔巴向导的工作：历来，是先由夏尔巴人一马当先，在珠峰致命的一侧，缓慢艰难地向上攀登，而他们的外国客户在珠峰底下的营地里等待数天。夏尔巴向导们天不亮就起程，因为白天温度上升会使冰块移动。他们一个接一个地缓慢越过支撑在冰隙上的梯子，他们身上背着沉重的食品与生活用品，自始至终面对着的是一面悬浮的冰川。他们承担的最危险的工作包括为等在下面的客户固定绳索、背负食品与补给。尼泊尔国家登山向导协会的巴桑·谢尔帕说："所有艰巨的工作都是夏尔巴人完成的，这是事实，我们必须接受。我们的工作是为客户固定好梯子，使它安全。我们必须这么做。"

在通向珠峰峰顶的险峻路途上，夏尔巴人铺垫的除了汗水、辛劳、伤痛，还有生命。2014 年 4 月 18 日早晨，珠峰南坡雪崩，造成 16 名包括向导和厨师在内的夏尔巴人遇难，成为"人类攀登珠峰有史以来最严重的单起事故"。当时，十几位夏尔巴人正在为他们未来的客户搭建登顶珠峰的梯子，而雪崩，毫无预兆地发生了。在此次事故前，珠峰最严重的一次雪崩，曾导致 12 名夏尔巴人遇难。

2015 年 4 月 25 日，尼泊尔发生 8.1 级大地震，18 人在珠峰雪崩中罹难，其中 13 名是夏尔巴人。拉赫巴，就是其中的一位。拉赫巴出生于尼泊尔昆布地区一个海拔 3840 米的夏尔巴村子。这里，与海拔 5330 米的珠峰南坡大本营隔着一个山脊。拉赫巴在村子里上完 12 年级（相当于高中毕业）后，就来到尼泊尔首都加德满都，当上了一名旅游向导。历练多年，他进阶成为最高等级的"高山协作"。2011 年 5 月 23 日，拉赫巴带领一支日本登山队，从珠峰南坡成功登顶。和其他珠峰登顶者一样，拉赫巴很快受到了尼泊尔总理达夫·库马尔的接见。登顶珠峰，对夏尔巴人早已是稀松平常，连亲友们都记不太清拉赫巴的一生究竟多少次登顶珠峰。

2015年珠峰雪崩发生两周前，拉赫巴从不丹赶回尼泊尔，陪护中国女子登山队攀登珠峰。"活动非常重要，需要请一些有经验的协作，所以就安排他过来了。"拉赫巴所在的登山探险公司老板说。4月18日，拉赫巴在加德满都搭上飞往卢卡拉的小飞机，再从那里徒步四天，到珠峰大本营与队伍会合。"他好像有预感，这一次逃不开夏尔巴人的宿命。"拉赫巴的妻弟回忆说。出发前一周，拉赫巴特地回了一趟昆布老家，去探望年近七旬的老母亲，还跑去见了在加德满都打工的妹妹。雪崩前夜，大本营晚餐时，拉赫巴格外热心地请伙伴们喝他背上山的奶茶，莫名地跟大家道别。

一语成谶。4月25日，尼泊尔强震引发与珠峰咫尺之遥的女儿峰雪崩。据拉赫巴的夏尔巴同伴回忆，由于前一夜工作到很晚，地震发生的正午时分，伙伴们都在帐篷里休息。忽然间，一阵扑叭、扑叭的奇怪声响从远处传来，经验和直觉告诉他们，可怕的雪崩发生了。巨大的气浪裹挟着岩石和冰块冲向大本营，拉赫巴和同伴开始一起从帐篷里往外逃。雪崩持续了数分钟，一切过去后，拉赫巴被伙伴们在帐篷外发现，已经遇难。

如今，登山成为夏尔巴人工种细分的产业。这一代夏尔巴人已经部分摆脱了父辈们完全依靠登山来谋生的生命历程，开始在加德满都与亲友们合伙筹办旅游探险公司，自己也亲自带队上山。这类徒步或探险公司，在尼泊尔国内约有2300家，大部分是夏尔巴人所开。据不完全统计，尼泊尔从事登山行业的夏尔巴人有4万～5万人，历经一个世纪的行业发展和角色演变，他们的分工已细化为高山协作、大本营工作人员及当地背夫等。

第五章

高山风云

　　青藏高原，地理位置特殊，地形地貌复杂，气候变化万千。喜马拉雅山脉的珠穆朗玛峰地区，环境脆弱而敏感，气候变幻莫测，跌宕奇诡。

　　所有到过珠峰的人都有一种特殊的感受，这里与我们现实生活中的世界完全不同，似乎隶属于另外一个天际。珠峰的世界，单纯圣洁，雄伟壮丽，气象万千，神秘莫测，记载着地球变迁的印记，容纳着生物传承的奥秘，凝结着自然灾害的泪珠。她是一部神奇的大百科全书，蕴含着太多的秘密，等待着人类去认识和了解。

严寒的气温

科学家们的研究表明，珠穆朗玛峰地区，极端最低气温在 –34℃ ~ –20℃之间，极端最高气温在 19℃ ~ 30℃之间，年平均气温在 –0.3℃ ~ 5℃之间，夏季平均最高气温在 8℃ ~ 15℃之间，具有寒温带的气候特征。

珠穆朗玛峰北坡地区的温度，在海拔4300 米处，年平均温度为 0.7℃。全年最热的月平均温度为 10.9℃，最冷的月平均温度为 –11.2℃。全年日平均温度超过 5℃的天数为 137 天。

珠峰北坡的定日，属于高原温带半干旱季风气候区，昼夜温差大，气温偏低，年平均气温为 0.7℃。定日 1 月最冷，平均气温为 –7.4℃；7 月最热，平均气温为 12℃。极端最高气温为24.8℃，极端最低气温为 –27.7℃。

喜马拉雅山脉的珠穆朗玛峰地区，因为其脆弱而敏感的环境，成为研究全球气候变化

严寒中的珠峰

条件下生态环境格局与过程变化以及地气系统水分和能量循环的理想场
所。自 20 世纪 60 年代开始，中国气象工作者们展开了珠峰地区的研究，
其中包括 1966 年、1968 年、1975 年和 2005 年的 4 次珠峰地区科学考察
实验以及相关的气象、水文观测研究。2005 年以后，基于中国科学院珠
穆朗玛大气与环境综合观测研究站的观测数据，做了大量的研究工作。
2010 年 10 月，西藏气象局在海拔 5170 米的珠峰大本营和海拔 4300 米
左右的中科院观象台旁边，新增了两个自动气象站。在海拔 5040 米的绒
布寺自动气象站和定日气象站，增加了 1 层 20 米的观测塔和全套辐射
观测仪器。2014 年 6 月，中国科学院珠穆朗玛大气与环境综合观测研究
站工作人员，经过 4 天的连续工作，在海拔 5830 米的东绒布冰川消融区，
架设了自动气象观测系统。该系统包括两层的风速、风向、空气温湿度

珠峰自动气象观测站（2005 年）

和气压，一套四分量辐射，10 厘米、20 厘米和 40 厘米的土壤温湿探头。

珠峰北坡地区，已设有定日和聂拉木两个常规气象站、中国科学院珠峰大气与环境综合观测研究站、西藏自治区气象局绒布寺自动气象观测站及中国科学院寒旱所的东绒布自动气象观测站。这意味着，珠峰北坡在海拔 4276 米、5190 米和 5830 米的高度地带，均有气象观测站，形成了一个较完整的不同海拔梯度观测段面。

科学家在珠峰东西方向 600 千米处，各选一监测站，将各站 5 年的自地面到高空所积累的资料进行比较，发现每当春季西风在 9000 米高空盛行时，东面的监测站温度比西面的监测站温度平均高出 3℃。而在夏季，东风吹起时，西面的监测站则比东面的监测站温度高出近 1℃。原因就是东风弱于西风。高空气温直接影响地面温度，青藏高原较之两侧同纬度低山平原地区，气温也要高出 0.5℃～1℃。

科学家利用珠穆朗玛峰地区北部定日站和西部聂拉木站 1971—2009 年的月平均气温、月平均最高及最低气温、月降水量、月蒸发量资料，对珠峰地区 1971—2009 年近 39 年来气候变化的时空分布特征进行了分析。同时，利用该区域 5 个自动气象观测站 2009 年的资料进行了温、压、湿、风等分析。结果表明：1971—2009 年珠峰地区气温呈现出明显的上升趋势，该区域内年平均温度、最高气温、最低气温都呈上升趋势，其中最低温度上升的幅度最大。

这与其他学者研究认为的位于亚洲腹地的青藏高原有着与全球变化一致的增温过程相符。尤其是进入 21 世纪后，增温更为显著，高于同期全球平均温度变化幅度。定日站增幅较聂拉木站明显，且以冬、春两季的气温增长幅度大。

从年温度距平可以明显看出，年平均温度、最高气温、最低气温的距平值的变化，大致可分成 3 个阶段：1971—1988 年以负距平为主；1989—1997 年在正负距平间振荡；1998 年起均为正距平，且值较高。其中，极端最高温度的距平振幅最大，平均温度的距平振幅最小。

从季节平均温度距平来看，该区域内每个季节的温度都呈上升趋势。其中，冬季上升的幅度最大（聂拉木站的极端最低温度表现不是太明显），在 0.449℃ ~ 0.661℃之间，其次是春季，夏季、秋季相对小一些。

平均温度、极端最高温度、极端最低温度相比，极端最低温度上升幅度最大。1998 年前，春、夏、秋、冬 4 个季节的温度距平在正负间振荡，而 1998 年之后，4 个季节的平均温度距平值基本上都为正值。其中，春、冬两季距平值更高，且振荡幅度较大。

珠峰正在变暖。有资料显示，珠峰地区由于其特殊的冰川地貌，在全球变暖的背景下，最近几十年来，气温以 0.23℃ / 年的速率上升，冬季较夏季更为剧烈。20 世纪 70 ~ 90 年代气温呈加速上升趋势，升温速率从 0.42℃ / 年增加到 0.88℃ / 年。21 世纪前 10 年基本与 20 世纪 90 年代接近。珠峰地区年平均气温的年代际变化表明，珠峰地区 20 世纪 70 年代到 21 世纪，仅定日站在 20 世纪 80 年代的平均气温和平均最低气温，分别比 20 世纪 70 年代降低了 0.029℃和 0.088℃，下降幅度非常小。

聂拉木站 20 世纪 90 年代的最高温度比 80 年代降低了 0.256℃，其他各年代际的平均温度、平均最高温度和平均最低温度的变化都以增温为主，但变化幅度相对较小。变幅最大的为定日站，20 世纪 90 年代平均温度比上一个 10 年增加了 0.479℃。

进入 21 世纪后，温度有了更为显著的上升趋势，最小的上升幅度也达到了 0.633℃ / 10a — 1℃，其中，聂拉木站 21 世纪初的 10 年的平均最高气温，比 20 世纪 90 年代竟高出 1.256℃ / 10a — 1℃。与 20 世纪 90 年代相比，两站的平均温度上升幅度相当。

2009 年的资料显示，珠峰地区 5 个站的气温、气压、相对湿度具有一定的相似性。其中，最高气温都出现在 7 ~ 8 月之间，最低气温在 2 月，期间温度的一些小波动变化比较一致。相对湿度均为冬季低、夏季高，最高相对湿度出现在 8 月。

珠峰地区各站的气压与海拔高度成正相关，海拔越高，气压越低。每个站的逐日气压变化非常一致，全年气压变化均在 16hPa 以内。珠峰地区涵盖区域较大，虽然定日、聂拉木这两个站距离珠峰都不远，但由于所处位置的地形、海拔、经纬度等方面的原因，两站温度与降水、蒸发量的差异是很大的。只能概括地说明该地区的气候背景特点，要想真正了解珠峰的天气气候，还需要对更近站点资料进行研究。

另一个比较明显的特点是，靠近珠峰的 3 个站的温度与站所在的位置有很大关系，离峰顶越近，海拔越高，温度越低。绒布寺站和大本营站相距 8 千米，海拔高度相差约 180 米，两站的温度相差不太大。海拔 5800 米站与这两个站相距较远，海拔相差约 600 米，温度相差较大。远离峰顶的定日和聂拉木站与此不同，夏半年（5 ~ 9 月），定日站的温度高于聂拉木站，而冬半年（10 月至次年 4 月）相反，这一特点与这两个站的长期温度变化相同。

神奇旗云

珠峰的云，迎风猎猎，如旗飘扬；珠峰的云，色彩斑斓，千变万化。

藏族同胞将珠峰视为第三女神，每年都要来到珠峰北坡绒布寺朝拜，并献上心爱的哈达，乞求女神降福人间。传说每当月明之夜，在献给女神的哈达中，只有最真诚奉献者的哈达会冉冉升起，慢慢飘向珠峰的顶部，系在女神的头顶，随风飘动，像挂在顶峰的一面旗帜，故曰"旗云"。

珠穆朗玛峰的旗云，因为其特殊地貌所致。科学家们发现，在海拔 7000 米高原以下的珠峰，表面都被冰雪覆盖；从海拔 7000 米以上到峰顶，反而是碎石坡面。太阳出来后，碎石坡面很快被烤热，热空气沿坡面上升，大约上升到峰顶的高度附近开始凝结成云，当云高出峰顶时，就立刻被强烈的西风吹向东方，于是一面"云旗"就高高飘扬在峰顶了。

　　只有在太阳升起、人们开始登山活动时，第三女神才会"扬起哈达"，以不同的"舞姿"向朝山者暗示珠峰山上风云的变化。若朝山者心诚意善，聪明睿智，便能从"旗云"的千姿百态中领悟到风云的变化，遵循第三女神的示意，审时度势，到达峰顶，与第三女神亲近。否则，不能接近峰顶。

　　神话固然玄妙，其中却暗藏着科学真谛。所谓"旗云"，那是在珠峰顶上不断生成的对流性"积状云"，受高空强风的影响，随风飘动，波涛起伏。观测研究表明，珠峰顶出现的"旗云"绝大部分是自西向东飘动的，但当特殊天气系统来临时，"旗云"也会自东向西飘动。

　　在我国，最早在书面上提出珠穆朗玛峰"旗云"概念的人，是地理

珠峰旗云

学家徐近之先生。他在一本内部出版物中指出，"旗云"是从珠穆朗玛峰东南面上升的潮湿气流和强烈的西风相遇时，山头遂有向东伸出的旗状云。

中国科学院高登义研究员，曾八赴珠峰，作为一个以科学为"神器"的观天者，他对"旗云"这种特殊的气象进行了仔细观测和详细研究，记录和拍摄下珠峰"旗云"的变化，发现了"旗云"变化所蕴藏的科学奥秘。从多次制作攀登珠峰的登顶天气预告中，高登义等科学家认识到，珠峰顶上的"旗云"的确可称作"世界最高的风向标"。

高登义总结出"旗云"的形成需要同时具备三个条件：其一，一个孤立的山头。这个山头应有较高的海拔，最好是金字塔状、有冰雪覆盖。这样有助于冰雪升华或其他原因所产生的相对暖湿的气流爬升到可以凝结的高度。其二，具备生成云的条件。水汽蒸发进入大气后，随着海拔的升高，温度就会逐渐降低。到了一定高度，空气中的水汽就会达到饱和。如果空气继续抬升，多余的水汽就会析出。若温度高于0℃，则多余的水汽就凝结成小水滴；若温度低于0℃，则多余的水汽就凝结为小冰晶。当这些小水滴和小冰晶逐渐增多且能达到可视的程度时，就形成了云。其三，山头较强的风。有强风的存在，才可能使云偏向顺风一侧，形成"旗云"。

"旗云"，既可作风向标，还可根据方向变化预报天气。一般情况下，高原上空刮的是强西风，旗云的方向就会指向东方；若旗云指向北方，预示很快就要下大雪了；若旗云如炊烟那样袅袅上升，预示天气要变坏。研究成果表明，在高山地区，云与天气变化有一定关系。有经验的登山者，可以通过云的形态变化来推测短期天气的变化，尤其是在珠峰北侧地区登山时，珠峰特有的"旗云"变化与天气变化联系紧密。通过珠峰"旗云"飘动的方向，可以判断海拔8000米以上珠峰峰顶附近的风向；通过"旗云"顶部波涛起伏的形态，可以推测高空风速的级别大小。而且从珠峰"旗云"的状态，还可以预测未来 1 ~ 2 天内珠峰地区的天气状况。

若"旗云"自西向东飘动，云的顶部平而光滑，并在离开峰顶后云顶高度逐渐下降时，高空西风风速在 17 米 / 秒以上，当日不宜进行 7000 米以上的登山活动。

若"旗云"自西南向东北飘动，云顶起伏波动大，且其在离开峰顶后云顶高度逐渐上升，表明高空风速不超过 15 米 / 秒，当日可以在海拔 7000 米以上进行登山活动。但一天后会有高空西风槽来临，大风伴随降雪发生，2 ~ 3 天内不宜在海拔 7000 米以上进行登山活动。

如果"旗云"自东向西飘动，表明高空有偏东风气流，未来 1 ~ 3 天内会有印度低压来临，带来大雪伴随小风的天气，一般不宜进行海拔 7000 米以上的登山活动。然而，在珠峰北坡，对于熟悉登山地形和路径的登山家，也可利用这种小风而气温高的天气，在海拔 8500 米以下从事登山活动，因为从北坡攀登顶峰的主要威胁是大风。

如果在珠峰顶部的云很少，没有形成"旗云"时，有两种情况都表示当日和未来 1 ~ 3 天内宜于在海拔 7000 米以上进行登山活动：第一，若在珠峰顶部的云慢慢向东南方移动，表示高空有弱的西北气流，珠峰地区受西风带高压脊控制；第二，峰顶及其附近的云直直上升，宛如炊烟袅袅，表明高空风速极小，珠峰地区受副热带高压控制。这两种情况都宜于在海拔 7000 米以上进行登山活动。如果在珠峰顶部附近有荚状高积云，表明峰顶附近大气层结构稳定，高空风不大，也宜于在海拔 7400 米以上进行登山活动。

罡风强劲

2005 年 4 月 11 日上午 10 时，2005 珠峰测量队的车队从西藏定日县城出发，3 个多小时后，即中午 1 时许，到达珠峰北坡大本营，开始建营驻扎。

到了营地后，以前选好的营址被一支先期到达的外国登山队占据，测量队只好另行选址，准备搭建帐篷。这时，珠峰地区的风力达到 9 级，建营异常困难。狂风大作，人都站不稳，珠峰山尖则隐没在一片云海中，若隐若现。有经验的队员说恐怕要下雪，所以要尽快建营。但要把巨大的帆布帐篷撑起来谈何容易，往往十多人一起用力还拽不稳帐篷。

经过大家的努力，当晚 7 时许，大小几顶帐篷终于搭建好了。意外的是，由于从西安来的《华商报》记者的小帐篷分量太轻，一不留神就被大风刮跑了，人们开着一辆吉普车追出去近 5000 米才追上。刚到这里，珠峰强劲的

2005 年 4 月 11 日上午，2005 珠峰测量队员在 9 级狂风中搭帐篷

罡风，就给初来乍到的人们一个"下马威"。

在珠峰一带的山区，只要是晴天，没有大风，山谷里的风向每天都会发生有规律的日变化，即白天气流沿谷坡上升，夜晚沿谷坡下沉。一般来说，上山风又叫谷风，空气由山谷向山坡流动；下山风又叫山风，空气由山坡向山谷流动，谷风和山风合称山谷风。

山谷风是因为白天太阳晒热了坡面，夜晚山坡面向宇宙空间辐射失热而冷却，使山谷同一高度上自由大气和坡上空气温度有了差异所引起的。这种风和海滨的海陆风、湖滨的湖陆风一样，都是由于热力不均匀所引起的以 24 小时为周期的地方性风。天气越好，地方性风就越明显。在一般山区，往往盛行日变化显著的山谷风。在一昼夜中，下山风和上山风交替出现。可是，在珠峰这样海拔很高的地方，当山谷里积满了雪，或者充溢山谷的不是水，而是冰川，情况就完全不一样了。《珠穆朗玛峰科学考察报告：气象与环境》指出："由于喜马拉雅山脉的屏障作用，从珠峰南坡登顶的主要危险是大雪和雪崩，从珠峰北坡登顶的主要威胁则是大风及其带来的冻伤。"

1960 年春季，中国登山队首次攀登珠峰时，就发现珠峰北坡的许多冰川谷里，在长达 20 千米的绒布冰川上，夜间是吹下山的南风，而白天也多是吹下山的南风，这就是"冰川风"。

　　这是珠峰北侧的特殊天气现象。在珠峰北侧，由于在海拔5300 ~ 7000 米主要为冰雪表面，日出后的冰雪表面气温仍然低于山谷中同高度的大气温度，因而几乎昼夜盛行下山风。由于冰川上的气温永远比同高度上的自由大气冷，珠峰北坡冰川风十分强劲，在冰川中部，平均风速可达 3 米 / 秒以上，最大可达 10 米 / 秒左右。珠峰科学考察队在 1966 年 3 ~ 5 月的考察记录中说："尤其在晴朗的下午，强劲的冰川风有时会扬起沙石，掀起帐篷。"

　　统计分析表明，山区地面风速变化比平原地区的大，而且海拔高度越高，风速日变化越大。例如，春季和夏初在青藏高原上，海拔 4500 米高度地面风速的日变化为海拔 1000 米高度的 4.5 倍，在这一高度上，当地时间下午 2 时至 6 时的冰川风最强，风速比夜间和上午的风速平均

从珠峰北坡登顶的主要威胁是大风及其带来的冻伤

大 5.5 米／秒，在离地 1000 米以下的风速平均可达 10 米／秒，阵风达到 7 ~ 8 级。

由此推测，在珠峰地区海拔 6000 ~ 8000 米高度的地面，风速日变化约为海拔 1000 米高度的 6 ~ 8 倍，即下午风速约比夜间和上午的风速快 7.3 ~ 9.8 米／秒。笔者 2005 年在珠峰北坡大本营驻扎近一个月，也每每感觉到，大风往往从下午刮起。

在珠峰地区的夏季，近地面的西风急流北移，其南支气流会因在近地面受到青藏高原的阻挡势力减弱，使喜马拉雅山南缘一些地区风力最小，天气最稳定。其北支气流则刚好相反。

珠峰北坡地区的风速变化相对复杂，在定日，是晚上 8 时风速最大；在珠峰北坡大本营、绒布寺和聂拉木，都是下午 2 时最大。这四个地方的最小风速，都出现在每天早上的 8 时。珠峰北坡的定日，年平均风速为 58.4 米／秒。定日在每年 5 月下旬至 9 月底的风速，比其他时间稍慢。珠峰北坡大本营、绒布寺和聂拉木全年风速较为平均，年内没有特别明显的峰值。风向分布表明，绒布寺和珠峰北坡大本营，都以偏东南风为主，珠峰北坡大本营更为明显。

对登山者而言，攀登过程中所处的时间和位置不同，风速的大小和方向也有差异。一般情况下，白天由于太阳辐射，地面受热不均引起空气不稳定，午后发展到最强。因此，一天内的风速午后最大，夜间和清晨较小，如珠峰北坡大本营、绒布寺和聂拉木的风速变化，基本上符合这一规律。

风速的变化与天气系统关系密切，同时影响风速变化的因子很多，而且是诸因子综合作用的结果。影响登山较大的是近距离的风速和瞬时极大风。

珠峰北坡大本营一天的风速差异不大，一年中变化也较小，而绒布寺下午 2 时的风速远大于早上 8 时的，而且每日的变化幅度很大。这两个时间段，每年 5 ~ 9 月的风速相对小一些。早上 8 时，珠峰北坡大本营的风速高于绒布寺，而下午 2 时相反。绒布寺站离珠峰山体较远，位于绒布河谷，下垫面为裸露的石砾，正午受太阳辐射影响，地面升温较快，空气扰动大，风速较大，且十分不稳定。极大风速表明，珠峰北坡大本营、绒布寺和聂拉木这几个地方，下午 2 时的极大风速都远大于早上 8 时。

另外一个明显的特点是，极大风速与观测站的位置有很大关系。因此，登山攀登过程中所处的位置，对判断风速大小非常重要。定日、聂拉木距珠峰较远，聂拉木站位于山谷风道上，各时次的极大风速都要比定日站高，距离珠峰较近的珠峰北坡大本营和绒布寺具有同样的特点。绒布寺站位于河谷，地形的狭管效应使得该站的风速大于海拔更高的珠峰北坡大本营。

1980 年，中国科学家高登义在考察中观测到"背风波动"效应。所谓背风波动，是指当风漫过山顶，在山的另一侧气流必然下沉。如果飞行员不具备这一常识，不小心接近了背风波动位置，后果将不堪设想。比如，20 世纪 90 年代中期在珠峰附近有一架"黑鹰"直升机不幸失事，机上人员全部罹难。事后高登义奉命调查失事原因，他查阅过当天气象记录，发现是偏西北气流经过，飞机当时正处在背风波动中。驾驶飞机的虽然是一位非常优秀的驾驶员，但由于缺乏这类特殊经验，当他感到气流压力时，按常规操作，结果未能拉起飞机，撞在了山上。

第六章

在那严酷的山峰

在珠峰积雪的山坡上，当积雪内部的内聚力抗拒不了它所受到的巨大重力拉引时，便向下滑动，引起大量雪体崩塌，雪崩犹如直泻而下的白色雪龙，腾云驾雾，呼啸凌厉，惊心动魄，给恰逢现场的登山者带来灭顶之灾。

透视地壳，珠峰地区是地震活动活跃、高发的地带。喜马拉雅构造带是一条强烈活动带，历史上，沿这条长达 2500 千米的喜马拉雅构造带，发生过多次 8 级及 8 级以上的巨大地震。珠穆朗玛峰未能幸免，地震引发了雪崩。

海拔 8800 米以上的空气稀薄地带，为人类提供了狭小的生存空间。一旦发生意外，谁都没有回天之力。大雪崩、强地震、暴风雪、山难是登山者的宿命，人们为这座高不可攀的山峰付出了惨重的代价。

大雪崩

雪崩，是一种所有雪山都会有的地表冰雪迁移过程。雪崩首先从积雪的山坡上部开始，先是出现一条裂缝，接着，巨大的雪体崩塌，向下滑动，速度可达 20 ~ 30 米 / 秒。

珠穆朗玛峰地区，降雪频繁，也是屡发雪崩的地方。

珠穆朗玛峰北坡雪线平均海拔为 6000 米，远高于国外资料中记载的平均海拔为 5000 ~ 5500 米的南坡雪线。在珠穆朗玛峰东北坡较闭塞的东绒布冰川上，测得了北半球已知雪线的最高值为 6200 米。

珠峰南、北两翼降雪量不同。北翼是海拔平均 4000 米高的青藏高原，受海洋气流的影响小，大部分处在非季风区，加上地势高峻，水汽难以越过，故降水量较小。又因为影响该地区的水汽主要来自印度洋的西南季风，而青藏高原正好处于高大的喜马拉雅山的背风坡，

2014 年 4 月 18 日，珠穆朗玛峰昆布冰川发生雪崩，造成 6 名登山者遇难

降水稀少，整个高原大部分地区年降水量在 500 毫米以下，只有高原的东南边缘地区降水量稍多。珠峰南翼地势起伏和缓，对湿润的西南季风有缓慢的抬升作用，易形成地形雨，故降水丰富，年降水量在 1000 毫米以上。

由于珠峰南翼降水量比北翼大得多，而雪线是降雪量与融雪量相等的位置，对于南翼来说，要使二者相等，必须加快降雪融化的速度，故雪线位置比北翼低一些。

根据从珠穆朗玛峰北坡 5800 米到 7450 米处雪层剖面观测资料，珠峰积雪融化现象和渗浸冻结冰广泛出现。珠峰 7450 米以上积雪不连续，有小片冰坡，顶部雪厚也是相当薄的。这些都表明，珠穆朗玛峰是渗浸冻结成冰作用非常发育的地点，垂直宽度达 3000 米以上。由于珠穆朗玛峰地形陡峻、风大、积雪薄，虽然珠穆朗玛峰顶部年平均温度可能低

珠峰雪崩（2006 年）

珠峰南坡大本营雪崩现场（2015 年 4 月 25 日）

至 –27 ℃左右，在强烈的太阳辐射下，可以使雪面短时出现较高温度，导致冰雪面吸热融化，融水下渗以后辐射散热又迅速冻结。

珠峰地区的地震常常造成灾难性的雪崩。

2015 年 4 月 25 日，尼泊尔发生 8.1 级地震，在珠穆朗玛峰一带引发雪崩，冲垮和掩埋登山者大本营的部分帐篷，导致至少 19 人遇难、61 人受伤、约千名登山者被困。

虽然珠峰距离此次尼泊尔地震中心约有 214 千米的距离，但强烈的震感仍然给珠峰南坡昆布地区带来了毁灭性的灾难——此时正值登山季，昆布地区的各座山脉上都满是登山探险者。

据《印度时报》报道，地震造成珠穆朗玛峰发生雪崩，珠峰南坡 1 号和 2 号营地（Camp1 和 Camp2）被雪覆盖，多名登山者失去联系。珠峰 1 号和 2 号营地分别位于海拔约 5500 米和 6000 米处，其上还有多个营地。

据悉，被困的还有印度军方人员。美国知名登山者丹尼尔·马祖尔（Daniel Mazur）在社交媒体上称，珠峰大本营也在地震中受到严重破坏，他和队友当时就在 1 号营地。

地震引发的雪崩，横扫了整个珠峰南坡的大本营。报道称有 18 人遇难、多人受重伤，还有 100 ~ 200 名登山者和夏尔巴向导因冰雪封锁而被困在了山上。

一位来自罗马尼亚的幸存登山者亚历克斯·加文（Alex Gavan），在地震发生后一个小时更新了他的推特："珠峰大本营正在经历一场大地震，紧随其后的是普莫里峰（注：紧邻珠峰和大本营的一座海拔约 7000 米的雪峰）上的大雪崩。当时我从帐篷里出来，拼了命地向外跑。总算是保住了性命。但还有很多很多人被困在了山上。"

当时正在珠峰南坡的 3 支中国登山队伍中，由宋玉江和李建宏带领的登山队全体安全。由麦子带领的中国首支民间女子登山队中，一名男队员和两名夏尔巴人遇难。据此前报道，中国首支民间女子珠峰（南坡）登山队于 2015 年 4 月 10 日抵达加德满都，正式从南坡进行珠峰攀登。

时年 43 岁的登山发烧友吕铁鹏，2015 年 4 月 25 日正在尼泊尔的南坡登顶珠穆朗玛峰。下午，他刚从海拔 6500 米的 2 号营地回到海拔 5300 米的南坡大本营，钻进帐篷，刚脱下羽绒衣裤，忽然觉得帐篷里的泡沫床垫开始像按摩椅一样振动起来，他快速跑出帐篷观察，忽然，看见一道巨大的雪浪，目测大约有 100 米高，冲过碎石坡！

吕铁鹏跑回帐篷里，几秒之内，雪崩就开始袭击帐篷，帐篷被卷起来，开始翻滚，他和帐篷里的背包、睡袋、衣物、杂物等一起被雪浪蹂躏。终于，风停了下来，他睁开眼，撑开帐篷内帐，看到里里外外一片白。瞬时的感觉是，到了世界末日！他钻出坍塌的帐篷，看到整个营地基本被雪崩扫荡成平地，炊事帐、餐厅、储物帐、厕所等，都塌在雪中，各种帐篷杆凌乱地斜着。就在几分钟前，尼泊尔 80 年来最严重的一场地震，在喜马拉雅山区引发了巨大的雪崩。雪崩时大概有 1000 人驻扎在南坡大本营，大本营居中的一块地区遭到了雪崩的正面袭击，瞬间导致多人丧生、几十人受伤。

路透社报道说，在珠穆朗玛峰南坡登山大本营，这次地震引发的巨大雪崩造成一片慌乱。上百名登山者在周日依然还能感觉到剧烈的晃动，雪和巨石从山上砸落。一位幸存的尼泊尔向导说，当时能听到巨大的声响，好像恶魔来袭。珠穆朗玛峰尼泊尔一侧的大本营，位于几座喜马拉雅山高峰环抱的一个山谷里。当地震发生的时候，在营地休整的登山者几乎无处可逃。一位美国登山者回忆说，地震在大本营周围都引发了大规模雪崩。大片营地瞬间被汹涌袭来的雪墙、冰块和石块掩盖，人们试图和雪崩赛跑，但跑不过它们。许多人被从后面冲过来的雪块、石块击倒，帐篷被冲飞。

这是珠穆朗玛峰最黑暗的一天。《泰晤士报》发表文章说，在珠峰大本营，雪崩已经造成 19 人死亡、61 人受伤。

地震发生后，中央电视台连线海拔 5200 米左右的珠峰北坡大本营，登山向导介绍，地震发生时大本营感受到了震感，但未发生大的雪崩。《解放军报》记者的微博中称，驻地武警公安边防支队出动 50 人前往珠峰北坡大本营探明情况。该微博称，尼泊尔地震发生后，珠峰北侧接近北坳（7028 米）处发生大规模雪崩，当时有中国业余登山队运输组人员正向北坳运输物资，所幸不在雪崩区域且无人员伤亡，这批运输组人员之后也下撤至安全地带。

2015 年的珠峰雪崩灾难并非第一次。2014 年 4 月 18 日早上，16 名尼泊尔夏尔巴人从海拔 5364 米的珠峰南坡大本营出发，前往海拔约 5900 米的 1 号营地，准备为后续登山者做技术准备，6 时左右，他们在靠近 1 号营地的途中遭遇雪崩。4 月 19 日，尼泊尔方面正式确认，此次雪崩造成 15 人死亡、1 人失踪。死者大多是当地夏尔巴向导。

昆布冰川，是从珠峰南坡大本营攀上珠峰需要经过的

昆布冰川（1953 年）

四大关卡之一。穿越昆布冰川，海拔虽只是从 5400 米上升至 6000 米，却险象环生。昆布冰川又被称为"恐怖冰川"，常年有 609.8 米厚的冰块和裂缝不断移动。在登山季节开始时，夏尔巴人首先探测通过这一地带的路线，并在选定的路线上放置绳子和铝梯帮助登山者攀过裂缝。

除了随时可能滑入的冰缝外，昆布冰川突如其来的雪崩和冰崩也会瞬间吞没登山者的生命。攀登者头顶上方的冰柱往往长达数米，当春季温度开始上升时，大型冰块的移动更是增加了不稳定性。

从人类登顶珠峰以来，昆布冰川共发生 19 起悲剧，埋葬了几百条登山者的生命，是南坡攀登中海拔最低也是死亡率最高的一个区域，可以说是珠峰的死亡地带。

强震荡

地质学研究表明，世界上共有 3 条主要的地震带：环太平洋地震带、地中海—喜马拉雅地震带和海岭地震带。

地中海—喜马拉雅地震带，也叫欧亚地震带，它从印度尼西亚开始，经中南半岛西部和中国的云南、贵州、四川、青海、西藏等地以及印度、巴基斯坦、尼泊尔、阿富汗、伊朗、土耳其等国家，直到地中海北岸，而且还延伸到大西洋上的亚速尔群岛。

地中海—喜马拉雅地震带的形成，可以归因于印度洋板块以每年 4 ~ 5 厘米的速度向北突进，与亚欧板块发生挤压和碰撞。全球有大约 15% 的地震发生于这一区域。2008 年，中国四川省汶川县发生 8.0 级大地震，虽然被地质学研究者判断为"板块内地震"，但仍然与这一地震带活动累积的能量有关。

这条地震带也是近代地壳运动活跃的地

带，它又可分为几个段落，其中印度北部是重要一段，称"喜马拉雅地震带"，东西长约 2400 千米。2015 年尼泊尔大地震就发生在这个区域里。

　　珠峰地区位于欧亚地震带，横贯亚欧大陆南部、非洲西北部地震带，它是全球第二大地震活动带。中国位于环太平洋地震带与欧亚地震带之间，受太平洋板块、印度板块和菲律宾海板块的挤压，地震断裂带十分活跃，主要地震带就有 23 条，此带内常发生破坏性地震及少数深源地震。环喜马拉雅地震带多地震，珠峰地区亦如此。2009 年 6 月，在西藏日喀则地区定日县扎西宗乡，距离珠峰大本营约 40 千米、海拔 4255 米处，由国家投资建设了珠峰地震台。供电保障通过利用太阳能电池板，可保证地震台正常运行，从而增强了中尼边界地区的地震监测能力。

　　尼泊尔是地震十分活跃的地方，从 1900 年以来，已经发生了多次强震。

　　2015 年地震中被摧毁的比姆森塔，在 1934 年的尼泊尔大地震中也遭到严重破坏。

2015 年尼泊尔地震示意图

2015 年 4 月 25 日 2 时 11 分，尼泊尔发生 8.1 级地震。地震发生在加德满都西北方向约 82 千米处，震源深度 20 千米，位于尼泊尔著名旅游城市博卡拉。博卡拉距离中国西藏日喀则市吉隆县边境 43 千米，距离聂拉木县 42 千米。

2015 年 4 月 25 日下午 5 时 17 分，日喀则市定日县发生 5.9 级地震，震源深度 20 千米。4 月 26 日 1 时 42 分，日喀则市聂拉木县又发生 5.3 级地震，震中位于东经 85.9°、北纬 28.2°，震源深度 10 千米。西藏地区有 17 人在本次地震中死亡，4 人失踪，20 多万人受灾。

2015 年尼泊尔 8.1 级大地震，是尼泊尔 81 年来最强地震。首都加德满都等 29 个地区成为重灾区，截至 4 月 28 日 12 时，尼泊尔境内的遇难者人数已达 4352 人，另有 8000 多人受伤。受灾人数超过 660 万。地震造成珠穆朗玛峰发生雪崩，珠峰两个营地被雪覆盖，多名登山者丧生。

喜马拉雅山脉地区由大陆板块碰撞而成，属地震活跃带，平均约每 75 年就会发生大型地震。喜马拉雅构造带是一条强烈活动带，历史上，沿这条长达 2500 千米的喜马拉雅构造带，发生过多次 8 级及 8 级以上巨大地震：

1255 年，尼泊尔发生 8.2 级地震，令加德满都谷地 1/3 的人口，包括当时的尼泊尔国王遇难。

1505 年，尼泊尔西部格尔纳利河发生 8.2 级地震。

1669 年，巴基斯坦拉瓦尔品第发生 8 级地震。

1803 年，印度库马翁发生 8.1 级地震。

1833 年，尼泊尔加德满都北部发生 8 级地震。

1897 年，印度阿萨姆邦发生 8.7 级地震。

1905 年，印度发生 8.0 级地震。

1934 年 1 月 15 日，尼泊尔边境发生 8.1 级地震，震中位于珠穆朗玛峰南面几十千米，这次地震是尼泊尔遭受的最严重的灾害性事件，地震造成约 10600 人死亡。

1950 年 8 月 15 日，西藏墨脱发生 8.6 级地震，死亡近 4000 人，震中位于墨脱与日戛之间，这是 20 世纪第六强的地震。

1988 年 8 月，在距 2015 年尼泊尔地震震中东南 240 千米的地方，一次 6.9 级地震造成近 1500 人死亡。

2015 年 6 月 15 日，中国国家测绘地理信息局发布消息称，受 4 月 25 日尼泊尔强烈地震影响，珠峰地区向西南方向移动了 3 厘米，高程方向基本没变化。同时，2005 年至 2015 年的 10 年间，珠峰地区以每年约 4 厘米的速度向东北方向移动，以每年约 0.3 厘米的速度上升，10 年位移了 40 厘米、上升了 3 厘米。

专家表示，位于中国和尼泊尔边境的珠穆朗玛峰处于亚欧板块和印度洋板块边缘的碰撞挤压带，这一地区的地壳运动一直非常活跃。珠峰地区是观察地壳运动的重要窗口，该地区地形形变对研究地壳运动具有重要意义。同时，包括珠峰在内的青藏高原对东亚、南亚甚至整个北半球的气候、环境、生态等都有极其重大的影响，发生在那里的有关变化与人类生活息息相关。

山难记事

2015 年 9 月 20 日晚上，笔者在洛杉矶好莱坞星光大道上的中国剧院，观看了刚刚上映的 IMAX 3D 版 "Everest"（中文译为《绝命海拔》），该片真实地再现了 1996 年发生的珠穆朗玛峰山难事件。

深夜，看完这部电影，笔者深感震撼，以至于回到宾馆久久不能入眠。

片中记录的 1996 年山难，曾经是珠穆朗玛峰地区发生的最严重的登山事故。

然而，就在影片在尼泊尔取景期间，2014 年 4 月 18 日珠穆朗玛峰的一场雪崩，又夺走了 16 名登山者的生命，死亡人数超过了 1996 年的山难。

一年以后，2015 年 4 月 25 日，8.1 级的尼泊尔大地震造成珠穆朗玛峰山体晃动，引发致命雪崩，造成至少 19 人丧生，再一次超过了一年多前的事故，成了史上最致命的雪崩灾难。

"疯狂山峰"登山队合影

《进入空气稀薄地带》的作者乔恩·克拉考尔说："人们在进行反思时很容易忽视这样一个事实，攀登永远不是安全、可预测和受规则约束的事业。这是一项将冒险理想化的运动。从事此项运动的最著名的人物总是那些将脖子伸的最长以逃避危险的人。登山者作为一类人，并不能凭借他们较多的谨慎而被从人群中区分开来。这一点对珠峰攀登者来说尤为确切：当有机会到达地球之巅时，历史表明，人们会以令人惊讶的速度丢掉正确的判断力。"

对珠穆朗玛峰稍有了解的人，都知道在冰雪皑皑的登峰之路上，散布着一些登山者的遗骸。不幸遇难的攀登者和夏尔巴人，或被塞进裂缝中，或因雪崩而埋，还有一些暴露在斜坡上，其肢体在阳光暴晒和风化作用下变形。或许，没有人知晓珠峰究竟埋藏了多少人，但可以肯定的是，总数超过了 200 具。大多数尸体被遮挡了起来，而有些则成为珠峰攀登

探险咨询队合影

者路上最为熟悉的"地标"。

珠穆朗玛峰上的每一具白骨，都代表一个生命的追求，一场英勇的攀缘，一缕梦想的蒸发。

他们，与珠峰同在。

让我们回顾一下 1996 年春天的那场悲剧。那年 5 月 10 日，从南翼登顶珠穆朗玛峰的几支登山探险队，在山顶遇到强烈的暴风雪，下撤的途中，有 9 人罹难。

1996 年 5 月 10 日下午 1 时 17 分，珠峰南侧，几小时前还清澈的天空，不一会儿，乌云遮蔽了珠峰周围的较小山峰。珠峰南翼，希拉里台阶，十几名登山者，缓慢地移动在海拔 7925 米以上地带。拥挤的人们一个接一个地努力向希拉里台阶攀登，以至于造成了堵塞。堵塞的人群由 3 支探险队组成：一支是由新西兰著名向导罗布·霍尔带领的新西兰探险咨询队，一支是以美国人斯科特·费希尔为首的"疯狂山峰"队，还有一

拥挤的希拉里台阶

支是非商业性的来自中国台湾的职业登山团。

下午 3 时，一团团旋转的乌云飘过霍泽峰，向珠峰金字塔形的峰顶围拢。天上下起小雪，视线一片模糊。谁也没想到，一场可怕的严峻考验正在临近。紧接着的那场暴风雪，摧毁了两支登山队。这一年春天，来到珠峰南北侧的登山队伍达 16 ~ 20 支。

早在 4 月份，各支队伍的各名队员——从美国、新西兰、中国台湾、加拿大、南非、印度等地前来的登山者，来到加德满都报到，然后各自朝珠峰大本营进发。一年一度的春季登山开始了。

1990 年至 1995 年间，商业登山队创造了安全成功登顶珠峰的商业记录。到了 1996 年，全部登山队的一半都是客户型的商业登山队。

由新西兰著名向导罗布·霍尔带领的探险咨询公司的商业登山队，在 1990 年至 1995 年间，将 39 名登山者送至珠峰峰顶，比 1954 年首登珠峰后的 20 年间登顶次数的总和还多出 3 次。在 1996 年，霍尔收取每位客户 65000 美元作为带领他们登上世界屋脊的费用，这一报价并不包括去尼泊尔的机票和个人所需的装备。美国人斯科特·费希尔组织的疯狂山峰登山队，也是以商业登山为目的的登山咨询公司。

1996 年 3 月 3 日，新西兰探险咨询公司正在美国北卡罗来纳州计划组织一次攀登珠峰的活动。他们计划 5 月 10 日登顶。3 月 10 日，新西兰探险咨询队在印度拉登台集合了，他们分别是领队

新西兰探险咨询公司老板罗布·霍尔

“疯狂山峰”队领队斯科特·费希尔

罗布·霍尔，向导迈克·格鲁姆、安迪·哈里斯、队员道格·汉森、西伯恩·贝克·韦瑟斯、南波康子、斯图尔特·哈奇森、弗兰克·菲施贝克、卢·卡西希克、约翰·塔斯克，记者乔恩·克拉考尔，徒步者苏珊·艾伦、南希·哈奇森。

3月29日，他们乘坐空客A320飞越北印度。在飞机上，乔恩·克拉考尔看见珠峰就在同一高度的正左面，心中不禁有些害怕，心想：我们要爬一座和飞机飞行高度一样高的山。

3月31日，他们来到了山脚下的小村庄帕克丁，它坐落在海拔2780米的树林里，居民基本都是夏尔巴人。

4月12日，他们在海拔3000米的雪线告别了最后一抹绿色，来到海拔4938米的雪山村庄罗布杰。在环境恶劣的罗布杰，很多队员都生病了。哈里斯、格鲁姆、哈奇森、塔斯克都得了肠胃紊乱症，汉森则被头痛折磨着，克拉考尔患了干咳。

4月13日，他们到达了海拔5364米的珠峰南坡大本营，这意味着他们将正式开始登山。新西兰探险咨询队在那儿遇见了美国"疯狂山峰"队。他们决定一起爬山。"疯狂山峰"队包括费希尔、贝德曼和布克瑞夫3名斯科向导，夏洛特·福克斯、蒂姆·马德森、克利夫·舍恩宁、桑迪·皮特曼、莱宁·甘默尔盖德和马丁·亚当斯6名队员，以及6名夏尔巴人。

早晨6时，罗布·霍尔带领大家穿越昆布冰川。昆布冰川是通往1号营地的必经之路。昆布冰川上四处都是摇摇欲坠的冰塔，这让他们感觉，这些冰塔好像随时会将他们拍死。与他们一同前往1号营地的还有"疯狂山峰"队的克利夫·舍恩宁、夏洛特·福克斯和马尔·达夫探险队的维卡·古斯塔夫森。

下午，他们到达海拔5944米的1号营地。霍尔让大家在西库姆冰斗上爬上爬下进行训练，适应空气。这个相当平坦的4000米长的山谷被珠峰、洛子峰和努子峰三面环抱，太阳从半山的雪坡反射过来，炙烤着西库姆冰斗，从而导致西库姆冰斗异常的热，你要不停地往衣服里放雪，让体温降下来。与此同时，美国"疯狂山峰"队领队费希尔一直在送伤者下山。

4月16日训练结束。4月17日他们又开始向上爬。

4月28日晚，他们成功到达海拔6492米的2号营地。在那里，夏尔巴人阿旺得了高山肺水肿，被连夜送下山，但还是不幸遇难。

大本营设置在昆布冰川的这几支队伍，都是沿东南山脊攀登的传统线路。由于天气的原因，最终他们选择了5月10日作为冲顶日。

5月9日早晨，新西兰探险咨询队、美国"疯狂山峰"队、中国台湾队、南非队四支队伍，从3号营地出发往4号营地行进。下午，4支队伍陆续顺利到达4号营地。同时，在4号营地的黑山队，尝试冲顶失败后正准备下撤。23时30分，探险咨询队、"疯狂山峰"队系好氧气罩，打开头灯，离开4号营地，开始往顶峰前进。探险咨询队共有3名向导、8名队员和4名夏尔巴人。而另外两名夏尔巴人留在4号营地帐篷里待命，以备救援之用。

5月10日凌晨0时，"疯狂山峰"队的费希尔、布克瑞夫等3人及6名夏尔巴人和6名商业队员，离开4号营地冲顶。留下一名夏尔巴人备用。

凌晨0时10分，中国台湾队高铭和与2名夏尔巴人离开4号营地，向山顶进发。南非队则放弃攻顶。

这个夜晚，有33名登山者，向珠峰之顶进发。

早晨，探险咨询队中的2名客户先后放弃冲顶，并下撤。在近中午时分，另3名客户也因考虑到"关门"时间、身体状况等因素，放弃了登顶而下撤。其中贝克因眼睛问题，下撤速度极为缓慢。

13时5分左右，"疯狂山峰"队的阿那托列·布克瑞夫第一个登顶珠峰；

13时12分，探险咨询队队员克拉考尔登顶，4分钟以后，探险咨询队的向导安迪·哈里斯登顶。

13时17分，布克瑞夫等第一批登顶的3人陆续下撤。

"疯狂山峰"队第二批2人，也在13时25分顺利登顶。

以下午14时为界，在传统的"关门"时间内，登顶的仅为6人。

13时30分，希拉里台阶出现"堵车"，先后顺序为"疯狂山峰"队、中国台湾队，而后是探险咨询队。

14时10分至14时20分，人数最多的一群人准备登顶。

"疯狂山峰"队领队费希尔、探险咨询队队员汉森远远落在台阶左右位置，前者要到15时40分才能到达山顶，而汉森则要等到16时。这时，珠峰南峰以下位置云海翻腾，天气已变坏。

15时15分，中国台湾队高铭和与2名夏尔巴人成功登顶珠峰。

15时30分，云雾浓密，天上飘着细雪，光线昏暗，已很难分清山峰和天空的分界处。情况越来越糟。

15时45分，在南峰处开始有小风雪。"疯狂山峰"队向导贝德曼决定不再等费希尔领队出现，他带领队员先行下山。

15时50分，斯科特·费希尔登上顶峰，他的朋友兼夏尔巴队长洛桑江布正在等他。探险咨询队领队罗布·霍尔也在山顶，焦急地等着道格·汉森的出现。此时，翻滚的云团正向顶峰的边缘包围过来，预示着灾难的来临。

15时55分，费希尔开始下山。不久，高铭和与他带领的2名夏尔巴人也离开了，洛桑江布最后也下山了。

16时30分，汉森登顶，队长霍尔一直在峰顶等候着他。之后，两人一同下撤，但因氧气用尽，体力透支，汉森一头栽倒在地上，再也没有力气下山了。此时霍尔也体力透支。

17 时 30 分左右，风雪已变成中等规模，从高处的希拉里台阶到稍矮处的南峰顶，渐次散落着 19 名登山者。哈里斯为了救援自己的朋友，从南峰顶回头，再攀向高处。

18 时，风暴已演变成规模巨大的暴风雪。雪片飞舞，狂风大作，闪电暴雷，并一直持续了整整一个晚上。19 名登山者被暴风雪困在了山上，他们在为生存做着殊死的搏斗。

18 时 20 分左右，布克瑞夫、克拉考尔以及中途退出的 3 名探险咨询队客户安全返回到 4 号营地。

18 时 45 分，天色全部黑了下来，暴风雪突然发展成 12 级以上的狂风，能见度降至 0.6 米以下。向导贝德曼、格鲁姆和他们的顾客及 2 名夏尔巴人，合并成了一支队伍。他们缓慢移动，进入了距 4 号营地垂直距离为 60 米的地方。为了避免在冰面上坠落，贝德曼带领他的小队走上了一条向东迂回的间接路径，因为那里的坡度较为缓和。

19 时左右，布克瑞夫尝试营救暴风雪中迷路的登山者。19 时 30 分，贝德曼等人安全到达了一片开阔地。然而此时此刻，只有三四个人的头灯还有电池，每个人都已接近身体崩溃的边缘。福克斯越来越依靠马德森的帮助，而韦瑟斯和南波康子没有格鲁姆和贝德曼的帮助已无力行动。

20 时，洛桑江布追上了费希尔，他挟着费希尔走在冰雪覆盖的山脊，风暴非常猛烈，巨雷轰鸣，闪电凌厉。费希尔说："我病得很重，风暴太厉害了，我下不去了。我真想跳下去。"洛桑江布赶紧把他系在绳子上，然后帮他缓慢地向南山口挪动。

气温骤降，风雪凛冽，四周漆黑一片。中国台湾队高铭和在猛烈的暴风雪中体力不支，跟不上 2 名夏尔巴向导。高铭和被强风吹得实在受不了，就地坐在坡上，全身不停地发抖。他双手麻木，呼吸困难，而且氧气也快用完了。高铭和一直撑到次日早晨，天亮了起来，风雪稍弱，

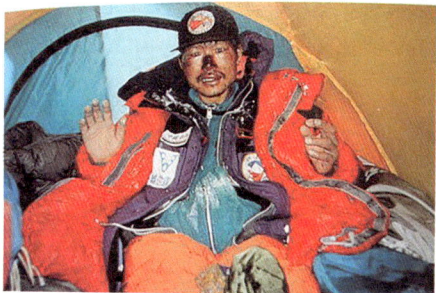

高铭和

他迷迷糊糊，昏了过去。返回来的夏尔巴人后来找到了他。

费希尔受困于南峰顶上约 8300 米处，不能行动。洛桑江布陪费希尔待了一个小时，才先行下山求援。他向西偏离了路线，午夜时分，才终于找到了 4 号营地。

20 时，贝德曼和探险咨询队的向导、客户迷路了。他们当时位于与 4 号营地同海拔高度的位置，距安全地带的水平距离仅有 305 米。在接下来的 2 小时内，每个人的氧气在很早以前就用完了，整支小队禁不住冷风的袭击。

气温降至 −37.7℃。在一块不及洗碗机大的石头的遮蔽下，登山者们可怜地在被风吹洗得光秃秃的平地上蹲成了一排。寒冷几乎要了他们的命。

5 月 11 日凌晨时分，贝德曼、格鲁姆、舍恩宁和甘默尔盖德进入了 4 号营地。他们告诉布克瑞夫，福克斯、皮特曼和马德森需要帮助。布克瑞夫走到山口，搜索了将近 1 个小时，也没有找到任何人。他返回营地，从贝德曼和舍恩宁那里得到更确切的方位，然后再一次闯入风雪中。

这一次他找到这支小队，看到了躺在冰雪上一动不动的几个队员，马德森依旧神志清醒而且能照顾自己，皮特曼、福克斯和韦瑟斯已无法自理。此时，日本女登山家南波康子已经死亡。南波康子，1949 年 2 月 7 日出生于东京都大田区，毕业于早稻田大学文学部。她是继田部井淳子之后，第二位登顶珠峰的日本女性，也是全世界七大高峰登顶者。

布克瑞夫连忙帮助福克斯向帐篷的方向移去。他们走了以后，韦瑟斯躺在那里，像死了一样。皮特曼瑟缩在马德森的大腿上，这时韦瑟斯突然喃喃说："嗨，我都想通了。"然后，他滚动了一小段距离，蹲在一

块大石头上，然后硬撑着站起身，双
臂向两侧打开，迎风而立。一秒钟后，
一阵狂风吹来，他消失在夜色中。

　　布克瑞夫不久后返回，他拖住皮
特曼行走，马德森收拾好东西，尾随
其后，当他们最后到达营地时，已是
凌晨 4 时 30 分。

　　凌晨 4 时 43 分，探险咨询队领队
霍尔下至南峰顶，第二次与大本营通
话。此时，他身边既没有汉森，也没

南波康子

有了哈里斯。在后来 2 个小时的信号传递中，霍尔的声音听起来有些神
志不清和逻辑混乱。他对大本营医生卡罗琳·麦肯齐说，他的双腿不能
再动了，他一步也挪不动了。

　　早晨 5 时，大本营临时通过卫星电话接通了远在新西兰的霍尔的妻
子简·阿诺德，她听到丈夫的声音吃了一惊，很明显，他说话口齿不清，
"好像正在飘向远方。"

　　霍尔在和大本营的对话中，不断询问高铭和、费希尔、贝克·韦瑟斯、
南波康子和其他队员的情况。他对安迪·哈里斯尤为关心，不停地询问
他所处的位置。

　　9 时 30 分，雪已停，风略变小，能见度尚好。新西兰队的日本队员
南波康子已死亡，其他人陆续被营救。这三支队伍里的 5 名夏尔巴人，
从 4 号营地出发，尝试营救在高处的霍尔、费希尔和高铭和。

　　13 时左右，"疯狂山峰"队领队费希尔濒临死亡，已完全失去行动
能力。于是，3 名夏尔巴人只将尚能行动的高铭和带回 4 号营地。

　　15 时 30 分左右，往高处攀登救援霍尔的 2 名夏尔巴人，最终因大

贝克·韦瑟斯

风和严寒，放弃营救而返回4号营地。

16时30分，贝克·韦瑟斯自己苏醒，摇晃着返回4号营地，几乎同时，高铭和也被带回4号营地。

贝克·韦瑟斯当时落在了队伍的后面，在珠峰的南坳，暴露在严寒之下，遭受到严重的冻伤，不过他依旧留有一个睡袋。当恢复了足够的体力之后，他孤独无助地回到4号营地附近，如果人们没有找到他，那他就会被冻死在那里。正好当时，阿纳托利·米科莱耶维奇·伯克利耶夫独自一人正试图返回山上救助落在后面的斯哥特·菲舍尔，在离4号营地不远的地方发现了贝克·韦瑟斯。贝克·韦瑟斯就像一个投降的士兵，高举着没戴手套的双手。彼得·阿桑斯负责照料韦瑟斯，将他扶进了一个帐篷。当伯克利耶夫找寻其他同伴的遗体返回后，发现没有队友在照看韦瑟斯，他正在痛苦地扭动着身躯。他的伙伴们说："他冻坏的双手及鼻子看上去和摸起来就像瓷器做的。"他们以为韦瑟斯不能活下来，就把他放在那里，让他舒舒服服地死去。但是，贝克·韦瑟斯奇迹般地活了下来。韦瑟斯回到了家乡达拉斯，康复后依然干起了医生的老本行。2000年，根据他的经历，韦瑟斯写了一本书——《奔向死亡》（Left for Death），并为大家做演讲，介绍他自己的故事。

18时20分，霍尔在山上和正在新西兰守着卫星电话的妻子阿诺德通话。霍尔说："给我一分钟时间，我嘴都干了，我得吃点雪才能和她说话。"过了一会儿，他又说话了，声音很慢，严重嘶哑，"嗨，亲爱的。

我希望你已躺在温暖的床上了。你还好吗？我不知该怎么对你说，我是多么地想你！"阿诺德回答道："你听起来要比我想象的好……你感到暖和吗，亲爱的？"霍尔说："在这种高度上，我还算比较舒服。"尽力不让她担心。"你的脚怎么样？""我没有脱鞋看，但我想可能有些冻伤……""等你回家，我会让你感到特别舒服，"阿诺德说，"我知道你就要得救了。别觉着自己是一个人。我正在把我的力量传递给你！"

在挂断电话之前，霍尔对自己的妻子说："我爱你。睡个好觉，宝贝。别太担心了！"这是所有人听到的霍尔的最后几句话。

那天晚上和次日，几次联络霍尔，都没有得到回应。12天后，当布里歇尔斯和韦斯特斯途经南峰顶时，他们发现了霍尔的尸体，他向右侧扭着身体，躺在一个冰洞中，上半身掩埋在雪堆的下面。

5月11日晚上，活着的登山队员待在各处营地。而其他未归的人都已经死亡。霍尔、费希尔的遗体一直在山上保留到今天。汉森与哈里斯则杳无踪迹。

5月10日下午的暴风雪，也同时袭击了中国侧的北坡线路，5月11日上午，3名印度警察登山队队员，也在风雪中煎熬若干小时后被冻死。

攀登珠穆朗玛峰终归是非常危险的行为，成败终究在天，挽歌无可避免。登山，永远是一项将冒险理想化的运动。

第七章

珠峰脚下的硝烟

从 18 世纪中叶一直到 19 世纪初，喜马拉雅山南北两麓，珠穆朗玛峰脚下，爆发了三场战争。清乾隆年间，廓尔喀人两度入侵西藏。清朝派出以福康安为主帅的大军进藏，收复全部失地，将廓尔喀军赶回喜马拉雅山南麓。廓尔喀向清军投降，两国成为宗藩关系。1855—1856 年，廓尔喀又一次入侵西藏，清朝因太平天国战事无暇旁顾。西藏地方武装与廓尔喀军交战失利。此役之后，西藏地方当局与廓尔喀签订不平等条约结束战争。

西藏吉隆地处喜马拉雅山脉，南部与尼泊尔接壤，边境线长达 16 千米。从县城宗嘎镇到吉隆镇，逶迤一条山沟，那里至今保存着清军统帅福康安将军亲笔题写的"招提壁垒"崖刻。

廓尔喀军打来了

乾隆五十三年七月二十七日（1788 年 8 月 28 日），78 岁的乾隆皇帝正在承德避暑山庄消暑度夏，忽然接到了来自两万里以外的喜马拉雅山区的紧急军情文报，尼泊尔的廓尔喀军队入侵西藏。

18 世纪前期，尼泊尔分为数十个互不统属的部族。居住在加德满都谷地的阳布（今加德满都）、廓库穆（巴德岗）、叶楞（帕坦）三部落，于雍正年间入贡中国，清人依藏语读音称之为巴勒布。

廓尔喀，最初是分布在尼泊尔中西部山区的廓尔喀、帕尔帕和加德满都谷地的部落。廓尔喀人，是 12 世纪从印度迁入的雅安人与当地卡人的混血后裔，信仰印度教，其王朝的创立者是里什·拉吉·巴克拉塔。18 世纪中叶，廓尔喀崛起，战胜马拉王朝，迅速夺取国家权力，统一了尼泊尔。于是，在那一段时期，人们便将尼泊尔称为廓尔喀，廓尔喀人也成为外国人对尼泊尔人的统称。18 世纪后期，居于巴勒布西北的廓尔喀部族兴起。廓尔喀人在沙阿王朝的首领博纳喇赤（今译"普利特维·纳拉扬·沙阿"）统治时期，趁巴勒布内乱，渐次将巴勒布三部落侵夺，将周围的 20 余个部落也全部占据。

乾隆四十五年（1780 年），六世班禅额尔德尼在北京圆寂。班禅的哥哥仲巴呼图克图护送班禅灵枢返回日喀则扎什伦布寺，得到乾隆皇帝赏赐及王公贵族供奉的大量金银宝物。仲巴呼图克图有个同母异父的弟弟是白教沙玛尔巴活佛，与信奉黄教的仲巴呼图克图不睦。仲巴呼图克图将皇帝赏赐之财物"悉据为己有，既不布施各寺，番兵、喇嘛等亦一无所与"。沙玛尔巴垂涎其财物不得，遂生怨怼，乃以朝拜佛塔为名出走尼泊尔。廓尔喀王族尊崇佛教，素与沙玛尔巴通好。沙玛尔巴极言扎什伦布寺所得财物之丰厚，又将藏兵虚实相告，唆使廓尔喀入藏劫掠。

1769 年，廓尔喀迁都至原属巴勒布的阳布，形成了统一的尼泊尔王国（又称廓尔喀王国）。尼泊尔境内多高山，地狭人稠，"国内之民难于自给，亦必别觅出口"，迫切需要向周边扩张领土。

廓尔喀军人

1777 年，年幼的喇纳巴都尔（拉纳·巴哈都尔·沙阿）继承王位后，其叔巴都尔萨野（巴哈都尔·沙阿）摄政，将扩张矛头指向北方的西藏。

清代的西藏，藏人将白银交予巴勒布人，委托其铸成巴勒布银币（藏语称之为"章噶"），再运回藏内使用。巴勒布人往往向里面掺杂铜、铅，铸成后运回西藏换取纯银，以谋厚利。

廓尔喀兼并巴勒布各部之后铸造新钱，其成色较巴勒布钱高，故要求西藏将廓尔喀新钱一圆折巴勒布旧钱两圆使用。西藏噶厦认为折价不公，未予应允。乾隆五十三年（1788 年）五月，廓尔喀致书噶厦，声称"藏内所用钱文，皆我巴勒布镕铸。此后但用新铸钱文，旧钱不可使用"，西藏与巴勒布接壤的"聂拉木、济咙二处，原系我巴勒布地方，仍应给还。倘有理论，可遣人来讲"。

噶厦回复廓尔喀称，新铸之钱数量甚少，不足以流通，仍将新旧银钱混用；聂拉木、济咙二处俱系西藏地方，并无疑议；现在天气炎热，待立冬时再派人前往与之理论。但噶厦未向清朝驻藏大臣禀告此事。加之西藏官商经常对巴勒布货物加收税项，并向贩往巴勒布的食盐中掺土，廓尔喀素怀怨恨，决意入

沙玛尔巴活佛像

侵西藏。

乾隆五十三年六月，廓尔喀军队在达莫达尔·潘德（《清史稿》称之为"噶箕旦姆达尔邦里"）、巴姆·沙阿（《清史稿》称之为"玛木萨野"）的率领下，突袭聂拉木宗（今西藏日喀则地区聂拉木县），侵入西藏境内。同时，廓尔喀出兵西北，袭击了附属于西藏的作木朗部落（在今尼泊尔久姆拉区）。六月下旬，廓尔喀军队攻占聂拉木宗、济咙宗（今吉隆县吉隆镇）的宗衙门，随后北上围攻宗喀宗（今吉隆县治所宗嘎镇）、胁噶尔宗（今定日县治所协格尔镇）。

廓尔喀与巴勒布，语言、风俗并不相同。但直至廓尔喀入侵之初，清朝驻藏大臣庆麟、雅满泰只知巴勒布，不知有廓尔喀。面对廓军攻势，

1802 年的廓尔喀

驻藏绿营、蒙古兵丁不足，难以抵挡训练有素、装备精良的廓尔喀军队。庆麟、雅满泰向朝廷告急。

七月下旬，在承德避暑山庄的乾隆皇帝接到奏报，下令此刻正前往承德请安的成都将军鄂辉即刻返回，率 3000 精兵入藏进剿。四川提督成德率川军先锋赴藏驰援。八月，廓军攻下宗喀宗，但在胁噶尔遭到噶伦扎什端珠布的抵抗。九月，乾隆皇帝命通晓藏语的理藩院侍郎巴忠为钦差，赴藏接管驻藏大臣关防印信，与鄂辉、成德共同商办藏内事宜。

九月，鄂辉、巴忠等人尚未到达西藏，后藏活佛仲巴呼图克图、萨迦呼图克图已秘密遣人赴廓尔喀军营商谈，希望尽快了结战事。廓军在胁噶尔劫掠后，向后撤兵，并在聂拉木和谈。扎什端珠布禀告后，庆麟、雅满泰、达赖喇嘛、辅国公班第达均同意讲和。九月二十二日，成德抵达拉萨，仍奉皇帝谕旨前往边界进剿。十月初八，成德率军进驻日喀则。十三日，乾隆皇帝下诏将庆麟、雅满泰革职，令成德暂时统领全藏军队，待鄂辉、巴忠进藏后一起商办。十一月初五，鄂辉到达拉萨，同日，成德抵达胁噶尔。廓尔喀军队见清兵大举入藏，态度有所改变，声言"聂拉木等处是其抢得，现虽投顺天朝，仍需藏里多用银两取赎，方肯退还"。

乾隆五十四年初（1789 年），在八世达赖喇嘛之叔父阿古拉的主持下，西藏地方与廓尔喀在基鲁（Khiru）会谈。西藏代表为噶伦丹津班珠尔、扎什端珠布、七世班禅之父巴勒丹敦珠布、济仲喇嘛罗布藏卓呢尔、喇嘛敦珠布彭楚克、萨迦寺索诺伊锡等人，廓尔喀方面代表为巴姆·沙阿（Bam Shah）、哈里哈尔·乌帕迪亚（Harihar Upadhya）等人以及沙玛尔巴。廓尔喀方面提出让西藏向廓方赔偿战争经费，并割让喜马拉雅山山脉以南的全部领土，否则必须每年赔款十万卢比。经西藏方面交涉，西藏许诺向廓尔喀偿银赎地，议定西藏每年向廓尔喀偿付元宝 300 个，折银一万五千两（相当于五万卢比），给付三年后再行商议。旋即廓尔喀军队撤军归国。

丹津班珠尔向扎什伦布寺、萨迦寺及商民借足元宝 300 个交清。钦差大臣巴忠入藏后，见藏、廓官员已私下讲和，急于交差了事，向朝廷谎报清军"已将聂拉木、宗喀、济咙等地方次第收复"。廓尔喀在得到噶厦所立字据后，也撤兵返回。

乾隆五十五年（1790 年）十月，廓尔喀遣大头目一人、小头目两人来到拉萨，依照上年约定索要赎地银两。噶勒丹锡呼图克图拒绝给付。达赖喇嘛还派敦珠布彭楚克、博尔东到边境上放言，廓尔喀既已成为大清属国，则不应照前约索要赎地银两。廓使又请朝廷赏给廓尔喀王拉纳·巴哈都尔·沙阿俸禄及土地，也被驻藏大臣普福回绝。廓使一事无成，只得返回。达赖喇嘛则派堪布托格穆特、商卓特巴吉弥敦第、仔琫第卜巴赴廓尔喀商谈，打算付给廓尔喀 150 个元宝，同时将原订合约撤回，

扎什伦布寺

永绝瓜葛。廓方以托格穆特地位不高，指名要求达赖喇嘛叔父阿古拉与噶伦丹津班珠尔来边境商谈。此时阿古拉已去世，不久托格穆特也在廓尔喀病逝。

廓尔喀摄政王巴哈都尔·沙阿非常愤怒，他感到进退两难，若发动战争，则必然要投入大量经费、部队和武器，因为清廷方面显然已经对廓尔喀有所戒备；若放弃战争，则之前盟约被撕毁令他非常不甘。最终，巴哈都尔·沙阿声称要惩治西藏地方的背盟，仍然决定再次入侵西藏。

乾隆五十六年（1791 年）五月，八世达赖喇嘛令丹津班珠尔赴边界与廓尔喀密谈撤约事宜。五月十一日，丹津班珠尔、扎什端珠布、札萨克喇嘛格桑定结等人自拉萨启程前往聂拉木，向驻藏大臣禀称检阅军队、修葺庙宇，实则与廓方商谈赎银撤约。丹津班珠尔等认为此前带去的元宝只及半数，难以撤回合约，于是又携 150 个元宝前往。一路上，扎什伦布寺、萨迦寺喇嘛及驻守聂拉木的戴琫江结也加入谈判使团。六月上旬，丹津班珠尔抵达聂拉木的冲堆（今聂拉木镇充堆），格桑定结与扎什伦布寺、萨迦寺二寺喇嘛则受沙玛尔巴之邀来到扎木（今聂拉木县樟木镇）。

六月二十二日，丹津班珠尔、扎什端珠布、江结在冲堆遭到廓尔喀兵突袭，被俘后押往廓尔喀都城阳布。格桑定结和扎、萨二寺喇嘛，聂拉木教习军官王刚、冯大成等人也同时被拘押。

七月，廓尔喀军队再次入侵聂拉木和济咙。廓军兵分两路，一路由达莫达尔·潘德（《清史稿》称之为"噶箕旦姆达尔邦里"）率领，自济咙进攻宗喀；一路由阿比曼·辛格率领，从聂拉木进攻定日（在今定日县西）；另有一路绕过定日，经萨迦直奔日喀则。

八月三日，廓军攻占定日、济咙。八月十六日，廓军攻陷萨迦，同日，保泰送年仅十岁的七世班禅额尔德尼前往拉萨，命仲巴呼图克图留守扎什伦布寺。扎什伦布寺济仲喇嘛罗布藏丹巴与群僧占卜，得到"不可与贼作战"的神示。仲巴呼图克图遂遣人赴廓营求和。然而该使者半路逃走，于是寺内外喇嘛3000余人纷纷溃散。仲巴呼图克图也携金银及班禅所余贵重物件，装为233捆，先行逃出。八月二十一日，廓军将军（清人译作"噶布党"）玛木萨野攻入扎什伦布寺，寺内仅余9人。玛木萨野即入住班禅额尔德尼禅房内，大小头目分据各处，将金银佛像、供器、贮藏及灵塔镶嵌之珍珠珊瑚宝石等物尽数掠去。册封六世班禅的金册也被盗走。九月初，廓军进攻日喀则宗城，都司徐南鹏率80人坚守，击毙廓军十余人、头目一人。围攻八昼夜后，廓军仍不能破城，遂携所掠财宝退往边境。

热索桥畔的反攻

廓尔喀军队再次入侵西藏的消息传到北京，乾隆皇帝判定廓尔喀这次犯边主要目的是抢掠后藏财物。冬天迫近，廓军必不能进兵前藏。一俟朝廷调集大军进讨，他们会从容遁去。因此，决定大举出兵，待来年春雪消融后攻入廓尔喀腹地，令其彻底臣服。

九月二十五日，乾隆召平定台湾林爽文之乱的两广总督福康安来京。十月，福康安抵京，授将军衔，督办西藏军事。命平台之役中福康安的副手海兰察、台斐英阿等为参赞大臣，率黑龙江索伦、达呼尔兵丁千名，由青海入藏征讨廓尔喀。

福康安（1754—1796 年），字瑶林，号敬斋，富察氏，满洲镶黄旗人，大学士傅恒第三子，孝贤纯皇后之侄，乾隆朝名将。

十二月，成德在聂拉木拍甲岭一役战胜廓军。

乾隆五十七年（1792 年）正月，成德收复聂拉木东官寨，阵斩廓军将领呢玛叭噶嘶、踏巴。

二月，川军攻克聂拉木的廓军西北碉寨，俘获玛木萨野之侄咱玛达阿尔曾萨野，聂拉木全境收复。八日至十日，四川总督惠龄、参赞大臣海兰察陆续抵达拉萨。十七日，福康安等领兵一千余人由拉萨启程，经朗噶（今浪卡子县）、江孜，二十七日抵达日喀则，查看扎什伦布寺劫余情形。

三月十五日，乾隆皇帝加升福康安为大将军，令各军皆受其节制。

闰四月十八日，福康安、海兰察、惠龄由日喀则驰往江孜督运军粮。二十七日抵达定日第哩朗古，与成德兵会合。福康安、海兰察等分头察看聂拉木、绒辖等地后，率主力前往宗喀，决定由济咙向南攻入廓尔喀。

福康安画像

五月六日，福康安、海兰察领兵行至宗喀以南的辖布基，进攻擦木山隘（在今吉隆县宗喀镇南）。是日夜，清军乘雨分兵五路，海兰察居中，哲森保等由东西两山夹击廓军营寨，莫尔根保绕到营后偷袭。七日黎明之时，清兵攻克擦木山隘上的两座廓军石碉楼，斩杀 200 余人。八日，清军进至玛噶尔辖尔甲，击溃由济咙前来迎战的廓军。十日，清兵攻克济咙，斩杀 600 余人，俘虏 200 余人。至此西藏全境收复。

五月十三日，福康安、海兰察率军由济咙启程，沿吉隆河东岸南下。十四日，清军过藏廓边界之摆吗奈撒，进入廓尔喀境内之热索瓦，与廓军隔热索河对峙。

热索河，自东注入吉隆河的一条支流，其上有横跨河流的木板浮

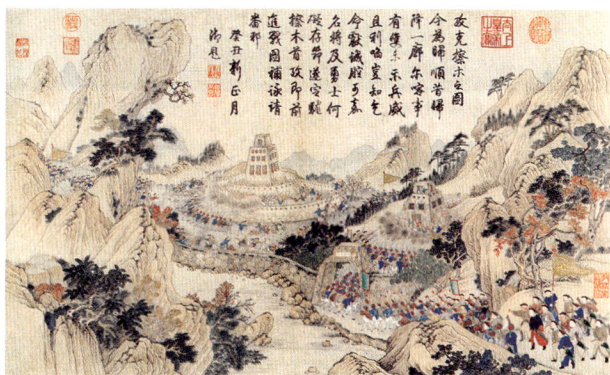

《平定廓尔喀得胜图》之《攻克擦木之图》，清贾士球、黎明、冯宁等绘

桥——热索桥，为中国与尼泊尔的分界之地。廓尔喀兵在热索河北岸三四里外的索喇拉山上，砌石哨卡一座，南岸临河有碉楼两座，并将热索桥木板撤去凭河据守。清军首先攻下北岸的石卡，而南岸的廓军撤去桥板，阻止清军过河，北岸山境极狭，无多兵驻足之地。清军暂撤。

五月十五日，清军以部分军士至河边，佯作欲进之势，而命四川的藏族兵丁，攀越两重大山，绕至上游距热索桥六七里处，伐树扎为木筏潜渡，沿南岸疾行，突袭廓军临河石卡。当廓军出卡抵御之际，北岸正路官兵乘势急速搭桥，一时并进，将南北三座石卡夺取，攻克热索桥。热索河畔，凯歌高奏。

清军夺下热索桥后，继续南进。所经山径逼仄，乱石丛集，越大山数重，无路可通，只能一边修路，一边前进。军行大河东岸，傍山几无驻足之地，官兵俱在石岩下露宿。清军深入尼境一百六七十里，未见敌踪。后发现在协布鲁地方，有廓军碉堡集聚，那里地形与热索桥相似，也有东来注入大河的一条支流，河道宽深，因连日大雨，山洪涨发，桥座已被冲毁。廓军俱在南岸抵御。

清军从北岸抢渡，未能即渡，暂退。夜半，乘廓军归寨，军士即赶紧接缚大木，缘木过河，分数路或顺山仰攻，或绕至敌后突袭，或抢登敌侧山梁夹击，于人迹不到之处，攀缘登陟，衣履皆穿。五月二十四日黎明，各路清军合攻，廓军溃败。

六月三日，清军在北岸分工，台斐英阿领队由正路用大炮昼夜轰击；海兰察取间道绕行，越山摧毁另外一处的据点7所；福康

《平定廓尔喀得胜图》之《攻克热索桥之图》，清贾士球、黎明、冯宁等绘

安则迂回到上游水浅处渡河。

六月六日，战斗开始，经过激烈的肉搏，攻下对岸的石卡、木城。台斐英阿乘势从正路下山，搭桥过河佯攻，复登高山，尽克营寨10余处。海兰察也来会合。

六月九日，清军追廓军至雍鸦。这次战斗历经八个昼夜，6000名清军登山涉险，随身的弓箭多致损折，帐幕等难以携带，糌粑又已食完，后路没有接应，不得不稍事休息。

经过协布噜、东觉山诸战役，清军逼近廓尔喀都城阳布。得知清军将至首都的时候，廓尔喀王拉纳·巴哈都尔·沙阿逃往临近英属印度的边境。留守阳布的王叔巴哈都尔·沙阿召见被扣押的丹津班珠尔，请求其转告福康安，廓尔喀侵犯藏境全因沙玛尔巴唆使，并保证归还扎什伦布寺财物，对在冲堆被袭的官兵予以赔偿。

六月二十五日，廓尔喀头人噶布党普都尔帮里等20余人来到雍鸦大营，将上年在冲堆被掳走的丹津班珠尔、扎什端珠布、卢献麟、冯大成及藏军营官聂堆等人送还。福康安面谕廓尔喀头人，令其遵办五条事宜，方准其投降：廓兵须退出噶勒拉、堆补木、甲尔古拉、集木集等处山梁；

廓尔喀王和王叔亲自前来；将沙玛尔巴尸骨及其徒弟交出；所掠之扎什伦布寺财宝悉数归还；交出乾隆五十四年与丹津班珠尔私订之合约，不得再提西藏交付赎银之事。

清兵将廓使送还七天后，并无回音。廓军仍占据诸处山梁。七月二日，清军进攻噶勒拉、堆补木。在进攻甲尔古拉山时，廓尔喀军队诱清军进入丛林，随后三面放火烧林。清军失利，台斐英阿、阿满泰、莫尔根保、英贵、张占魁等人战死，是为帕朗古之战。

乾隆五十七年（1792 年）八月八日，廓尔喀管事头人噶箕第乌达特塔巴来到清军大营，请求归诚，并代廓王、王叔进京觐见。十九日，福康安准其归降。二十一日，清军开始从帕朗古撤回。九月四日，清兵全部撤回济咙。

清兵撤退的同时，福康安派穆克登阿勘察西藏、廓尔喀边界。

十月十五日，福康安来到拉萨，达赖喇嘛率僧俗官员出迎。福康安在拉萨停留了 4 个多月，与惠龄、孙士毅、和琳拟定了《藏内善后章程》。

十二月二十三日，廓尔喀贡使抵达京师，并谒见和珅。次日，贡使觐见乾隆皇帝。二十七日，皇帝准许恢复拉纳·巴哈都尔·沙阿的王爵、巴哈都尔·沙阿的公爵名号。白教活佛夏玛巴钦定不准转世，弟子一律改宗黄教。

清朝把这次战争列为乾隆"十全武功"之一。清兵自廓尔喀凯旋之际，乾隆回忆即位后在边疆地区的大型战争，作《十全记》以纪其事："十功者，平准噶尔为二，定回部为一，扫金川为二，靖台湾为一，降缅甸、安南各一，即今二次受廓尔喀降，合为十。"乾隆帝因此自称"十全老人"。

第三次珠峰之战

　　1855—1856 年，清咸丰年间，廓尔喀又一次入侵西藏，是为第三次廓尔喀侵藏战争。

　　1814 年，英国发动了英尼战争，入侵廓尔喀，清廷无力发兵援救。尼泊尔战败求和，此后逐步成为英国的保护国。1846 年，拉其普特人荣格·巴哈杜尔·拉纳在英国的支持下掌握了尼泊尔的军政大权，成为世袭首相，史称拉纳王朝。在英国东印度公司挑唆下，廓尔喀的国王和大臣从 1842 年起，多次致函清朝驻藏大臣，提出无理要求，都被驻藏大臣拒绝。

　　咸丰五年（1855 年）年初，廓尔喀派人到吉隆，煽动百姓，企图强占吉隆。西藏派噶伦夏扎和驻藏大臣属下粮务张琪等人，以到定日查办案件为名，进行震慑和准备。但是廓尔喀人我行我素，没有停止入侵的脚步。3 月 23 日，廓军以西藏官吏在边境多收廓尔喀商税等借口，公然撕毁"永不侵藏"的誓约，派兵数

千人分数路入侵西藏。四月初，廓军占领了济咙和聂拉木。4 月 29 日，又攻占了宗喀。这时清廷所调昌都、类乌齐等处兵士还未齐集，又急调四川屯兵三千入藏，察看情况。

5 月 14 日、22 日，廓尔喀继续增兵，又占据了阿里地区的普兰宗和后藏地区的绒辖地方，企图消灭驻扎的清军。

6 月 1 日，清廷驻藏大臣赫特贺来到协噶尔与廓尔喀代表会面。廓尔喀提出，西藏给予廓尔喀一万五千两银子的赔偿。要求遭到拒绝。

1855 年 11 月初，噶伦才旦率领藏军反击廓尔喀人，杀死廓尔喀军数百人，将帕嘉岭的廓尔喀军队歼灭，接着又收复了聂拉木，包围了宗喀，攻克了绒辖。

12 月底，廓尔喀又从国内征集 7000 名军兵增援，援兵直扑聂拉木，再次击败藏军占据聂拉木，战事又告停顿。

至此，由于西藏军民奋起抗击侵略，清廷又陆续增兵，再加天气严寒，廓尔喀人听说前后藏和康区在抽调成千上万的军民前来参战，色拉寺、哲蚌寺、甘丹寺也派出大批僧兵前来，而且即将入冬，不便征战，继续作战对己不利，故遣人呈送禀帖，要求和谈。当时内地正值太平天国起义，清朝无力顾及反击廓尔喀之事。只由驻藏大臣从前藏抽调汉藏僧俗军 2000 人，来到后藏增援。并让四川总督派出康区军兵，前来支援。但由于路途遥远，力不从心，未能在军事上取得胜利，被迫接受和谈。

咸丰六年（1856 年）3 月，西藏方面派出噶伦夏扎和各大寺院的代表前去尼泊尔参加和谈。中尼双方在尼泊尔的塔帕塔利订立和约。条约共十条，要点为西藏每年向尼泊尔王室支付一万卢比。尼泊尔、西藏共同尊奉中国大皇帝。西藏为佛教圣地，若遇外国入侵，尼泊尔须派兵援救。西藏不得对尼泊尔人征收贸易、过境等税。尼泊尔向拉萨派驻官方代表。尼泊尔人可在拉萨开设商铺，并得自由贸易。西藏、尼泊尔商人在对方境内犯法，由两方官员会同审讯，一方不得自行断绝。西藏将以前冲突中俘获的锡克士兵交还给廓尔喀。

由于军事力量薄弱，最后西藏派出的谈判代表方面不得不与廓尔喀签订了不平等的条约，由此才结束了第三次廓尔喀战争。

此战之后，廓尔喀仍然沿袭五年一次派使者向清廷入贡。光绪三十四年（1908年），廓尔喀使者到北京入贡，正使噶箕被赏赐二品服，副使被赏赐四品服。这一次是廓尔喀使者在入贡时受到的最隆重的接待。这也是廓尔喀最后一次向清朝入贡。

三年后，武昌起义爆发，辛亥革命成功。

阳布（加德满都）的廓尔喀旧王宫

第八章

攀登者朝圣

登顶珠峰，是人体冒险因子的永恒主题，是人类挑战极限、创新纪录的不朽篇章。

百年攀登，英雄史诗。经过多年坚忍不拔的努力，登顶珠穆朗玛峰从梦想变成现实。从 1953 年至 1999 年，1169 人次登顶珠峰；从 2000 年到 2015 年，5832 人次登顶珠峰。

尽管在技术层面上，登顶的成功率大大提高，登顶人数与日俱增。但是，到今天为止，攀登珠穆朗玛峰，仍然是人类膜拜大自然最虔诚的神圣仪式，也是人类探索精神具有独创性的体现。

因为，山仍在那里。

马洛里的悲情

1885 年，英国登山俱乐部主席克林顿·托马斯·登特（1850—1912 年），在他写的《雪线之上》一书中提出，攀登世界最高峰珠穆朗玛峰是可能的。登特是外科医生、作家和登山家。他可能是提出登顶珠峰设想，并留下文字记录的最早的那个人。

1899 年，时任印度总督的寇松公爵向英国登山协会主席、当时获聘英国皇家地理学会主席的佛雷什菲尔德先生提议，如果能被尼泊尔政府许可，经由尼泊尔登山的话，英国皇家地理学会和英国登山协会应该联合组成一支珠峰探险团。不过，尼泊尔政府未予批准，提议搁置。

这时，一位与西藏和珠峰爱恨交集、纠缠不清的人物再度登场，即弗朗西斯·荣赫鹏，他是英国的一位军官、作家、探险家和外交家。荣赫鹏最为后人所熟知的，是他率领英军于 1904 年对西藏的入侵，以及关于亚洲和外交政策的著作，还有由他组织的对于珠穆朗玛峰的三次历史性的攀登。

1876 年，13 岁的荣赫鹏进入布里斯托尔的克里夫顿学院。1881 年，他进入桑德赫斯特皇家军事学院，1882 年被任命为第一国王骑兵卫队的中尉。

1886—1887 年，荣赫鹏进入中国北方，然后穿越蒙古戈壁，翻越天山，沿天山北麓至帕米尔，开拓了一条从喀什和印度未曾勘测过的穆士塔格通道（Mustagh Pass）。凭此成就，他被选为皇家地理学会最年轻的成员，并接受了学会的金质奖章。

乔治·马洛里

1889 年，荣赫鹏同一队廓尔喀卫队被派遣进行 Hunza 谷地和 Khunjerab 通道到喀喇昆仑山地区未勘测区域的考察。

世纪之交，英国与俄国间的"大博弈"仍在持续。印度总督寇松在 1902—1904 年间，任命当时的少校荣赫鹏为"西藏边境事务行政官"。

1903 年秋天，由荣赫鹏等率领的一支近千人的英国武装使团，集结在西藏亚东与锡金的边境。1904 年 3 月 31 日，英军在夏吾的曲眉仙角地方与藏军遭遇。4 月，英军抵达江孜。5 月 5 日，英军初败藏军于江孜；15 日，西藏当地政府对英兵宣战；26 日，英军与藏兵再战于江孜，藏军再败。7 月 5 日，英军发起总攻；7 日傍晚，江孜全城沦陷，最后的 500 多名藏兵全部跳崖。8 月 3 日，英军占领了拉萨，荣赫鹏将大炮对准布达拉宫；44 天后，逼迫西藏地方当局签订了《拉萨条约》。

1904 年，荣赫鹏军中的 J·克劳德·怀特，从珠穆朗玛峰东侧 151

千米处的坎帕宗，对珠峰进行了拍摄，留下记录了珠峰细节的照片。

1920 年，一个由荣赫鹏率领的英国皇家地理学会和英国登山协会联合代表团，拜访印度国会秘书，得到他支持攀登珠穆朗玛峰计划的允诺。到了年底，消息传到伦敦：西藏当局准许英国登山队次年向珠穆朗玛峰进发，并签发了前往珠峰地区的关防。

1921 年，为了开展珠峰地区的登山探险活动，英国皇家地理学会和英国登山协会共同组成珠峰委员会，由荣赫鹏爵士担任首任主席。珠峰委员会组建了英国历史上第一支珠峰登山探险队，由于尼泊尔一侧被封闭，登山探险将从西藏一侧的北坡进入珠峰。

同年，英国珠峰登山探险队第一次到达珠峰北侧，由查尔斯·霍华德·伯里中校率领的这支队伍，进行了一次考察性的远征。乔治·马洛里和其他队员到达了北坳（海拔 7007 米）。从那里，马洛里看到了通往珠峰顶峰的道路。

1921 年的英国珠峰探险队，一共有 9 名队员，主要由登山家和测绘

1921 年英国珠峰登山探险队合影

专家组成，平均年龄 41 岁，最小的 31 岁，最大的 56 岁。乔治·马洛里无疑是探险队中声名最为显著的一位，他也是唯一参加过 1921 年至 1924 年三次珠峰远征队的队员。

马洛里的登山生涯，是从爬教堂屋顶开始的。13 岁时，他因数学方面的特长获得奖学金，进入温切斯特学院学习，其间，在罗伯特·格雷厄姆·欧文指导下，开始学习登山运动。1905 年，马洛里进入剑桥大学莫顿学院学习历史，在这期间，他与布鲁姆斯伯里团体的一些重要成员交往密切，并结识了著名登山家杰弗里·扬。1915 年，马洛里加入皇家要塞炮兵部队参加西线英法对德作战。1921 年，35 岁的马洛里入选英国珠峰探险队。他是英国珠峰探险队三次远征探险中的灵魂人物。

1921 年 5 月 18 日，英国珠峰探险队从印度的大吉岭出发，经过锡金；5 月 27 日，进入西藏的帕里；6 月 7 日，在协格尔歇脚；6 月 19 日，抵达定日。6 月 23 日，马洛里和布洛克带着 16 名夏尔巴挑夫和一个印度工头，从定日向珠穆朗玛峰进发，并在 26 日到达距离珠峰 26 千米的绒布河畔。7 月，马洛里和布洛克勘察了珠穆朗玛峰北坡的西北脊、东北脊。9 月 23 日早晨，马洛里、布洛克和惠勒带着几名挑夫，从海拔 6821 米的赫拉帕拉山出发，向下走入东绒布冰河 366 米长的急下坡，慢慢横穿一处盆地，最终在海拔 6706 米的北坳雪地扎营。24 日，马洛里和三名挑夫攀爬陡坡，在上午 11 时 30 分攀登上了北坳，在那里清楚地观察了通往珠峰的路线，选定了第一条攀登珠峰的路线：东北山脊。这是此次登山探险的最大收获。除勘察了攀登珠穆朗玛峰的路径以外，登山探险队还为整个珠峰区域绘制了地图，在珠峰地区进行了地质探测、自然历史的研究，还搜集了动植物标本。

1922 年，英国珠峰登山探险队进行了第二次远征，陆军准将查尔斯·布鲁斯担任领队，登山探险队一行人从英国出发，到达印度，然后

1921 年的珠穆朗玛峰

从印度进入西藏，计划从珠峰的北坡登上世界第一高峰。

36 岁的马洛里，第二次参加珠峰远征。1922 年 5 月 4 日，英国登山探险队进入西藏，在珠峰脚下设立大本营。查尔斯·布鲁斯计划设立六个营地：第一营地，即大本营，位于海拔 5181 米的地方；第二营地海拔 5334 米；第三营地海拔约 6400 米；第四营地海拔约 7010 米；第五营地海拔约 7620 米；第六营地海拔约 8229 米。

5 月 20 日早上 7 时 30 分，马洛里、萨默维尔、诺顿和莫斯海德 4 位登山者出发了，他们成功地踏上珠穆朗玛峰北坳的上山坡面。10 时 30 分，他们攀登到海拔 7620 米处，并费力地在这里扎起两顶小帐篷，建立起第五营地。

5 月 21 日早上，珠峰下起大雪，马洛里、萨默维尔、诺顿向上攀登到海拔 8225 米处。下午 4 时，3 人回到帐篷与莫斯海德会合，一同向北坳下撤，4 个人以绳索连成组结，突然排在第三个的人打滑摔跤，带动另两人向山下滑坠，幸亏打头的马洛里立即将冰斧凿入雪中，把绳索系牢在斧柄，大家才保住了性命。

6 月 3 日，因为希望未来三天会有好天气，马洛里再次带

1922 年英国珠峰登山探险队合影

领登山队抵达第一营区，尝试冲顶珠峰，登山队员有马洛里、萨默维尔和芬奇，以及 11 名负责运送物资的夏尔巴人。当天，芬奇因为痢疾下撤至大本营。

6 月 7 日早上 8 时，登山队启程攀登北坳，踩着深深的积雪，每向上迈出一步，都要停下来喘好几口气。队伍由马洛里、萨默维尔、克劳福德和 14 名夏尔巴挑夫组成。

下午 1 时 30 分，他们抵达北坳下方 183 米处的坡道，休息了一阵，全队继续前行。他们仅仅走了 100 多米，

1922 年，马洛里与同伴爱德华·诺顿在珠峰 8200 米处，手持冰镐进行攀登

刚刚爬上那段坡的上方，一阵不祥、尖锐、闷雷般的巨响出现了。

雪崩！马洛里本能地意识到，灾难发生了。随即，他被雪裹住，一种不可抗拒的力量，迅速地把人向山坡推下去。他马上记起了救生动作，于是将手插入雪中，不断划出游泳的动作。经过一番挣扎，他终于感到雪崩的速度慢了下来，才气喘吁吁地站了起来。

然而，在他下方的夏尔巴挑夫，却没有这样的好运，一段 12 米高的断崖，吞没了一批下坠的人。连同夏尔巴协作队长在内的 7 名夏尔巴挑夫全部罹难，永远地留在了珠穆朗玛峰。

1922 年英国探险队的珠峰远征，在世界登山史上创下三个第一：第一次真正向珠峰发起冲锋，而上一次 1921 年的珠峰远征，主要是为了勘察和测绘；第一次携带氧气装置攀登珠穆朗玛峰；第一次在攀登珠峰时造成人员死亡，7 名夏尔巴人丧生。

挂在峭壁上的马洛里

结束了 1922 年的珠峰远征，乔治·马洛里受到了他自己也没有想到的热烈欢迎，回到英国之后，他一夜成名。但也付出了一点代价，因为没能按时回到学校报到，马洛里丢掉了自己的工作。

1923 年，一位美国商人邀请马洛里去美国演讲，并许诺 1000 英镑的报酬。事实上，他在新大陆的六次演讲，最后只赚到了 48 英镑。

在哈佛大学的演讲中，一名记者问马洛里："为何要攀登珠穆朗玛峰？"马洛里回答："因为它在那儿。"这句话成为世界登山运动的箴言。

从美国回来以后，马洛里在剑桥大学找到执教的机会。看起来，已经三十多岁的他，家庭幸福，美妻娇子，能够在剑桥的居所里，度过平静、美满的一生了。然而，对于一个血液里无时无刻不在流动着渴望征服、挑战、超越自我激情的男人，当珠峰的诱惑又在向他招手时，马洛里还能怎么办？

1924 年，皇家地理学会邀请马洛里参加珠峰登山探险队。这是马洛里第三次参加珠峰远征，当年的他已 38 岁。这是他的宿命，因为山在那里。

1924 年，英国珠峰登山探险远征队共由 12 人组成，平均年龄 37 岁，最大的 58 岁，最小的 22 岁。

最年轻的队员安德鲁·科明·欧文（1902—1924 年），是牛津大学的划船队员，上中学时就在工程学方面表现出过人的才华。第一次世界大战期间，欧文向英国陆军部提供了自己设计的一种传动装置，它可以让机关枪通过螺旋桨射击，而不会毁坏螺旋桨叶片（后来的机载机关枪正是基于类似的设计），在陆军部引起小小的轰动。欧文英俊潇洒、体格健美、一表人才，但他有严重的拼写和交流障碍。在这次珠峰远征中，欧文原本的角色是打杂的，除了维护氧气装置外，他还负责打理相机、睡袋、煤油炉等，他因心灵手巧、任劳任怨而赢得了队友们的尊敬。

英国珠峰登山探险队一行人漂洋过海，经印度进入中国西藏地区，并于1924年4月29日抵达珠峰大本营。诺顿接替布鲁斯担任领队

安德鲁·科明·欧文

后，马洛里接任登山队长。马洛里原计划将最后登顶的人员分为两组：一组携带氧气装置，从海拔8077米出发；另一组不带氧气装置，从海拔8321米出发。两个小组最终在山顶会师。

5月17日，两位队员登上海拔7132米的地方建立起4号营地。5月18日，马洛里和另外两名队员在海拔7711米的地方建立起5号营地。但到达3号营地后，夏尔巴人严重减员，马洛里对计划做了调整，他决定两个小组都不带氧气装置冲顶，第一组是他和布鲁斯，第二组是诺顿和萨默维尔。

6月1日，他和布鲁斯带9名夏尔巴人向北坳攀登，他们到达海拔7711米处的5号营地，期间有4名夏尔巴人退出。次日，又有3名夏尔巴人退出，于是按计划在8230米建立6号营地的设想被迫放弃，登山队员返回4号营地。

天气很恶劣。在这个过程中，一名补鞋匠队员和一名军士死亡，12名夏尔巴协作逃走，登山队的士气低落，大家都认为此次攀登就此失败了。

1924 年珠峰远征队合影（后排左一至四：欧文、马洛里、诺顿、奥德尔）

马洛里召开了一次会议，会议上大家针锋相对，有人提议回家，不要在恶劣的天气下冒生命危险，马洛里却认为不应就此放弃，最后互相妥协：7 日内如果天气还不好转，就打道回府。

6 月 2 日，马洛里得到消息：在季风季节来临前，还有 7 ~ 10 天的好天气。

得到消息后不久，2 名队员即刻启程，开始了人类又一次冲击珠峰顶峰的征程。马洛里之所以没有第一批出发是因为他想把第一次冲顶机会让给其他队员。

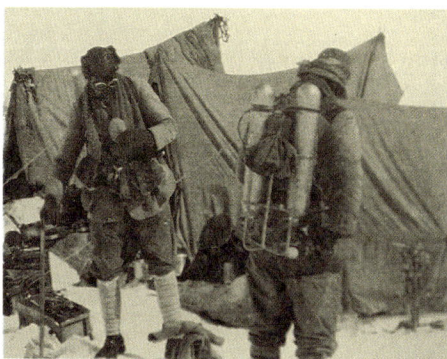

1924 年 6 月 6 日清晨，马洛里和欧文的最后一张照片，马洛里戴着氧气面罩，欧文背着氧气瓶，背对着镜头

6 月 4 日，马洛里、欧文抵达第四营地。当日 18 时，两名队员没有按时回来，于是马洛里、欧文以及奥德尔背上物资前往救援，发现受伤后缓慢下撤的两人，原来这两个人在离第二阶梯很远的地方，就决定不直接攀登这个大岩壁，而是采取迂回的方法绕过第二阶梯。但当他们到达海拔 8572 米的地方后，因为错误地摘下雪镜，导致眼睑被冻在一起，被迫放弃。这个高度是当时人类到达的最高海拔，这个纪录直到 29 年后才被打破。

熟悉马洛里的人都知道，在他的登山生涯中，但凡有一线希望，便决不会轻言放弃。回撤途中，他决定按最初的计划，与欧文一起携带氧气装置再次向峰顶发起挑战。

6月5日，他们从4号营地出发，6日到达5号营地。6月6日清晨，奥德尔和哈泽德为马洛里和欧文准备好早饭，但两人由于"兴奋和心神不宁"没有吃完。8时40分，奥德尔为马洛里和欧文拍摄了最后一张照片，照片中两人站在帐篷前，马洛里戴着氧气面罩，欧文背着氧气瓶背对着镜头，头微微歪着，注视着正在检查氧气面罩的马洛里。

随后，马洛里、欧文上路了，携带调节好的供氧器材和两瓶氧气，以及当日的口粮，一同上山的还有几位夏尔巴挑夫。6月7日，他们到达6号营地，马洛里、欧文住在仅能容纳两人的小小的帐篷里，4名夏尔巴人返回。当晚，马洛里在帐篷里给妻子写了一封信："亲爱的，我在离家乡之外，海拔27300英尺的小帐篷里，寻找着光荣道路……"

6月8日，宿命降临了。最后发生的事情，没有人清楚地知道。至少活着的人里，没有人能够精确知道了。当天中午12时30分，天气不太理想，雾霭环绕着山峦。透过飘浮的雾气，奥德尔攀爬到海拔大约7925米高的一道小峭壁。这时，头上的云雾忽然散开，整个珠穆朗玛峰顶部的山崚和金字塔塔尖似的峰顶，一览无遗。

奥德尔注意到，在远处的一道雪坡上，有一个小黑点在移动，向岩质梯板靠近，第二个小黑点跟在后边。然后，一个小黑点爬上那阶梯的顶部。雾霭再度聚拢，这之后，他们消失了，一切遮蔽成谜……这是人们最后一次见到马洛里和欧文，他们的位置在第二台阶，按照时间表，他们早上8时就应该到那里了。

奥德尔攀上第五营、第六营，在荒僻酷寒的高山上，独自苦苦搜寻着他挚爱的伙伴们，但他再也没能见到他们。在马洛里和欧文登顶阶段，

1999 年找到的乔治·马洛里遗体

诺埃尔负责用望远镜和摄影机观察峰顶，可是他们一直没有出现在镜头里。

6 月 9 日，负责搜索马洛里和欧文的哈泽德，在北坳用睡袋铺成了一个十字架。诺埃尔用望远镜第一个看到，他事后说："我们都看了看。我们都试着使它看起来不同。但这显然是一个白雪上的十字架。"

望远镜里，十字形交叉铺展在雪地上的睡袋，宣告了一代登山家的陨灭，以及传奇的诞生。

1933 年，英国珠峰远征队在海拔 8460 米处发现了欧文的冰镐。1960 年和 1975 年，中国登山队员在登珠峰时都曾发现过"一个欧洲人的遗体"，有人分析那很有可能是欧文。1991 年，在距离发现冰镐 20 米远的地方找到了 1924 年英国珠峰远征队使用的氧气瓶。1999 年，由 BBC 赞助的马洛里和欧文国际搜寻探险队，在珠穆朗玛峰北坡大约海拔 8170 米处，意外发现了马洛里的遗体。

马洛里栩栩如生！

在倾斜的山壁上，头部被埋在冻结的碎石堆里，他的双手深深插入石堆中，衣物已被风蚀，裸露的臀部、右腿被秃鹰啄损，尽管如此，这仍是一具非常完美的身体。就像荷马史诗里述说的那样，女神不忍英雄的遗体被凌辱和朽坏，马洛里一生钟爱珠穆朗玛峰，那里的自然环境使他仍如生时一般优美强健，如皎洁的大理石雕像，来接受后人的敬畏与膜拜。

英雄不死。

希拉里和丹增的荣耀

　　能够成为第一个登顶珠穆朗玛峰的攀登者，是千千万万登山爱好者梦寐以求的莫大荣誉。1953 年 5 月 29 日，新西兰人埃德蒙·希拉里和向导丹增·诺尔盖从珠穆朗玛峰南坡登顶，戴上人类历史上第一次登顶珠峰的桂冠。

　　1953 年 5 月 29 日，34 岁的埃德蒙·希拉里和同伴——39 岁的丹增·诺尔盖，从珠穆朗玛峰尼泊尔一侧（即南坡）成功登顶，第一次站在世界之巅。

　　埃德蒙·希拉里（1919—2008 年），1919 年 7 月 20 日出生于新西兰的奥克兰，母亲是一名教师，父亲是职业养蜂人。

　　希拉里 16 岁时，在学校组织的一次远足活动中，第一次对登山产生了兴趣。那之后，他参加了当地的一个登山俱乐部，经常和一些朋友去周边的山区行走和露营。

　　1939 年二战爆发，希拉里申请加入空军，

照片中，丹增站在海拔 5913 米的朱孔峰峰顶

但却被告知要一年以后才能入伍受训。于是，他决定去做一次南阿尔卑斯山之旅。希拉里只身前往新西兰阿尔卑斯山的奥利弗峰，从那时起，攀登珠峰的念头开始在他内心生长。

从空军退役后，希拉里加入了新西兰阿尔卑斯俱乐部，在不同季节去攀登南阿尔卑斯山，并不断地练习攀岩和攀冰。1951 年，埃德蒙·希拉里参加了埃里克·希普顿率领的一支探险队，试图寻找一条潜在的珠峰登顶路线。

1953 年英国登山探险队合影。站在前排，左数第三个是领队亨特，站在他左边的是丹增·诺尔盖，身后是埃德蒙·希拉里

1953 年，英国登山队在登山家约翰·亨特的率领下向珠峰发起冲击，埃德蒙·希拉里和丹增·诺尔盖便是其中的队员。在挑战珠峰前，这支登山队已经征服了当地的众多高山，其中包括朱孔峰（Chukhung）。从此，埃德蒙·希拉里踏上登峰造极的征程。

丹增·诺尔盖（1914—1986 年），尼泊尔夏尔巴人，探险家。据丹增·诺尔盖的外孙介绍，丹增·诺尔盖出生在珠峰东坡一个叫卡达的村子，因为家里穷，他 8 岁就到绒布寺出家为僧了。但因为常受欺负，便前往尼泊尔昆布地区，可一直没有找到工作，就辗转来到了印度大吉岭生活。

丹增·诺尔盖生活在尼泊尔昆布，站在家中就可以望见白雪皑皑的珠峰。他曾经说："我在放牧牦牛时就经常想象，登上峰顶就如同登天一样。在那样高的地方一定住着神灵。"

1935 年，丹增说服了英国的一支登山队的领队，加入登顶探险的行列，成为一名登山协作。其作用是在登山队中帮助队员搬运行李和担任向导。

在 1935 年、1936 年、1937 年、1938 年，丹增先后 4 次向珠峰峰顶进军，每一次他都向峰顶迈进了一步，但都没有成功登顶。1952 年，丹增在瑞士登山队担任向导，瑞士登山队曾两次尝试登顶珠峰，最后均以失败收场。珠峰峰顶似乎永远遥不可及。

1953 年 4 月，英国珠峰登山探险队开

尼泊尔的天波切村，新西兰登山队员乔治·罗维注视着正在给登山靴装尖铁钉的诺尔盖。他们在天波切村逗留了 3 周，以适应当地的气候和环境

始了人类第 14 次向世界之巅的挑战。丹增参加了以约翰·亨特为领队的英国登山探险队，团队的成员中就有埃德蒙·希拉里。

登山队在珠穆朗玛峰南侧海拔 5364 米的地方建立了登山大本营。他们吸取了 1952 年瑞士登山队的经验，选择了昆布冰川这条路线，沿途穿过令人望而生畏的冰瀑和西库姆冰斗，接着来到洛子峰脚下。随后，登山队开始攀登洛子峰被冰雪覆盖的陡峭斜坡，最后抵达一直被狂风吹打着的南坳。

从南坳的一个营地，登山队选出两组突击顶峰的队伍：第一组是英国人埃文斯和布尔吉朗，第二组是新西兰人希拉里和高山向导丹增。

5 月下旬，队员们开始通过布满明暗冰裂缝的昆布冰川，沿着 1952 年瑞士登山队所开辟的路线行进。

5 月 26 日，天气晴朗。英国登山队第二组的希拉里和丹增，从位于洛子峰半山腰海拔 7315 米的第七营出发，这个时候第一组的埃文斯和布尔吉朗也从位于南坳的第八营出发了，并准备于当天登顶。

中午，希拉里和丹增到达南坳第八营，他们密切关注着第一组的动静。他们看到在 8200 米的高度，第一组正准备从大深峡谷下撤。这时忽然有大片云层飘过，遮住了他们的视线。几分钟后云层终于散开，希拉里却发现第一组的两人已在大深峡谷的底部了，很明显是滑落了几百米的距离。如果不是下面的雪堆给了他们一个缓冲，他们很可能就掉到东壁底下了。能看出埃文斯和布尔吉朗已经是筋疲力尽了，布尔吉朗更是每走几步就会停下来，趴倒在地。

希拉里和他的助手乔治赶去援助，只见埃文斯和布尔吉朗从头到脚都裹满了冰雪。希拉里和乔治费了好大劲才把他们扶回营地。原来是他们所用的新型封闭式氧气设备出了问题，他们坚持着登到 8200 米的高度时山上又刮起了大风，起了云雾，如果继续前行很可能就回不来了，于是他们决定放弃攻顶。

5月27日晚，狂风大作，登山探险队宿营南坳。希拉里、丹增和队友新西兰人乔治、英国人艾夫挤在一个帐篷里，由于人太多，连伸胳膊和腿的空间都没有，好不容易勉强挣扎着翻个身，还得喘上老半天。

希拉里为了减轻重量，上来的时候连睡袋都没带，他穿上了所有的衣服，但仍然觉得寒气从每一个毛孔渗进来。就这样半梦半醒地熬着，希拉里又发现自己的充气睡垫漏了气，他整个身体都触到了雪地上。这是希拉里自登山以来度过的最难熬的一个夜晚。

5月28日一大早，希拉里被突至的寂静惊醒。风停了，这是一个好兆头。他们收拾好东西上路了。乔治、艾夫和一名夏尔巴人先行，希拉里、丹增一小时后尾随。

穿过南坳，他们攀上了通向大深峡谷的陡峭斜坡，再往上就是东南山脊了。坡越来越陡，幸好有乔治在前面挥舞着冰斧为他们开凿出步阶。希拉里离乔治越来越近了，乔治凿出的冰屑差点掉到他的脸上，他只好停下来等。看着为自己登顶而无私奉献着的队友，希拉里的心中充满了感激。

在海拔8334米处，希拉里看到了队友为他们建立的中继站，他们在这里补充了登顶必备的物资。希拉里背负了27千克的重量，这在8300多米的海拔高度是史无前例的。

在海拔8504米处，他们找到了可以设立第九营的地方。乔治、艾夫和那名夏尔巴人的任务至此已经完成。该返回南坳了，他们依次和希拉里及丹增热烈握手，祝福他们登顶成功。

半梦半醒地睡了几个小时后，天开始蒙蒙发白了，希拉里看了看表是凌晨4时，此时帐篷内的温度是-27℃。睡觉时脱下的靴子已经冻得坚硬，敲起来梆梆有声，希拉里爬起来，点燃汽油炉烤了一会儿，才勉

希拉里和丹增背着装备前往预定地点，搭建登顶前的最后一个营地，海拔 8534 米。这幅照片由支持组成员阿尔夫·格雷戈里拍摄。从这一刻起，希拉里和丹增只能靠他们自己的力量征服珠峰了

强把鞋套在脚上。

5 月 29 日 6 时 30 分，在饱餐了一顿之后，希拉里和丹增又上路了。山脊逼仄难行，积雪上面的薄冰踩上几秒就会碎裂，让人陷进及膝的雪粉中，踉跄难行。

忽然，他们面前的路，被一面高约 12 米的岩壁切断了。希拉里将身体挤进一条狭窄的裂缝，面朝岩壁。他用冰爪使劲踢进后面的冰层中，用手在岩壁上摸索着可以抓的地方，然后一步一步向上攀。终于看到岩壁顶部的平面了，希拉里奋力脱出冰缝，攀上了岩壁。

丹增也开始沿着冰缝往上攀，希拉里放下绳索助他一臂之力。攀上岩壁后，希拉里继续走在前面，一路砍出步阶，并开始寻找顶峰的位置。

忽然，他们发现面前的山脊，不再只是单调地上升、上升、上升了，原来他们来到了一片比较平坦的雪地上，这里再无任何阻碍。

这里就是峰顶！终于站在峰顶了，希拉里和丹增登上了世界之巅珠穆朗玛峰！此刻，1953 年 5 月 29 日上午 11 时 30 分，这个星球的一切，都在他们的脚下。

希拉里和丹增非常兴奋，他们互相握了手，随后打开了联合国、英国、印度和尼泊尔国旗。希拉里在峰顶雪中埋下了一个小十字架，丹增则埋下了一些祭神的糖果。

希拉里和丹增在珠峰峰顶仅逗留了 15 分钟，向南、向北分别遥望了尼泊尔和中国西藏的美景。希拉里当时在峰顶为诺尔盖拍下了一张

丹增·诺尔盖在珠峰峰顶（埃德蒙·希拉里　摄）

照片。这张照片因为记录了人类首次登上珠穆朗玛峰而闻名世界。照片中的诺尔盖站在峰顶手举一块冰，上面插着随风飞舞的旗子。然而遗憾的是，由于诺尔盖不会使用照相机，希拉里本人未能留下任何照片做纪念。他们事后发誓不告诉外界究竟谁是第一个登上顶峰的人。

然而，第一个登上珠峰峰顶的，是埃德蒙·希拉里，还是丹增·诺尔盖？丹增去世后，1999 年，希拉里打破了沉默，在《险峰岁月》一书中首次揭开谜底："我们挨得很近，丹增把绳子松了松，我继续向上开路。接下来，我攀上一块平坦的雪地，从那里放眼望去，只有天空。"希拉里写道："丹

埃德蒙·希拉里和丹增·诺尔盖登顶珠峰后回到离珠峰 250 千米的尼泊尔首都加德满都，早餐过后露出了笑容（拍摄于 1953 年 6 月 20 日）

增快步跟上来，我们惊奇地四处张望。当我们意识到登上了世界之巅后，我们被巨大的满足感包围了。"

　　1986 年，"雪山之虎"丹增·诺尔盖离开人世，享年 72 岁。

　　2008 年 1 月 11 日，埃德蒙·希拉里在新西兰奥克兰市因心脏病去世，享年 88 岁。

五星红旗飘扬珠峰

1960 年 5 月 25 日 4 时 20 分，中国登山队队员王富洲、屈银华、贡布（藏族）经过艰苦卓绝的攀登，终于首次从北坡登上地球最高的山峰——珠穆朗玛峰顶峰。中国人创造了世界登山史的新纪录。

1960 年，中国珠穆朗玛峰登山队队长为史占春（1929—2013 年）。史占春，辽宁辽阳人，历任全国总工会登山队队长，国家体委处长、副司长，中国登山协会主席。1956 年中国登山队成立，史占春是首任队长。1959 年和 1975 年任中国登山队队长，两次率队攀登珠穆朗玛峰，曾侦察线路到达海拔 8695 米高度。

王富洲（1935—2015 年），中国著名登山运动员，河南西华人。1958 年毕业于北京地质学院，同年参加登山运动，登上苏联境内海拔 7134 米的列宁峰。1959 年登上新疆境内海拔 7546 米的慕士塔格峰，同年获运动健将称

1960 年 3 月 25 日，中国登山队在珠峰大本营升起五星红旗

王富洲、贡布、屈银华

号。1960 年 5 月 25 日从北坡成功登上地球最高的山峰——珠穆朗玛峰。

屈银华（1935—2016 年），中国登山运动员，四川云阳县人。他从小随父在四川西部的森林里当伐木工。屈银华于 1958 年参加中国登山队，曾先后登上苏联境内的列宁峰、中国新疆境内的慕士塔格峰和西藏境内的念青唐古拉东北峰（海拔 6177 米）。1960 年 5 月，他和王富洲、贡布 3 人首次从北坡登上珠穆朗玛峰。在突击顶峰过程中，为打通位于海拔 8600 米以上极端困难的路段——第二台阶，屈银华脱掉高山靴，攀上峭壁，脚被冻伤。他曾获列宁银质奖章和体育运动银质奖章。

贡布，1933 年出生，藏族，西藏日喀则地区聂拉木县所卓乡人。1972—1995 年任西藏体委副主任。1956 年 9 月，贡布加入中国人民解放军，在西藏军区日喀则军分区独立营当战士。1958
年底，他参加了国家登山集训队在念青唐古
拉举办的登山培训，并登上 6330 米的唐拉堡。
1959 年 7 月 7 日，随中国男女混合登山队成
功登上了慕士塔格峰，被评为一级登山运动
员。1960 年 5 月 25 日，他与王富洲、屈银华
3 人成功登上珠穆朗玛峰顶峰，获得体育运动
荣誉奖章和破全国纪录奖章各一枚，被评为
国家级运动健将。

　　刘连满（1933—2016 年），登山运动员，
运动健将，河北宁河（今属天津）人。1957
年与其他 5 名队员一起登上海拔 7556 米的贡
嘎山。1958 年被选入中国登山队。1959 年登

刘连满

顶慕士塔格峰。1960 年作为从北坡攀登珠穆朗玛峰的中国登山队突击组
成员，在海拔 8700 米峭壁处连续托顶 3 位登顶队员，并冒着生命危险把
仅有的氧气瓶留给突击顶峰的队员。获国家体育运动荣誉奖章。

　　1960 年 2 月，中国珠穆朗玛峰登山队正式成立，全队共有 214 人，
包括 90 多名登山队员，其中女队员 11 名，藏族队员占三分之一，全队
平均年龄为 24 岁。3 月 19 日，中国登山队进驻珠峰北坡大本营。3 月
25 日中午 12 时，所有登山队员在大本营举行了简朴而热烈的升旗仪式，
宣布攀登活动正式开始。5 月 12 日前，登山队完成了北坡攀登线路的侦察、
修路以及三次高山适应行军，同时付出了意想不到的代价。

　　第一次行军，登山队行进至 6400 米高度，沿途建立 3 个高山营地，
并将物资和装备运到 6400 米。另外，派遣一个侦察组侦察北坳路线——
这是攀登珠峰必须面对的第一道难关。完成既定任务后，队员撤回大本

营休整。

第二次行军，登山队打通从北坳底部到顶端的"登山公路"，在海拔7007米处建立营地。不幸的是，兰州大学地理学助教汪玑在海拔6400米因缺氧引发内脏器官急性衰竭而死亡。

按照计划，第三次行军的基本任务为侦察突击顶峰的路线并建立突击营地，如果条件成熟则相机而动直接登顶。然而行动过程中天气突变，虽然3名队员在海拔8500处米建立了突击营地，但此次行动仍然损失惨重。北京大学教师邵子庆在海拔7300米处因严重的高山反应不幸遇难，

1960年5月，中国登山队队员在海拔7150米的冰雪坡上行进

全队共有50多人不同程度冻伤，队长史占春和队员王凤桐、石竞、陈荣昌在海拔8500米的地方冻伤，包括史占春在内的多名主力队员不得不抱憾退出。这时，天气也突然转坏，攀登计划一度面临流产。登山队甚至开始收拾行装，准备撤退。

正当这个关键时刻，处于中尼边界谈判最重要时候的周恩来总理发来了"一定要登上珠穆朗玛峰"的电报指示。担任总指挥的韩复东马上召集全队人员，重新做了部署。

在剩下的不足20名的队员中，挑选了副队长许竞、北京地质大学学生王富洲、西藏班禅警卫营战士贡布、哈尔滨电机厂工人刘连满、四川林区伐木工人屈银华等人，再次向珠峰挺进。以许竞、王富洲、贡布、刘连满为一线队员，以屈银华、邬宗岳及8名藏族队员为二线队员。5月17日上午9时，登山队员从大本营出发，用一天时间赶到了海拔

6400 米的 3 号营地。5 月 19 日，登山队员登上了北坳冰坡，到达了海拔 7007 米的 4 号营地。

5 月 23 日下午，登山队员到达海拔 8500 米的突击营地。晚上，运输队员屈银华送氧气来到突击营地。他背来了摄影机，准备天亮后拍完电影就下山。这一夜，突击营地的几个队员所携带的全部给养，只剩下一点人参、一小盒水果糖，还有贡布没舍得吃的一小块风干羊肉。

5 月 24 日上午 9 时 30 分，阳光灿烂。4 名突击顶峰的队员，由副队长许竞率领出发了。许竞在前几次攀登中担任探路任务，体力消耗很大，他只走了约 10 米，就支持不住，两次突然倒下，只得抱憾退出登顶。屈银华被临时补充进来。

王富洲、刘连满、屈银华和贡布继续前进，为了尽量减轻负担，他们只携带了氧气瓶、一面国旗和一个 20 厘米高的毛主席半身石膏像，以及准备写纪念纸条用的铅笔、日记本和电影摄像机。

即使这样，前进的速度依然慢如蚁爬，他们扶住冰镐，一步一挪，约莫走了两个小时，才上升了 70 米。中午 12 时，队伍来到了那像城墙一样屹立在通向顶峰道路上的第二台阶。

第二台阶，横亘在珠峰北坡登山路线上海拔 8680 ～ 8700 米之间的岩石峭壁，其中一段近乎直立的 4 米左右的峭壁，立在通往山顶的唯一通路上。这段又光又滑的岩壁，几近垂直，没有任何可以手抓或脚蹬的支点。只有一些很小的棱角，根本无法用于攀登。岩壁上虽然也有几道裂缝，但裂缝之间的距离都在 1.5 米左右，同样无法用于攀登。

王富洲等人曾试图绕过第二台阶，沿东北山脊登顶，但那边更加陡峭难行。于是，他们又沿着与台阶平行的方向盘旋前进，最后在台阶的中层地带，找到了一道纵向岩石裂缝。队员们决定沿这条裂缝突破第二台阶。

刘连满把背包放在地上，踩着包，升高了 50 厘米。在王富洲的保护下，刘连满在岩壁上打了两个钢锥。他把双手伸进岩缝，脚尖蹬着岩面，使出全身力气一寸一寸地往上挪，但身体稍一倾斜，便又滑落到原来的地方，他一连攀登了四次，但四次都跌落下来，伏在岩壁上喘不过气来。贡布和屈银华也分别尝试了两次，也都摔了下来。时间一分一秒地过去了。

关键时刻，消防队员出身的刘连满想起了消防队员常用的搭人梯技术。他一咬牙，对王富洲说，你们踩着我的肩膀上吧。刘连满伏在岩壁上，等着队友踏上他的肩膀。那时候登山鞋都是带着尖尖的冰爪的，冰爪踩上去会抓破羽绒服，踩伤队友的肩膀。屈银华为了攀上去，毅然脱下八斤重的高山靴，后来因此冻掉了脚跟和脚趾。踩在刘连满的肩膀上，屈银华又打了两个钢锥。刘连满先把屈银华托了上去，然后又托贡布。最后屈银华、贡布在上面，再把王富洲和刘连满拉上去。时间却已经是下午 5 时了。这个 4 米高的岩壁，耗费了他们整整 3 个小时。

离顶峰还有 280 多米的高度。在天黑以前就登上顶峰的计划，肯定要推迟了。他们决定继续向上走，但此时刘连满已耗尽体力，极其虚弱，每走一两步，就会不自觉地摔倒，但仍然挣扎起来向前挪。

已经到了海拔 8700 米的高度，几个人背上的氧气也所剩无几，体力越来越差，行动更加艰难。王富洲决定，把刘连满安置在避风的大石头下，留下一瓶氧气。

晚上 7 时，月朗星稀，王富洲、贡布、屈银华三个人，翻过两座坡度 60° 以上的岩石坡，又开始艰难地向上攀登。为了避免发生意外，他们匍匐在雪上，靠模糊的雪光反射，仔细辨认前进的路。就在距峰顶还剩 50 米左右的地方，他们的氧气已全部用完了。每前进一厘米，他们都要大口大口地喘粗气。攀上一米高的岩石，竟要花费半个多小时。

在爬过又一块积雪的岩坡后，王富洲、贡布和屈银华终于登上了一个岩石和积雪交界的地方。走在最前面的贡布，突然叫了一声："再走就是下坡了！"

哦，珠穆朗玛峰，经过近 19 个小时的攀登，他们终于站在了峰顶，在人类历史上，这是第一次从北坡攀上世界之巅的壮举。这一刻，是北京时间 5 月 25 日晨 4 时 20 分。

贡布从背包里拿出那面登山队委托他们带上来的五星红旗和毛主席石膏像，放在顶峰西北边一块大岩石上，然后用细石保护起来。王富洲摸黑掏出一本日记本，花了 3 分钟，用自动铅笔在上面写道："王富洲等 3 人征服了珠峰。1960 年 5 月 25 日 4 时 20 分。"贡布走过来，帮他把这张纸条撕下来，放在一只白羊毛织的手套里，也埋进了垒起的细石堆里。他们在顶峰拣了 9 块岩石标本。4 时 35 分，他们开始下山。在山顶停留了大约 15 分钟。

当 3 名登顶队员下撤到海拔 8700 米的时候，刘连满摇晃地站了起来。在他的身边，氧气瓶下面压着一张红铅笔写的纸条，上面写着：

王富洲同志：

我知道我不行了，我看氧气瓶里还有点氧，给你们三个人回来用吧！也许管用。永别了！同志们。你们的同志刘连满。

5.24

勇士的阵列

自 1953 年以来，人类以无与伦比的勇气和日臻成熟的登山技巧，不断地向珠穆朗玛峰进发。年复一年的登顶，在喜马拉雅山脉苍茫的峰岭，写下厚重的英雄史诗。

让我们以敬仰的目光来巡视登顶珠穆朗玛峰勇士的阵列。

1953 年 5 月 29 日，由 10 人组成的英国登山队，在队长约翰·亨特领导下，有两名队员沿东南山脊路线登上了珠穆朗玛峰，这两名登上顶峰的队员是新西兰人埃德蒙·希拉里和夏尔巴人丹增·诺尔盖。

1956 年 5 月 23 日，以阿伯特·艾格勒为首的瑞士登山队，在人类历史上第二次登上珠穆朗玛峰。瑞士登山队由队员埃·施米特、尤·玛尔米特、阿·列伊斯、格·贡钦组成，先后分两个组登上了珠峰。他们使用的路线，从珠峰南坡昆布冰川，抵达珠峰与其姊妹峰洛子峰之间的南坳，然后沿东南山脊登顶。

1960 年 5 月 25 日凌晨，中国珠穆朗玛峰登山队（总指挥韩复东、队长史占春）在突击组长王富洲的率领下，首次从北坡（中国境内）登上了世界最高峰，登上顶峰的三名队员是王富洲、贡布（藏族）和屈银华。

1963 年，美国珠峰登山队，队长是诺曼·迪伦弗斯，采取从尼泊尔境内珠峰南坡沿西南山脊登顶的路线取得成功。美国队先后相隔21天进行了两次突击，第一次是 5 月 1 日，有 2 人登上顶峰；第二次是 5 月 22 日，有 4 人登上顶峰，两次共有 6 人登顶，这是登上珠峰的第四支登山队。

首次登顶珠峰的埃德蒙·希拉里（左）和丹增·诺尔盖（右）

王富洲、贡布（藏族）和屈银华

1963 年，美国珠峰登山队的威利·翁泽尔德与汤姆·霍恩宾由珠峰西脊转北壁登顶，由珠峰东南山脊下山，实现第一次跨越珠峰。

1965 年 5 月 20 日、22 日、24 日、29 日四天，一支印度登山队，队长是印海军少校穆·郭利，先后共四个梯组，从南坡尼泊尔境内登上珠峰顶峰，四次共上去 9 人，登山队的正副队长和队员，全部是从印度现役军人中选拔的，所选路线是过去英国、瑞士等队使用过的老路线。

1970 年春，日本珠峰登山队分两组对珠峰进行突击。一组从珠峰正南面沿一条长达 800 米的很陡峭的岩壁，也称岩石墙，直插珠峰顶峰，这是日本人自己选择的"技术登山"；另一组仍然是选择传统的老路线，即从南坡经南坳再沿东南山脊登顶的路线。"技术登山"组最终失败。1970 年 5 月 11 日、12 日，第二组先后分两个梯组共 4 人从传统路线登顶成功，登顶队员是松浦辉夫、植村直已、平林克敏和尼泊尔籍的搬运工人乔塔里。

田部井淳子登顶珠峰

1973 年 2 ~ 5 月，意大利军事登山队在意大利军事登山学校校长基多·蒙齐诺的率领下，组成一支包括意大利陆、海、空军，以及警察部队、海关人员、医务气象和其他军事科学工作人员的大型珠穆朗玛峰登山队，于当年 5 月 5 日和 5 月 7 日两次，每次一个组（四人），一共 8 人登上了珠峰顶峰。

1973 年 10 月 26 日，日本珠穆朗玛峰登山队两名队员石黑久和加藤保男沿东南山脊经南坳的传统路线登上了珠峰顶峰。这是珠峰攀登史上人类首次在秋天登顶成功。

1975 年 5 月 16 日中午，当地时间 12 时 30 分，日本珠穆朗玛峰女子登山队副队长、36 岁的田部井淳子，同 27 岁的尼泊尔向导安则林一起，沿南坡传统路线登上了珠峰顶峰，共停留 25 分钟。田部井淳子成为世界上首位登上珠峰的女性。

1975 年 5 月 27 日，北京时间下午 2 时 30 分，中国登山队女队员潘多和 8 名男队员索南罗布、罗则、侯生福、桑珠、大平措、贡嘎巴桑、次仁多吉、阿布钦，从北坡登上珠峰峰顶。潘多成为世界上首位从北坡登上珠峰的女性。中国珠峰登山队，由汉族、藏族、回族、蒙古族、朝鲜族、土族、鄂温克族 7 个民族的队员组成，共 434 人，其中运动员 179 人，包括女运动员 36 人。

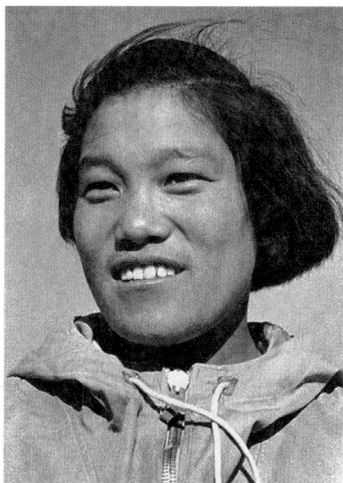

潘 多

1975 年 9 月 24 日，尼泊尔时间下午 6 时，英国登山队 32 岁的黑斯顿、33 岁的斯科特，从南坡登上了珠峰。英国的登山路线，在海拔 8000 米以上，有一条平均坡度达 75° 的很长的岩石大峭壁，这是攀登珠峰取得成功的第四条路线，也是最短的一条。

1978 年 5 月 8 日下午 1 时，奥地利登山家彼德·哈贝尔和意大利登山家赖因霍尔德·梅斯纳，经南山口和南山脊，在无氧气支持状态下登上珠穆朗玛峰峰顶。

1979 年，南斯拉夫登山队从西坡登上珠峰。

1980 年，波兰登山家克日什托夫·维里克斯基第一次在冬天攀登珠峰成功。

1988 年 5 月 5 日，中国、日本和尼泊尔联合登山队首次从南北两侧双跨珠峰成功，三国登山队 12 人全部成功登顶，其中 6 人进行了南北大跨越。12 时 44 分，中国的次仁多吉、日本的山田升、尼泊尔的昂·拉克巴从北侧登顶，在顶峰停留 99 分钟后向南坡跨越。14 时 20 分、15 时 35 分，中国的李致新、尼泊尔的拉巴克·索那先后从北侧登顶，但均未能与南侧队员会师，选择回撤。15 时 53 分，中国的大次仁、尼泊尔的安格·普巴从南侧登顶。16 时 5 分，日本的山本宗彦从北侧登顶，实现了南北队员会师的理想。16 时 25 分，大次仁、安格·普巴又与北侧的日本电视台记者中村省尔、三枝照雄、中村进在顶峰会师。16 时 40 分，中国的仁青平措从南侧登顶成功，16 时 43 分向北坡跨越。中国的 3 名队员成功跨越珠峰，次仁多吉创造了在顶峰无氧气支持状态下停留 99 分钟的世界纪录。

1990 年，中国、苏联和美国的登山者以和平的名义会聚珠

1988 年 5 月 5 日，中国登山运动员登顶后展示中国、日本和尼泊尔三国国旗

峰，向世界展示了爱好和平的美好愿望。中国的 7 名藏族队员在这次登山中先后站到了顶峰上。

1990 年 10 月 7 日，斯洛文尼亚的安德列斯·什特雷姆费尔和玛丽亚·什特雷姆费尔，成为第一对同时登顶珠峰的夫妻。

1993 年 5 月 5 日，海峡两岸的 6 名登山运动员王勇峰、普布、齐米、开村、加措、吴锦雄首次携手从北坡北侧登上珠峰。吴锦雄成为第一位登顶珠峰的台湾同胞。

1993 年春天，15 支探险队的 294 人，创纪录地从尼泊尔一侧的南坡登上了珠穆朗玛峰。

1996 年和 1997 年，中国先后和斯洛伐克、巴基斯坦开展联合攀登活动，4 名藏族队员登顶，其中次洛成为中国第一个登上珠峰的在校大学生，齐米、开村成为两次登顶过珠峰的人。

1998 年 5 月 19 日，中国和斯洛伐克登山队成功登上珠峰；5 月 24 日，中国和斯洛伐克登山队各有一队员再度登顶。

1998 年，失去一条腿的美国人汤姆·惠特克，成为世界上第一个成功登顶珠峰的残疾人。

1999 年 5 月 26 日，尼泊尔夏尔巴人巴布·奇里成为首位在顶峰上睡觉的人，并创造了在顶峰上停留 21 小时 30 分钟的最长时间纪录。

1999 年 5 月 27 日，西藏登山队 10 名藏族队员第一次全员登上珠峰，并在顶峰采集到第六届全国少数民族传统体育运动会圣火火种。桂桑成为世界上首位两次从北坡登上珠峰的女性，仁那和吉吉成为中国第一对同时登上珠峰的夫妻。

2000 年 5 月 21 日，中国第一个民间单人挑战珠峰的黑龙江业余登山家阎庚华登顶珠峰，但不幸在下山途中遇难。

2000 年，尼泊尔著名登山家巴布·奇里从珠峰北坡大本营出发，耗时 16 小时 56 分成功登顶，创造了珠峰登顶的最快纪录。

2001 年 5 月 22 日，16 岁的尼泊尔人坦巴·特什里登顶珠峰，成为当时世界上攀登珠峰最年轻的登山者。

2001 年 5 月 24 日，美国盲人埃里克·维亨迈尔登顶珠峰，成为世界上首个登上珠峰的盲人。

2002 年，65 岁零 5 个月的日本登山者石川富康，成为当时世界上登上珠峰的年纪最长者。同年，63 岁的日本人渡边玉枝成为登顶成功的年纪最长的女性。

2002 年，王天汉单人挑战珠峰登顶获得成功。

2002 年 5 月 16 日，当天共有 62 人登顶珠峰成功，创造单日登顶珠峰人数最多的纪录。

2002 年 5 月 17 日，尼泊尔夏尔巴人阿帕·谢尔帕第 12 次登顶珠峰，刷新了自己保持的登顶珠峰最多次数纪录。

2003 年，中韩联合登山队和中国珠峰登山队的 14 名中国队员，分别在 5 月 21 日和 22 日从北坡成功登顶珠穆朗玛峰。他们是小齐米、普布卓嘎（女）、仓木拉（女）、尼玛次仁、梁群（女）、陈俊池、阿旺、普布顿珠、扎西次仁、旺堆、加拉、罗申、王石和刘健。

2005 年 3 月 20 日到 6 月 20 日，中国科学院、国家测绘局再次对青藏高原珠穆朗玛峰地区进行综合科学考察并重测珠峰高度。同年 10 月 9 日，经国务院批准并授权，国家测绘局宣布，珠峰岩石面海拔高程为 8844.43 米，测量精度为 ±0.21 米。

2007 年 5 月 27 日，20 岁的夏尔巴人塔什·拉克帕·谢尔帕第三次成功登顶珠峰，并在峰顶举行了音乐专辑《尼泊尔的夏尔巴姑娘》的发行仪式，谢尔帕于 2004 年 5 月 16 日第一次登顶珠峰，成为世界上最年轻的、不带氧气成功登顶珠峰的登山者。2005 年 5 月 31 日，他第二次登顶，

2008 年 5 月 8 日，第 29 届夏季奥林匹克运动会火炬被中国健儿带上了世界最高峰珠穆朗玛峰

在珠峰峰顶发行了一本新书。

2008 年 5 月 8 日，第 29 届夏季奥林匹克运动会火炬——祥云，被中国健儿带上了世界最高峰——珠穆朗玛峰。成为奥运火炬传递史上海拔最高的火炬传递站。

2008 年 5 月 25 日凌晨，76 岁的尼泊尔老人敏·谢尔占成功登顶珠穆朗玛峰，成为当时世界上成功登顶珠峰的最年长者。

2010 年 5 月 22 日，13 岁的美国男孩乔丹·罗米罗成功登顶珠穆朗玛峰，成为世界上登顶珠峰最年轻的人。

2010 年 5 月 23 日，169 人成功登顶珠峰，创下同日登顶珠峰最多人数纪录。

2011 年 5 月 11 日，尼泊尔登山名将阿帕·谢尔帕第 21 次成功登顶珠峰，刷新了他自己创造的个人成功登顶珠峰最多次数的世界纪录。

2012 年 5 月 19 日，据珠峰登山史学家埃伯哈德统计，这一天 234 人成功登顶珠峰，创下单日登顶珠峰最多人数新纪录。

2012 年 5 月 19 日，73 岁的日本人渡边玉枝再度登顶珠峰，打破了她本人 10 年前创下的登顶珠峰最年长女性的世界纪录。

2013 年，近 700 人成功登顶珠穆朗玛峰，成功率约 67%。

2013 年 5 月 23 日，80 岁的日本人三浦雄一郎登顶珠峰，打破了 5 年前尼泊尔老人敏·谢尔占 76 岁时创下的登顶珠峰最年长者纪录。

2014 年，120 名登山爱好者从珠峰北坡成功登顶。尼泊尔一侧，6 人顺利到达顶峰，而且登山者是乘坐飞机到达 2 号营地的，而非攀登通过冰川。4 月 18 日，16 名夏尔巴协作遭遇雪崩，另有 1 名夏尔巴协作死于高山肺水肿，2 名夏尔巴协作在返回大本营途中遇难：一人被雷电击中，另外一人遭遇事故。

2015 年，是珠峰 41 年来首次无人登顶的年份。4 月 25 日，尼泊尔大地震引发珠峰雪崩，一支探险队 22 人无一生还，使得 2015 年成为继 1975 年之后人们攀登珠峰死亡率最高的年份。

商业化登山的困惑

商业登山，是指登山客户支付一笔费用给探险公司，由探险公司负责高山上的一切服务。珠穆朗玛峰的商业登山，20多年来发展迅速。

攀登珠峰的日益商业化，使得高峻寒冷、人迹罕至的珠穆朗玛峰，有时也出现拥挤。

尽管登顶珠峰花费不菲，但仍有越来越多的人矢志登顶珠峰。

2012年5月19日，大批登山者被堵在了珠峰峰顶附近，滞留时间长达两个多小时。德国登山家拉尔夫·杜伊莫维茨抵达珠峰南坳时，遇到恶劣的天气状况，他决定就此返回。就在下山途中，他看到了一群费力攀爬的登山者列成长队，排队登顶珠峰的情景。拉尔夫拍下了一张令人震撼的照片。

仅在2012年5月19日半天时间里，就有234人成功登顶珠峰。同时，有4人在下山时丧生。

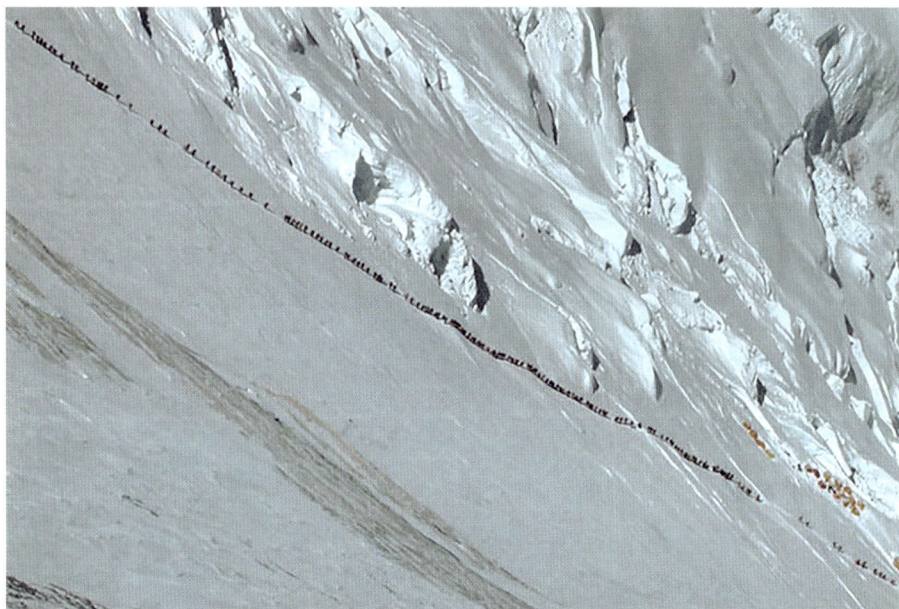

2012 年，德国登山家拉尔夫·杜伊莫维茨拍摄了一张令人震撼的照片，照片拍摄的是一群攀登珠峰的登山者排队登顶的情景

随着经济发展，攀登珠峰的人数也在逐年增加。2013 年珠峰登山季，有超过 2500 人来到位于尼泊尔境内的珠峰南坡营地，希望向顶峰冲刺。而在中国西藏，也有约 150 人计划从北坡攀登。

珠峰登顶线路有 19 条之多，其中较为成熟的传统商业登山线路有两条：一条是位于尼泊尔境内的南坡线路；另一条是位于中国西藏自治区境内的北坡线路。

一般认为，从北坡登顶要比南坡登顶难度更大。北坡寒冷多风，即便在四五月份，风力也非常强，而且总体路程比南坡要长。北坡裸露着岩石，攀登有技术难度。而南坡的难度，主要在于通过昆布冰川。

由于北陡南缓，商业攀登中大多数团队会选择南坡线路。这条路线经过险恶的昆布冰川和西库姆冰斗，直上洛子峰，再经南坳和希拉里台阶通向峰顶。由于攀登时间的高度集中，珠峰南坡有时会拥挤不堪。

最适合攀登珠峰的季节，是每年 4 ～ 5 月。攀登珠峰全程耗时大约一个半月，而真正属于冲顶"窗口期"的时间只有五六天。

好天气就那么几天，所以，各登山队在登顶时间上都高度集中，通常会出现几百人在珠峰南坡上忙碌，甚至在希拉里台阶"塞车"等待的情况。1996 年 5 月 10 日的珠峰山难的前奏，就是几支商业登山队的登山者，在希拉里台阶排队等候。希拉里台阶位于海拔 8839.2 米处，是登山者从南坡到达珠峰峰顶之前的最后一道关口。这段裸露的山体岩石断面几乎垂直，十分险峻，每次只能容一人攀越，其他登山者不得不在这片危险区域驻足等待。

早在 20 世纪 80 年代初，珠穆朗玛峰最容易登顶的路线，从南山口至东南山脊的路线，已经被攀登过 100 多次了。

随着攀登珠峰技术的成熟，风险相对降低，以及夏尔巴向导全方位的服务，使得过去高不可攀的珠峰登顶日益变得容易了。登顶珠峰，即使对普通人来说，门槛也降低了许多。

1985 年，50 岁的得克萨斯阔佬迪克·巴斯，在一位名叫大卫·布里歇尔斯的夏尔巴年轻向导的引导下，登上了珠穆朗玛峰。巴斯登上珠峰后，成为第一位登上世界七大高峰的人，这一了不起的成绩，使他闻名世界。此举也促使大量的登山爱好者们热情追随。珠穆朗玛峰，突然间进入了后现代登山时代。

巴斯证明，如果身体比较健康，手头有些收入，能从工作中抽出时间，平常人也可接近珠峰。

到了 20 世纪 90 年代初，在全世界七大高峰上，尤其是珠穆朗玛峰上，人群拥挤的程度迅猛增长。

为满足登峰需求，以向导协助攀登世界七大高峰，尤其是珠穆朗玛峰为营利目的的公司，也逐渐发展起来。1990 年春天，有 30 支不同的登山探险队，聚集于珠峰的两侧，其中至少有 10 支队伍，是以营利为目的的商业队。

在珠峰南侧，尼泊尔政府已经意识到蜂拥而至的人群，将会给珠峰在安全、外观以及环境方面带来诸多问题。政府部门提高了登山许可证的价格，既控制了人群数量，又增加了国库收入。

1991 年，尼泊尔旅游局规定每个登山许可证的售价为 2300 美元，不限定登山队的规模。到 1992 年，每个许可证的价格升至 10000 美元，队伍人数不得超过 9 人，每增加 1 人要再付 1200 美元。

尽管费用昂贵，登山者还是成群地涌向珠穆朗玛峰。1993 年春天，即首次登上珠峰 40 周年之际，创纪录地有 15 支探险队的 294 人，从尼泊尔一侧攀登了珠穆朗玛峰。那一年的秋天，尼泊尔旅游局再次将许可证费用提高到了惊人的 50000 美元，并且规定每支队伍的规模不得超过 5 人，每增加 1 人再交 10000 美元，但总数最多为 7 人。此外，尼泊尔政府还颁布法令，规定每个季节在尼泊尔只允许有 4 支登山队同时攀登。

于是成群的登山者从尼泊尔移师中国西藏，这使得南侧成百上千的夏尔巴人失业。抗议和不满迫使尼泊尔政府在 1996 年春天取消了对每季登山队数量的限制。同时政府部门又一次提高了收费标准，对 7 人规模的队伍收 70000 美元，每增加 1 人再收 10000 美元。

在 1996 年珠峰那场著名的灾难发生之前，商业登山探险队不断增加，珠峰开始陷入商业化的泥沼。一些交付了巨额费用，但没有被护送到珠峰峰顶的登山者，对他们的向导提出诉讼。缺乏经验或是信誉不好的登山公司，出现未能把氧气这些关键性的后勤保障输送给登山者的事情。甚至有些探险队的向导丢下他们的顾客，自行登上珠峰峰顶。1995 年，一支探险队的组织者，携带着顾客交纳的上百万美元的费用，在攀登开始之前潜逃了。

十多年后，具备了物质与精神条件的中国人接踵而来。2003 年和 2010 年，中国企业家王石参加了商业登山队，从尼泊尔境内的南坡出发，两次成功登顶珠峰。王石的成功登顶珠峰，吸引了中国越来越多的企业家追逐商业登山，特别是珠峰的商业登山。

但商业化登山危机逐渐显露。2014 年 4 月 18 日，珠峰南坡的雪崩造成 15 人死亡。在抚恤金等问题上，夏尔巴人和有关旅行公司未能达成协议，加之夏尔巴人尊重遇难同事，他们举行罢工，拒绝修复损毁路段。当地政府不得不关闭珠峰南坡的攀登路线，数以百计的登山者只能被迫放弃登山计划。

攀登珠峰已成为一个成熟的市场，具有标准的流水化作业。攀登珠峰的费用主要由四部分构成：旅行费用、许可证/保险费、装备费和向导费。花钱多少，取决于攀登形式、后勤支持以及从哪一侧攀登。从西藏（北坡）出发，标准的攀登价格大概在 5 万～6 万美元，尼泊尔（南坡）的收费，以一支 7 人团队为例，每人总的开支大约在 4 万美元。当然，在南线也有收费高昂的公司。据说一家西班牙公司，攀登珠峰报价接近 10 万美元。南线的服务内容比较丰富，厨师、直升机等服务一应俱全。在那里，一名夏尔巴人向导、两名厨师的费用为 5.5 万美元。

珠峰北线的登山费用也在逐年上涨。每人攀登珠峰的价格由 2011 年的 20 万元人民币上涨至 2013 年的 28 万元人民币。

2015 年，由于地震雪崩，珠峰无人登顶。2016 年，攀登珠峰的"起步价"看涨。截至 2015 年 12 月 27 日，西藏圣山登山探险服务有限公司最终选定报名人数为 16 人，费用为每人 33 万元。33 万元人民币的费用包含登山期间的食宿、交通、高山氧气、保健队医、向导等费用。这只是最基本的费用，实际花费一般都在 40 万元。

从 2000 年到 2010 年，珠峰每年登顶人数，从每年的 20 多人增加到 200 人。从 2013 年又开始回落，下降到 50 人以下。

对攀登珠峰的管理越来越严格，所有攀登珠峰的人，必须由当地登山协会推荐过来，经西藏登山协会审核后，最终由国家体育总局批准。

由于尼泊尔南坡近年来频发山难事故，当地的夏尔巴向导要求购买更贵的保险。在庞大的市场需求下，登珠峰价格上涨成为常态。商业化攀登珠峰价格越来越高，普通登山者根本负担不起。很多登山爱好者为了攀登珠峰，要花 5 ~ 8 年时间准备，主要是攒钱。

登顶世界之巅，成了很多登山爱好者难以抑制的诱惑。几乎在每年的非登山季，都有未经许可，擅自组织向导、协作人员攀登珠峰的偷登者。近年来，每年都有数十人偷登。尼泊尔珠峰南坡的偷登者数量更多。

葬身珠峰的登山者中，有一半是偷登者，没有人知道他们的名字，甚至家人都不知道他已葬身雪域高原。

由于登顶人数增多，造成了巨大的安全隐患。由于每年登顶珠峰的时间段非常短暂，适合登顶的好天气就五六天，几乎所有的登山者，都在这几天集中向山顶冲刺，风险非常大。

控制珠峰登山人数，保护珠峰生态环境，减少对珠峰的破坏，这是近年来越来越强烈的呼声。只有每年对登珠峰的人数进行适当控制，才能减轻对珠峰的破坏。

珠穆朗玛峰上除了遇难登山者的尸体之外，还有约 50 吨的废弃物，而且每个季节都会不断产生新的垃圾。被废弃的氧气罐、登山装备和人类排泄物在珠峰上随处可见。

自 2008 年以来，珠峰生态探险队每年会登上珠穆朗玛峰来处理垃圾，截至目前，他们已经捡拾了约 13 吨垃圾。尼泊尔政府也出台了一项规定，从 2014 年开始，每位登山者必须携带 8 千克（18 磅）垃圾下山，否则他们的 4000 美元保证金将被扣押。

　　珠峰的过度商业化，丧失了登山的团队精神与互助美德。现在一些高山向导关注的是小费给了多少。登山向导不允许团队之间接触，怕在聊天中透露登山费用、小费标准等商业秘密。

　　一位资深登山人士不无忧虑地说："现在大家都比较冷漠，互相几乎没有交流，就是你登你的，我登我的。如果你在山上掉进冰窟，除了你的向导，没人会救你。"

第九章

必也正名乎

　　由于历史和地域的原因，珠穆朗玛峰的名字不止一个。珠穆朗玛，这是居住于珠峰北侧藏族人民的传统称谓，有"女神""圣女""第三神女""地神之母"等几种解释。

　　在中国，珠穆朗玛峰这个名称，从西藏的民间传说，到中央政府的正式命名，经历了漫长的历史过程。中国的藏族人，最早发现珠穆朗玛峰并对其命名。对珠峰最早的文献记载始于元朝，其名称为"次仁玛"。大约300年前，中国就以官方名义，正式对珠穆朗玛峰进行测绘，并且使用"朱母郎玛阿林"的名称，将珠峰载入国家版图。这比英国人后来在印度开始测量珠峰，足足早了130多年。

珠穆朗玛

珠穆朗玛就是"大地之母"的意思，藏语"珠穆"是女神之意，"朗玛"应该理解成母象（在藏语里，"朗玛"有"高山柳"和"母象"两种意义）。

据藏文史料记载，喜马拉雅山脉主峰珠穆朗玛峰属西藏八大雪山之一，曾取名为"绒布冈"。西藏八大雪山为冈底斯、念青唐古拉、玛念波木热、雅拉香布、怒金冈桑、绒布冈、布赖冈和达尔谷冈。

珠穆朗玛峰是喜马拉雅山脉诸雪山中最高的山峰，珠峰周围的其他4座山峰，加上珠峰共5座山峰，在典籍和民间传说中叫"长寿五姊妹神山"。传说，珠穆朗玛峰是长寿五姊妹所居住的宫室。

西藏流传甚广的另一个传说是：很久很久以前，喜马拉雅地区是无边无际的大海，沙滩岩石上野草丛生，五颜六色的花朵永不凋谢；

岸边远处群山叠嶂，云雾缭绕，茂密的原始森林鸟语花香、花果满枝，一派安定祥和的景象。一天大海上突然出现了五条毒龙，散发的毒气弥漫大地，顿时黑云压顶、大海翻滚、大地颤动，海边的花草和花果森林被摧毁了，鸟兽四处奔逃。

正当生灵涂炭时，大海上空由东向西飘来五色祥云，五色祥云摇身变为五位空行母。她们来到海边，施展无穷法力，降服五条毒龙，并将其镇压在雪山之下。于是，大海恢复了宁静，海岸、森林重现了安定祥和的景象，生活在这里的花鸟百兽等生灵齐对神女顶礼膜拜，感谢她们的救命之恩。

长寿五姊妹

后来，五位空行母想返回天界，但众生苦苦哀求，要求她们留下来保佑众生灵，五位神女发慈悲心，最终同意留下与众生共享天伦太平。她们施展法力，让大海退去，于是喜马拉雅东部出现了茂密森林，西边成了万顷良田，南边是花草园林，北边则成为无际的草原牧场。

五位空行母仙女变为喜马拉雅的五座主峰，即：祥寿神女峰，祥寿藏语为"扎西次仁玛"，掌管人间的福寿；贞慧神女峰，贞慧藏语为"米约罗桑玛"，掌管农田耕作；翠颜神女峰，翠颜藏语为"婷格协桑玛"，掌管人间的"先知"神通；冠咏神女峰，冠咏藏语"觉班真桑玛"，掌管人间财宝；施仁神女峰，施仁藏语为"德迦卓桑玛"，掌管畜牧生产。

五个姊妹，统称"长寿五姊妹"。其中，翠颜仙女是珠峰的主神，所以它曾被称为"翠妃雪峰"（藏语为"扛屯停杰姆"）。她们屹立在高原西南，守护着这里美丽的山河，用雪山上的雪水滋润着山下万顷良田、草原、森林。

佛教传入西藏后，吸收了五位神女，将五位女神命名为珠穆德日卓桑玛、珠穆丁结沙桑玛、珠穆朗桑玛、珠穆觉本珠玛、珠穆定格日卓桑朗玛。珠峰地区定日周边的民众，通常用五位女神的名字称呼五座山峰。因三姐珠穆朗桑玛长得俊美、高大，所以称其为第三女神，即珠穆朗玛。

关于这五姊妹的神话传说，在不同的藏文仪轨经书里，说法各异。甚至，对五姊妹的名字也有很多不同的叫法。据《龙朵阿旺洛桑全集》中记载，长寿五姊妹为扎西次仁玛、婷吉夏桑玛、米月洛桑玛、觉班真桑玛、德噶卓桑玛。典籍和民间传说一致认为，雪山五姊妹，就是以珠峰为首的五座雪山，而且都在珠峰一带。五姊妹当中，扎西次仁玛是最主要的女神，其他四个，均是她的眷属。一般认为，珠峰就是扎西次仁玛，而其他四个，就是在她周围的四座相对较小的山峰。

五姊妹各有各的特色：扎西次仁玛是白色女神，右手持金刚杵，左手持甘露瓶，坐骑为白色狮子；婷吉夏桑玛是蓝色女神，右手持经幡，左手持魔镜，坐骑为鹿或野驴；米月洛桑玛是黄色女神，右手持食盆，左手持吐宝兽，坐骑为虎；觉班真桑玛是红色女神，右手持珍宝，左手持宝藏盒，坐骑为雌鹿；德噶卓桑玛是绿色女神，右手捏一捆茅草，左手持蛇绳套，坐骑为龙。

珠峰附近地区的各寺庙中，都有供奉珠峰五姊妹女神的仪轨经文，每逢宗教吉日，僧人都要诵经供奉各大山神，其中五姊妹女神，是不可缺少的供奉对象。

米拉日巴在他的诗篇中，多次写到主宰五座雪山的山神："善神长寿五姊妹，十二天妃之主母，世间空行具神变，能说尼藏二语言……""此诸女神与老密，因缘特深胜其他。"

1708 年 7 月至 1717 年元旦，清康熙皇帝大规模地开展全国性测量工作，以便绘制地图。1714—1715 年，清政府从北京派出曾在钦天监学过数学的藏族喇嘛楚儿沁藏布兰木占巴和理藩院主事胜住，专程进入西藏地方测绘地图。他们在当时交通极为困难的条件下，直接深入珠穆朗玛峰下，采用经纬图法和梯形投影法，对它的位置和高度进行过初步测量，并在地图上做了标注。1721 年，即康熙五十六年，清朝政府编绘的《康熙皇舆全览图》采用"朱母郎玛阿林"这个名字来命名珠峰，并精确地标出了其具体位置。

"朱母郎玛阿林"是藏满语音的合译，"朱母郎玛"系藏语，"阿林"系满语，意为"山"，这是珠穆朗玛峰最早的汉译名称。1717 年，福克司编的《康熙时代耶稣会教士地图集》第 14 幅《雅鲁藏布江图》上，亦注着"朱母郎玛阿林"。1719 年绘制的《康熙皇舆全览图》的第 6 排第 5 号图上，标注了珠穆朗玛的满文名称。1721 年所刻木版《康熙皇舆全览图》上用汉文标注了该山名，这份地图于 1733 年又在欧洲制成法文地图。在这些地图上，珠穆朗玛峰以满、汉、法等不同文字出现，确定了它的名称，可以说是关于珠穆朗玛峰最早的历史文献。

自那之后，珠穆朗玛峰作为地名，屡屡见于各种官方文献。1744 年，《大清一统志》上载有"朱母拉马山"。1761 年，《水道提纲》载有"朱母郎玛"。1760—1770 年，《乾隆十三排地图》上标绘"珠穆朗玛阿林"。1795 年，《卫藏通志》载"珠木朗玛"。1822 年，《皇朝地理图》标名"珠穆朗玛"。1844 年，《大清一统舆图》中，"珠穆朗玛阿林"又被标作"珠穆朗玛山"。

西方的习惯称呼

西方普遍称珠穆朗玛峰为"Mount Everest"，汉译"额菲尔士峰"或"埃佛勒斯峰"。Everest 这一名字，是为了纪念负责测量喜马拉雅山脉的印度测量局局长、英国人乔治·埃佛勒斯爵士。无可否认的是，埃佛勒斯峰这个名字带有殖民主义色彩。

1773 年，英国通过东印度公司完成了对印度的征服，而后，又开始了对中国西藏及周围国家的侵略，先后占领了布鲁克巴、哲孟雄、廓尔喀和克什米尔等地。为了与沙俄在中亚地区竞争势力范围，英国觉得有必要把触角扩大到当时还未知的兴都库什、帕米尔和西藏地区。当时的英属印度测量局在这个过程中扮演了重要的角色。1808 年，英属印度测量局开始实施测量整个印度次大陆的计划。测量师们带着巨大而沉重的经纬仪，慢慢地向北方移动。1823 年，时任印度测量局局长的乔治·埃

佛勒斯，开始了对包括
喜马拉雅山脉在内的一
系列山峰的测量。

　　然而，在19世纪
的绝大部分时间以及20
世纪的头二十年里，西
方人同喜马拉雅山脉的
锡金、不丹、尼泊尔以
及中国西藏的关系都比

乔治·埃佛勒斯（George Everest）

较紧张，出于政治原因，得不到当地政府批准，他们无法进入这些地区
进行测量，英国人不得不从远在240多千米以外的地方，对喜马拉雅的
山峰进行观测和测量。

　　1847年，在对干城章嘉峰进行观测时，接替埃佛勒斯职位的安德
鲁·沃尔夫上校注意到，在干城章嘉峰旁边还有一座泛射白光的、更高
的冰山，这就是珠峰。

　　对于喜马拉雅山很多高峰的名称，他们不了解、不知道，一时无法
解决，所以沃尔夫的助手迈克尔·轩尼诗采取用罗马数字的排列办法，
用罗马数字表示各座山峰。喜马拉雅山脉东部有19座山峰，从东到西
排列号数，干城章嘉峰被标IX峰，而珠穆朗玛峰排第15位，故用罗马
数字XV表示。

　　每年只有10～12月间是观测季节，加之人工计算的不确定性，沃
尔夫等人采用大地测量的方法，经过了几年的漫长测算过程。关于这个
过程，有一位作者这样描述："1852年，在印度台拉登的测绘站，有一天，
一个孟加拉国的计算员茹阿达纳特斯瓦米冲进沃尔夫的办公室报告说：
'先生，我发现了世界上最高的山峰。'"也有人指出，虽然这个故事引

人入胜，但可能并不真实。因为茹阿达纳特斯瓦米在 1849 年就已离开台拉登。

1852 年，安德鲁·沃尔夫宣布这座山峰的高度是 8839.8 米。这个关于珠穆朗玛高度的第一个数据，却是在印度平原上遥测的。1855 年，印度测量局局长沃尔夫建议，用他前任局长乔治·埃佛勒斯的姓氏来命名珠穆朗玛峰，即 Mount Everest，得到英国皇家地理学会的同意。1856 年，英国皇家地理学会正式接受了这个提议。埃佛勒斯既未曾攀登珠峰一步，也不是发现珠峰的人，却以他的名字来命名世界最高峰，难怪有些英国人以为不妥，并引起了后来长期的争辩。

尼泊尔的称呼

　　萨加玛塔峰，尼泊尔语，有"高达天庭的山峰""世界之巅""天空之神"等几种解释。这是生活在珠峰南坡的尼泊尔人给世界最高峰起的名字。

　　1951年，世袭统治长达105年之久的尼泊尔拉纳家族，被迫交出了政权，尼泊尔国王亲政。从那时起，在尼泊尔，萨加玛塔这一新称谓取代了英国人起的埃佛勒斯的名字。

　　珠穆朗玛峰的归属，曾经在中国与尼泊尔两国关系中，成为一个敏感而棘手的问题。此事经过中尼两国最高领导人直接交换意见，最终获得了彼此都比较满意的解决方案。

　　1955年8月1日，中尼正式建立外交关系。1960年3月11～24日，尼泊尔首相柯伊拉腊来华访问，与中国总理周恩来就边界问题进行了三次会谈。在3月15日的第三次会谈上，中尼两国政府首次提及珠峰的归属

及解决问题。周恩来总理将中尼边界上有差别的问题分为四类，在谈到第四类珠穆朗玛峰问题时指出："珠穆朗玛峰，它在我们境内是有根据的，说这个峰属于尼泊尔是没有根据的，但是这个峰在全世界是有名的，它不仅涉及中国的民族感情，我们也应该照顾到尼泊尔的民族感情。它是一个民族精神的象征，没有多少实际意义，这件事可以由两国总理直接解决。"

1960年3月18日，毛泽东主席在接见柯伊拉腊首相时也谈到珠峰问题。他说："这个山峰全给你们，我们感情上过不去。全给我们，你们感情上过不去，可以'一半一半'，山南边归你们，山北边归我们。""顶峰也是一半一半。""如果解决不了，拖一拖也好。山很高，山可以保证我们边境的安全。你们不吃亏，我们也不吃亏。"并建议这个山可以改个名字："不叫额菲尔士，那是西方人起的名。既不要叫什么萨加玛塔，也不叫什么珠穆朗玛，就叫作'中尼友谊峰'。"

1960年3月的会谈中，尼泊尔首相柯伊拉腊同意"峰北边的山坡属中国，南边的山坡属尼泊尔，边界线画在山顶上"的建议，但要求把这个问题拖一下暂不解决，因为他需要一些时间。

1960年4月26日，周恩来应邀访问尼泊尔，继续就边界问题进行商谈，双方讨论的重点集中在珠穆朗玛峰问题上。4月27日，周恩来与柯伊拉腊举行会谈，在回顾双方就珠穆朗玛峰进行谈判的事实经过后，周恩来说，"在北京的会谈中，我们从来没有对珠穆朗玛峰提出过领土要求。柯伊拉腊说可以按以下基本安排求得解决：北边的山坡属于中国，南边的山坡属于尼泊尔，边界线画在山顶上。"但他"需要时间来教育人民"，中国方面同意"可以等一等"。4月28日，周恩来举行记者招待会，在回答尼泊尔《理想报》主编拉那的提问时再一次强调："我们表示接受把珠穆朗玛峰画在中尼边界上的画法。""在北京会谈的时候双方只是交换了地图。两国地图的画法不同。中国的地图是根据中国的历史情况画的，把山峰画在中国境内；尼泊尔的地图是根据尼泊尔的历史情况画的，把山峰画在两国的边界线上。当时柯伊拉腊首相提出，尼泊尔一直认为这个山峰是尼泊尔的。毛泽东主席在会见柯伊拉腊首相的时候，认为我们可以按照尼泊尔的画法把山峰画在边界线上，这就是说，峰的北半部属于中国，峰的南半部属于尼泊尔。自从毛泽东主席同柯伊拉腊首相谈话后，我国政府一直采取这个态度。这次我到尼泊尔来，同柯伊拉腊首相会谈，是寻求一个友好的解决办法。柯伊拉腊首相告诉我们，在历史上，凡是从南面攀登珠穆朗玛峰的，需要得到尼泊尔政府的签证，凡是从北面攀登的，要得到中国政府的签证。这是事实，我们同意这样的说法。当时，我们表示接受尼泊尔地图的画法，即把珠穆朗玛峰画在边界线上。"

1960 年 8 月 11 日，中尼边界联合委员会成立。

1961 年 9 ~ 10 月，尼泊尔国王马亨德拉访华。周恩来同马亨德拉就中尼边界等问题会谈的同时，继续就珠穆朗玛峰的归属问题交换看法。周恩来主张在珠穆朗玛峰的问题上既要照顾到尼泊尔人民的感情，也要照顾到中国西藏地方人民的感情，因此，强调"在边界条约中要找一种比较合理的措辞。同意尼方提出的关于'边界线通过顶峰'，'峰北属于中国，峰南属于尼泊尔'的意见"。马亨德拉国王对此也表示同意。

至此，双方终于在珠峰的

尼泊尔国徽

归属上达成协议。

之后，尼泊尔在珠峰南侧建立了萨加玛塔国家公园，并于 1979 年被联合国教科文组织授予首批世界文化与自然遗产的称号，列入了世界遗产地。

2006 年 12 月批准使用的尼泊尔联邦民主共和国的国徽，中部底图就是世界第一高峰珠穆朗玛峰、尼泊尔称为萨加玛塔峰的图案，峰顶飘着尼泊尔国旗，峰底依次是丘陵和平原。由此可见，珠峰在尼泊尔人心中的位置。

从民间传说到政府命名

　　1951 年 1 月 9 日,《人民日报》刊出一幅喜马拉雅山主峰的照片, 配说明文字 : 这就是世界上第一高峰——额菲尔士峰。时任开明书店自然编辑室主任的王鞠侯看后, 认为给"珠穆朗玛峰"正名非常必要。

　　王鞠侯, 地理学家, 1902 年 11 月 13 日生于浙江省慈溪县（今慈溪市）。1922 年考入东南大学, 师从竺可桢先生。1951 年, 王鞠侯找到《开明少年》主编叶至善商量后, 撰写了为珠峰正名的《大小高低》一文, 刊登在《开明少年》1951 年 2 月号上。叶至善在这期封里配发了珠穆朗玛峰的照片, 并在照片下面写了近 200 字的说明。王鞠侯在文中指出, 依据历史资料, 应将"额菲尔士峰"正名为"珠穆朗玛峰"。

　　《大小高低》一文发表后, 引起了《人民日报》编辑胡仲特的注意, 特请王鞠侯对考证

王鞠侯

林超

的资料再加核实。王鞠侯当时已是肺癌晚期，他费尽心血，终于在故宫博物院查阅到清康熙年间绘制的《康熙皇舆全览图》并翻拍成照片，从而有力地证实了珠穆朗玛峰的方位准确无误，确为世界第一高峰的原名。

1951 年 3 月 4 日，《人民日报》以《我们伟大的祖国有世界上最高的山峰》为标题，一字不改地转载了王鞠侯先生写的《大小高低》一文中的一大段话，前面还加上"编者按"：

耸立在我国西南边疆上的喜马拉雅山主峰，过去曾被称为"额菲尔士峰"，这是错误的名称。它应该叫"珠穆朗玛峰"。本报 1 月 9 日《我们伟大的祖国》的图片说明中错误地沿用了"额菲尔士"的名称，应予更正。本年 2 月 16 日出版的《开明少年》杂志第 66 期上，发表了王鞠侯先生的《大小高低》一文，其中有一段是说明这个问题的，现摘录转载在这里，请大家注意。

1952 年 5 月 8 日，人民日报刊发《中央人民政府内务部、出版总署通报》，"额菲尔士峰"应正名为"珠穆朗玛峰"，"外喜马拉雅山"应正名为"冈底斯山"。

1958 年，林超在《北京大学学报》第四期上发表了论文《珠穆朗玛峰的发现与命名》。林超（1909—1991 年），著名地理学家，北京大学地理系教授。20 世纪 50 年代，林超受中国科学院副院长、著名地理学家竺可桢的委托，对"额菲尔士峰"的名称进行调查研究。

林超经过三个多月的勘查取证，查阅大量中外文献，周密考证了珠穆朗玛峰发现与命名的经过。林超在他的论文里，列举了大量文献，证明藏族同胞在很早以前就认识和了解珠峰，并且给它起了名字——珠穆朗玛。这名字在藏文化中有多种含义，有时指女神的名字，有时是"圣母之水"等的意思。林超认为，最早把珠穆朗玛峰的名字记录在地图上，是清代康熙五十四年至五十六年，即1715—1717年，康熙皇帝派人专程前往西藏测量珠峰高度。在他们精确地勘测和命名的基础上，1719年的铜版《康熙皇舆全览图》上，标记了珠穆朗玛峰的位置和满文的名称。1721年，《康熙皇舆全览图》制成木版，并把满文

中央人民政府内务部、出版总署通报

「额菲尔士峰」應正名爲「珠穆朗瑪峰」

「外喜馬拉雅山」應正名爲「岡底斯山」

1952年5月中央人民政府内务部、出版总署通报

改为汉字。从此以后，珠穆朗玛峰的名字就编印在中国的地图上。而英属印度测量局在1852年测量得知珠穆朗玛峰的高度，并以该局前任局长额菲尔士的名字来代称，则比我国测绘珠穆朗玛峰晚了至少135年。

林超以渊博的地理知识，以令人信服的大量中英文资料，理直气壮地为珠穆朗玛峰正了名称。文中还发掘并整理了大量的当地地理、地名知识，为中国后来组织登山队提供了重要的参考资料。林超教授的论文，在中外地名学界引起了"必也正名乎"的震撼性效果。

第十章

历史老人的卡尺和绘笔

地球之巅珠穆朗玛峰的地形地貌、准确高度，素为世人瞩目。

人类认知珠峰的历史，最早是从仰视其高度、描绘其地形地貌开始的，从某种意义上说，这部历史也是一部测绘史，已经有300多年。应该说，珠峰的测绘史，从一个侧面反映了人类对世界最高峰的认识过程。

从无到有，从认识自己周边的环境到认识更加高峻广阔的世界，正是科技发展的鲜明轨迹。珠峰地图的绘制，对于人类深化对大自然的认识，对于了解攀登世界之巅的路径，无疑具有不可或缺的意义。珠峰高度的定位，对于研究地球地壳运动、自然环境变化、气候生态变迁等，都具有一定的科研价值。

绘制珠峰准确的地图，就是在绘制人类勇攀高峰的壮丽画卷。测量珠峰的精确高度，实际上，也是在测量人类科技高峰的高度。

皇朝的滥觞

康熙二十五年（1686 年）五月初七，清朝康熙皇帝下令纂修《大清一统志》:"务求采搜闳博，体例精详，厄塞山川，风土人物，指掌可治，画地成图。万几之暇，朕将亲览。且俾奕世子孙，披牒而慎维屏之寄；式版而念，小人之依，以永我国家无疆之历。"

1708—1717 年，在康熙皇帝亲自主持、策划下，以西洋传教士为科技主体，清朝采用当时的先进测绘技术，开展了全国性的大地测量，最终绘制完成煌煌地理巨制、全国性地图《康熙皇舆全览图》。在这部地图中，清朝驻藏官员、喇嘛实测于青藏高原，西洋传教士集成于皇都北京，欧洲地理学家加工于法国巴黎，共同完成了第一批现代意义上的西藏地图。就是在这一批以现代测量方法绘制的地图上面，第一次标绘了珠穆朗玛峰。

清初大测绘的主要动因，是西方测绘技术

传入中国，以及政治、军事对于测绘的需求。明末清初，意大利传教士利玛窦等欧洲传教士陆续来华，他们通晓天文、历算、地学等科学知识，擅长测绘技术，参与制造仪器，编译测量、制图书籍，传播了西方地理知识。西方测量数学的传入为中国开展全国性经纬度和三角测量奠定了理论基础。

从 1708 年 7 月 4 日到 1709 年 1 月 10 日，白晋、雷孝思、杜德美等传教士先从长城测起，绘成长一丈二尺的总图，举凡长城各门（共300 余处）、各堡以及附近之城寨、河谷、水流，均行绘入。

康熙皇帝

1709 年 5 月 18 日，雷孝思、杜德美、费隐诸人开始奉命测绘清廷的发祥之地满洲（当时各教士将满洲称为"东鞑靼"）。他们先从辽东入手，东南至朝鲜边境图们江，东北至松花江赫哲族居住地区。1710 年 7 月 22 日，康熙命人进至黑龙江测绘，于 12 月14 日绘制成图。

1711 年，测绘工作加紧进行，由雷孝思、麦大成到山东，杜德美、费隐、山遥瞻出长城至哈密，测绘喀尔喀蒙古和陕西、山西，其时陕西兼包甘肃。在山东完成测绘工作的麦大成等人，后来也参加了对山西、陕西的测绘。图成之后，汤尚贤亲自为康熙帝说明，颇蒙奖许。

河南、江南（即江苏和安徽一带）、浙江、福建，则由冯秉正、雷孝思测绘，并于 1714 年 4 月至 5 月测绘台湾西部地图。

麦大成、汤尚贤完成了在山西、陕西的测绘后，又转到江西、广东、广西进行测绘。

费隐、山遥瞻负责四川、云南。山遥瞻后积劳成疾，病逝于云南孟定，费隐也患病在身。1715 年 3 月雷孝思到云南继续测绘，后又测定贵州、湖广两省。1717 年 1 月完成后返京。

1717 年元旦，最后一批外出测量的传教士和中国官员回到北京，至此，除哈密以西因准噶尔叛乱未平无法测量外，全国测绘已告完成。以统一的比例和投影绘成的分省图由因病留在京城的杜德美合辑成总图，汇成全国地图一张、分省地图各一张。

1718 年，这份康熙自称耗费 30 余年心力、命名为《康熙皇舆全览图》的地图集终于绘成进呈，大功告成。这样，关内 15 省及关外满蒙各地，皆已测绘成图，为中国地理测绘亘古以来未有之壮举。此图采用经纬线都为斜交直线的梯形投影法，以经过北京的经线为本初子午线，按 1：1500000 ~ 1：1400000 比例尺绘制。图幅的范围包括东北各省、关内各省、蒙古、台湾以及哈密以东地区，即西至西经约 40°，北至北纬 55°。全图由 28 幅分图拼接而成。

康熙五十六至五十七年（1717—1718 年），最初编制的铜版和木版《康熙皇舆全览图》，缺少西藏和哈密以西、天山南北的部分。但是，一年之后，康熙五十八年（1719 年），清朝很快就把西藏地区的地图补入这份全国地图。

康熙四十八年（1709 年）和康熙五十六年（1717 年），康熙皇帝两次派遣朝廷官员前往西藏实地测图，这两次赴藏测绘，有关人员都到了珠峰地区，并且第一次在地图上使用珠穆朗玛（满文）的地名。可能是出于地域偏僻、道路艰难以及人身安全方面的考量，两次对西藏地图的实地测量，都没有西洋传教士参加。

第一次赴藏测图，时为康熙四十八年（1709 年）。那一年，全国性测图在各地正式开始后不久，康熙命当时驻藏大臣派人测绘西藏地图。

康熙派到西藏并负责绘图的这位"大员",就是管理西藏事务的吏部左侍郎赫寿。赫寿(?—1718 年),舒穆禄氏,满洲正黄旗人。康熙四十三年,迁内阁侍读学士,不久授内阁学士。康熙四十五年四月,兼管太仆寺。十二月,授礼部右侍郎,兼内阁行走。康熙四十七年,迁户部左侍郎。不久调吏部左侍郎。

赫寿至少从任内阁学士起,便负责管理西藏事务。康熙四十四年(1705 年),统治全藏的蒙古和硕部拉藏汗诛杀第巴(西藏地方官员)桑结嘉措,西藏局势动荡。《嘉庆重修一统志》记载,康熙帝派遣侍郎赫寿作为钦差大臣,带着金印,入藏到拉萨进行"安抚其地",监理拉藏汗办事,较好地贯彻了朝廷"抚绥人民,以安众番"的用意。

四年之后,即康熙四十八年(1709 年),康熙帝派户部侍郎赫寿再赴西藏,协同拉藏汗处理西藏政务,此为设置驻藏大臣之始,但仅为临时派员,未成定制。

康熙四十八年至五十年(1709—1711 年)的第一次西藏测量绘图,正是当时在藏的大臣赫寿受命组织实施的。随赫寿入藏的测绘人员,经过两年多的努力,勘测西藏地形,绘成一幅地图。他们于 1711 年返回北京,将所绘地图交主持《康熙皇舆全览图》的法国耶稣会教士雷孝思审阅,以便编入《康熙皇舆全览图》。雷孝思认为,这次从西藏测绘回来的地图,缺乏天文位置,距离亦未经实测,没有采用经纬度,绘成的地图与内地用经纬度绘成的其他地图难以衔接。但雷孝思也肯定了这幅地图记载详细,较之同时代的其他地图略胜一筹。

1711 年测绘的西藏地图,可以说是文献记载的关于西藏最早的一幅地图。由于该图未能流传下来,不知图上是否绘有珠穆朗玛。但是看过此图的雷孝思也认为该图"面积甚广",而主持测绘的赫寿,当时统管前藏、后藏事务,因此可以推测,测绘人员当时应是到达了后藏地区珠峰一带的。

鉴于雷孝思认为 1711 年第一次入藏所绘地图不合标准，故不敷使用，康熙决定重绘一图。

1714—1715 年，康熙再派官员专赴西宁、拉萨、珠峰、阿里等地测绘地图。其中一个是喇嘛楚儿沁藏布兰木占巴，另一个是理藩院主事胜住，二人都在钦天监（皇家天文台）学过数学与测量，均通藏语。

喇嘛楚儿沁藏布兰木占巴，藏族大喇嘛，是康熙派到拉萨的特使。藏语楚儿沁意为"戒"，藏布意为"贤"，合起来的意思是戒贤。兰木占巴，为藏传佛教的高级学位称号。胜住是理藩院主事，中央政府主管民族事务的官员，也是理藩院派往西藏的常驻官员。

1714 年，楚儿沁藏布、胜住从北京出发，经西宁至拉萨，又经过后藏珠峰一带，去冈底斯山和恒河源。但是，这一年正逢西藏大乱，准噶尔部的策妄阿喇布坦入侵西藏，对于喇嘛教的寺院破坏得很厉害，喇嘛亦遭害，所以喇嘛楚儿沁藏布等人到了恒河源后，就受阻不能西进，他们二人至冈底斯山而返，来不及测量、订正经纬度，所绘地图虽经实测，但也不乏取之于传闻的材料。因此，欧洲传教士在其后编制西藏地图时，既利用了二人实测、采访的资料，又以当时已测定的西宁、打箭炉、丽江三处为起点，根据它们与拉萨的距离，将拉萨定位于西经 26°、北纬 29°06′。编成的西藏地图于康熙五十八年（1719 年）被绘入铜版的《康熙皇舆全览图》中，从而填补了西藏在全国舆图中的空缺。

据雷孝思的记载，楚儿沁藏布、胜住等测绘人员于康熙五十六年（1717 年）自西藏回到北京。从 1714 年至 1717 年，第二次西藏测绘历时约三年。他们测绘的结果和收集到的资料得到了传教士们的认可，被补入全国地图。

楚儿沁藏布兰木占巴和胜住这两位还带有康熙交代的重要测绘任

务——探河源，即恒河河源。康熙熟读佛经，特别注意恒河，特命他们取恒河水回京。他们从西宁到拉萨，再由拉萨至恒河发源的地方，他们认为是冈底斯山，在今阿里一带。从拉萨去阿里，珠峰地区是必经之路。因此，他们1717年回京交给传教士的测绘成果，包括珠穆朗玛峰一带地域的地图，也就不足为奇了。

在故宫博物院档案馆，还藏有这一时期一幅满汉对照彩绘纸本的《三藏分界图》，不著制者名，纵3.7尺，横6.9尺。另有一幅尺寸与前者相同的彩绘布本《三藏卡伦图》，亦不著制者名。这些显然出于入藏官员之手。北京大学教授林超先生说，"在这些地图中，都可以见到满文的珠穆朗玛。"

《康熙皇舆全览图》第一种版本是木版，最早刻于康熙五十六年（1717年），包括总图一大幅，分省图和地区图二十八幅，尚缺西藏及蒙古西部。康熙六十年（1721年）又刊行一次，总图已包含西藏及蒙古西部，分省图和地区图增加到三十二幅，在西藏边境还标注了"朱母郎玛阿林"（珠穆朗玛峰）。图上均绘有经纬线，

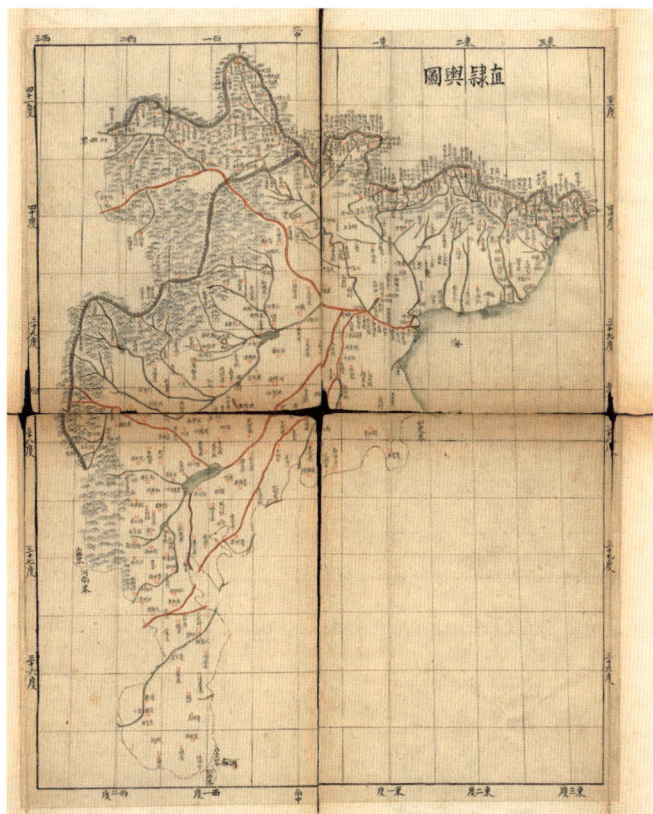

《康熙皇舆全览图·直隶舆图》

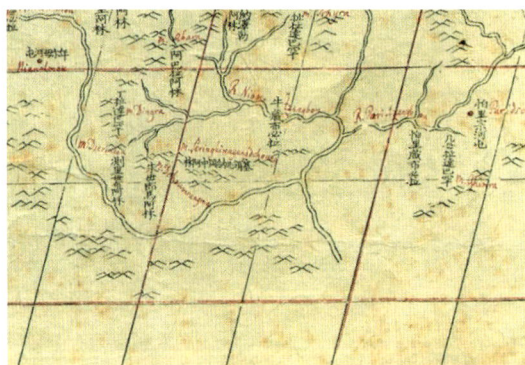

1721 年《康熙皇舆全览图·雅鲁藏布图》及其珠峰部分（法国图书馆藏）

以通过北京的子午线为中经线。1735 年法国唐维尔出版的《中国新图集》以及 1943 年福克司在辅仁大学出版的《康熙时代耶稣会士地图集》都是根据这一版本绘成。

《康熙皇舆全览图》第二种版本是铜版，由传教士马国贤在康熙五十八年（1719 年）制成。采用正弦曲线等积伪圆柱投影——桑逊投影。比例尺约为 1：1400000，以纬差五度为一排，共分为八排四十一幅，此种以经纬度分幅来绘制地图的方法尚属首次。绘图范围和方法与第一种木版图基本相同，仅内地各省地名注汉文，东北及蒙藏地区注满文。此图铜版 1921 年在沈阳故宫发现，后由该院刊行，名为《满汉合璧清内府一统舆地秘图》，流传较广。

《康熙皇舆全览图》第三种是分省分府分幅绘制的小叶本，计二百二十七叶，所载城堡名，细小若牛毛，不绘经纬线且只包括内地诸省。

1719 年（康熙五十八年）刊行的《康熙皇舆全览图》铜版图，范围包括西藏。西藏和边疆的地名用满文，内地各省用汉文。该图一共41幅，分8排，在第 6 排第 5 号图上，标注了珠穆朗玛的满文名称，是关于珠穆朗玛峰可见最早的地图。

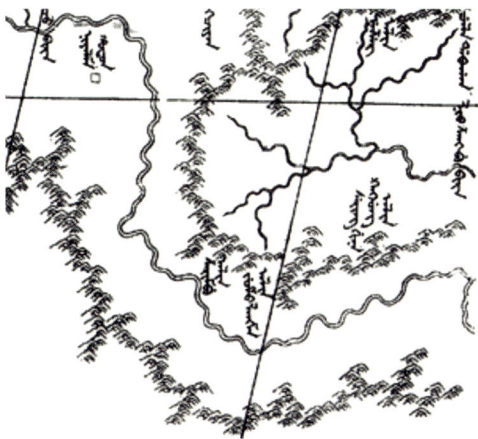

1719 年铜版《康熙皇舆全览图》局部，珠峰标注是满文

1721 年木刻版的《康熙皇舆全览图》，在《雅鲁藏布江图》上，标绘"朱母郎玛阿林"，"朱母郎玛"即珠穆朗玛，"阿林"是满语"山"之意，"朱母郎玛阿林"，为珠穆朗玛峰最早的汉字译名。在这幅地图上，珠穆朗玛峰以山形符号标出。

《康熙皇舆全览图》绘制成图以后，参与测绘工作的杜德美及雷孝思等人即刻将地图和相关测绘记录以及有关测绘工作的回忆录邮寄给巴黎耶稣会中国分会的杜赫德，由他负

1721 年木刻板《康熙皇舆全览图》之雅鲁藏布江图珠峰部分

责整理和出版。法国当时皇家制图官唐维尔负责编制地图，他的团队根据在华传教士寄来的测绘资料，编制了一系列中国新地图。

1733 年，唐维尔在巴黎出版《中国鞑靼总图》，其中收入西藏地图 9

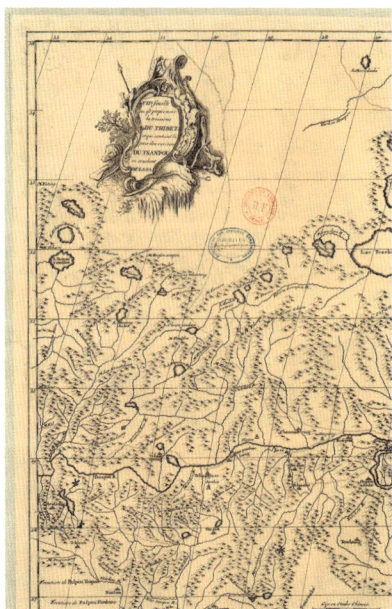

唐维尔于 1733 年绘制《拉萨河雅
鲁藏布江地图》，标绘珠峰

法国皇家制图官唐维尔

幅。唐维尔编制的这些地图，收进 1735 年杜赫德在巴黎出版的 4 卷本《中
华帝国全志》，此后流传欧洲各国。其中名为《西藏及疏附哈密地区全图》
的西藏总图标绘珠穆朗玛峰。另一幅比例尺为 1 ： 2000000 的地图《拉
萨河雅鲁藏布江地图》，也标绘了珠穆朗玛峰。

喜马拉雅山遥测

19世纪，急于扩张的英国和俄罗斯，在亚洲中部开始了相互冲突。这时，对于环喜马拉雅地区地图绘制的重要性，凸显了出来。

1800年，英国人在其治下的印度次大陆，开始了喜马拉雅山的测量制图。当时的孟加拉国总测量师罗伯特·克勒布鲁克，授权陆军军官们可以进入他们所选择的任何国家，测绘那里的地图。于是，尉官一级的年轻测量师们，纷纷进入喜马拉雅山脉的高山深处。

英国人和印度人的测量，持续了半个多世纪。

19世纪初叶，英国、法国、德国为了勘查国土和他们的殖民地国家的区域面积，开始了长达半个世纪的大弧测量工作，也就是现在所称的大地测量。测量的主要目标是为了探知地球，参考椭球的大小，确定大城市之间、不同界之间的距离方位，并把这些数据插入到

印度大三角测量加尔各答基线（1832）

地图中去，以满足战争与税收的需要。

1808 年，在印度次大陆湿热的平原与山地，开始了一项雄心勃勃的巨大工程——印度大三角测量（Great Trigonometrical Survey，GTS）。印度大三角测量，旨在为整个英属印度建立"烤架系统"，即通过三角测量的模式，测量印度次大陆任意两点间的相对距离和高度。当然，由英属印度测量局开始实施的这一计划，其中包括了想要确定世界最高峰的位置和名字。

位于西藏和尼泊尔的喜马拉雅山，隐藏在亚洲的腹地。尽管地处偏远的山区，缺乏完整信息，但在 18 世纪之初，喜马拉雅山还是被认为是世界上最高最大的山脉。尤其是活动在印度北部的英国探险家，他们意识到喜马拉雅高大的雪山、巨大的冰川与峡谷，正是隐藏着世界上最高山峰的地方。

由东印度公司主导的印度大三角测量，大大低估了该项目的困难程度，原来初步计划花费 5 年时间完成测量，结果最终用了近 60 年。

1802 年 4 月 10 日，大三角测量正式开始。在靠近印度南部的马德拉斯，威廉·兰顿上校测量出长 7.5 英里的第一条基线。大三角测量的大篷车，由南向北移动。

威廉·兰顿的这次测量，一直到他 1819 年退休也没有完成。他将这一项目移交给时任印度测量局局长的乔治·埃佛勒斯爵士。埃佛勒斯试图完善和简化制图的过程，但工作仍然繁重而艰难。

这支在印度北部崎岖的道路上踽踽前行的 700 人的队伍，由测量师和大量的仪器、支持人员、当地的搬运工、英国士兵，以及牛、马、大象、骆驼共同组成。勘察队抬着重达千磅的经纬仪，从印度南部开始向北移动，沿路尽可能创建三角网，搜集人口、地名资料和地形信息。

乔治·埃佛勒斯指挥安德鲁·沃尔夫的测量大队，在印度平原沿着喜马拉雅弧开展了大弧测量工作，同时下命令要求测量队观测喜马拉雅山脊上的每座雪峰，测量它们的位置高度。

到 19 世纪 30 年代早期，大三角测量的先锋，抵达了喜马拉雅山脉。在那里，测量师们竖立起石头垒砌的二十码高的塔标以便瞄准、使用经纬仪。

1843 年，埃佛勒斯退出该项目。安德鲁·沃尔夫接过接力棒，在喜马拉雅山的山麓继续测量工作。

1847 年，英属印度测量局将目光对准了珠穆朗玛峰。由于当时英国与中国西藏和尼泊尔的关系紧张，进入尼泊尔境内的要求几次遭到拒绝，英国人不得不从 20 千米外对喜马拉雅山脉进行观测。

英国人被迫沿着尼泊尔南边平行于喜马拉雅山脉的德赖平原继续他们的观测。德赖平原的条件非常恶劣，有倾盆大雨和疟疾的威胁。有三名勘察员死于疟疾，另有两人因日益下降的健康状况而退出。

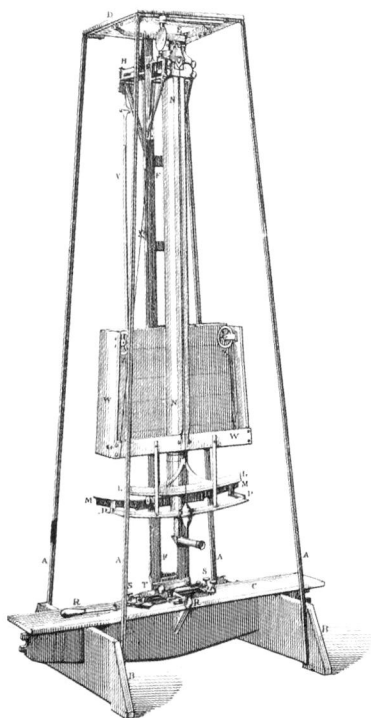

庞大的拉姆斯登观测仪器

1847 年 11 月，安德鲁·沃尔夫在位于喜马拉雅山脉东端的观测站，组织观测了山区横向三角网。测量师们的观测地点，最远的离喜马拉雅山有 240 千米（150 英里）远。在这一年的最后几个月，天气限制了勘察工作。

喜马拉雅山脉最高的 79 座山峰被"确立"下来，其中包括珠穆朗玛峰、乔戈里峰（Qogir，又称 K2）、干城章嘉峰这三座世界上最高的山峰。

干城章嘉峰在当时被认为是世界最高峰。安德鲁·沃尔夫注意到有座山峰，比干城章嘉峰还要高。沃尔夫手下一个工作人员约翰·阿姆斯特朗，也从一个更西边的地点看到了这个山峰。安德鲁·沃尔夫在后来写道："观测显示有座山要比干城章嘉峰高，但由于观测点距离山峰太远，有必要靠近观测确认一下。"

这次观测点在离珠峰 322 千米处，测定距离和一个垂直角。得到的珠峰高程为 8783.7 米，未考虑任何误差改正。

1848 年，安德鲁·沃尔夫派遣了一名勘探人员返回德赖，以便更近地观测那座山峰。但山上不散的云彩，阻碍了所有的观测行为。1849 年，安德鲁·沃尔夫、詹姆斯·尼科尔森去了这个区域。尼科尔森先是从距离珠峰 190 千米（120 英里）远的地方做了两次观测。然后他又带着最大的经纬仪向东行进，沿途做了超过 30 次测量，最近的一次，离珠峰有 174 千米（108 英里）远。

尼科尔森后来回撤到恒河旁的巴特那，基于自己的观测做了必要的计算。他平均所有的观测数据，得出了珠峰的高度大概为 9200 米（30200 英尺）。只是这个结果中没有考虑光的折射，这有可能扭曲测得的高度值。但这个数字已经说明珠峰要高于干城章嘉峰。不幸的是，尼科尔森下山时得了疟疾，最后不得不结束观测回家，计算最终没有完成。

安德鲁·沃尔夫的助手米歇尔·亨尼斯，基于罗马数字开始给观测的这些山峰命名。干城章嘉峰为第九峰（Peak IX），珠峰为第十五峰（Peak XV）。

1849—1850 年间，印度测量局又从孟加拉平原纵向三角网的 6 个测

站点上观测了珠峰的高程，观测站距珠峰 174 ~ 191 千米，观测站高程
为 68 ~ 79 米，求得折光系数为 0.0727 ~ 0.0753。

　　测量人员开始了对珠峰实际高度的计算。由于需要考虑光的折射、
大气压力以及温度变化等诸多因素，计算是个烦琐而又庞大的工程，耗
费了近两年的时间，最终才首次得出珠峰高度的数字——29000 英尺（折
合 8839.2 米），高程互差最大 12.8
米。

　　1852 年的一天，来自孟加拉国
的数学家和大地测量学家拉德哈纳
特·希克达尔和迈克尔·轩尼诗，
来到新德里附近德拉敦的印度测量
局总部，走进安德鲁·沃尔夫的办
公室，拉德哈纳特·希克达尔兴奋
地宣布："先生，我发现了世界上
最高的山！"这一结果，意味着珠
峰就是世界上海拔最高的山峰。但
出于谨慎的考虑，这个结论并没有
很快宣布。

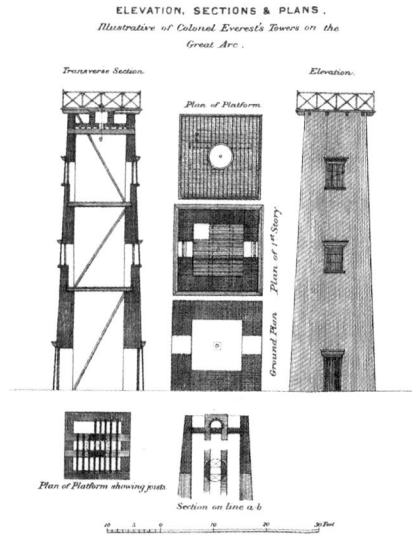

印度测量局观测珠峰高程时的测量塔
和观测仪器

　　沃尔夫在 1854 年开始和他的
下属继续研究尼科尔森的数据，花费了几乎两年的时间，试图解决从测
量点到珠峰这段遥远的距离里光折射、大气压、温度对测量结果的影响。
最终，沃尔夫在 1856 年 3 月宣布了他的发现：第十五峰即珠穆朗玛峰的
高度为 29002 英尺，即 8839.8 米。干城章嘉峰的高度被宣布为 28156 英尺，
即 8582 米。沃尔夫得出结论，第十五峰"最可能在全世界是最高的"。

　　安德鲁·沃尔夫将珠穆朗玛峰用他前任上司的名字命名为埃佛勒斯

峰，他写道："我尊敬的领导和前任乔治·埃佛勒斯局长曾经教我给每个地理物体赋予它真正的当地或本地称呼……但是这座山，很可能是世界最高，却没有任何我们能发现的当地称呼；它的本地称呼，如果有，也不可能在我们进尼泊尔之前而确定。其间，荣幸的分配任务交代给了我……我想起了一个市民和地理学家都知道的、文明社会里家喻户晓的名字。"

1880—1883 年及 1902 年，印度测量局又从大吉岭附近的地形三角锁 6 个测站观测珠峰，测站距珠峰 137 ~ 175 千米，测站点高程为 2594.6 ~ 3638.3 米，1905 年计算时假定折光系数为 0.05，但未考虑垂线偏差，算得的高程为 8888 米。

到 1907 年，将孟加拉平原和大吉岭观测结果联合计算，孟加拉平原视线折光系数采用 0.0645，大吉岭视线折光系数采用 0.05，计算出来的珠峰高程为 8882 米，高程最大互差 13 米。这个高程值既没考虑测站点的垂线偏差，也没考虑椭球体高程与大地水准面高程的区别问题，实际上这个高程值是在一个不确定的基准面上，而折光系数又不贴近实际，所以印度把这一高程值暂不作为官方数值，即不修改印度地图上原注的 8839.8 米的高程。

印度大三角测量时在加尔各答附近修建的一个测量标志塔（2012 年摄）

虽然如此，这个高程数值还是普遍地引起了人们的关注，在美国出版的地图上就采用了这个数值，1975 年以前在中国地图上标注的 8882 米，也可能是参考了这一数值。

1921 年，印度测量局重新考虑珠峰高程的测定，他们在孟加拉平原上海拔 2628 米的 6 个测站和大吉岭上海拔 3613 米的 2 个测站，分别做了观测。1922 年计算时，只对大吉岭山上 2 个测站的观测结果做了垂线偏差改正，而孟加拉平原 6 个测站没有改正。

有关归算到大地水准面高程的问题，他们估计从孟加拉平原测站到珠峰大地水准面升高 21.3 米，当时也没有考虑观测站大地水准面的差距，可见考虑还是很不周全的。这次计算出的椭球体面高程为 8884.6 米，或然误差（约为中误差的 2/3）±1.4 米，归算到大地水准面的高程，即海拔高程为 8863.3 米。

1929 年，印度测量局又开始讨论珠峰高程问题，这时他们对于椭球体高程与大地水准面高程之间的关系有了进一步了解，从而指出 1922 年推算的珠峰高程不准确，问题主要是印度所使用的埃佛勒斯椭球体，对定位没有严格的定义，特别是没有规定椭球体与大地水准面之间的关系。印度大地测量的基线归算水准不同，如果取其平均值，则正好使大地水准面与参考椭球体在印度大地原点 Kaliaupur 处相切。孟加拉平原大地水准面差距应在 −9.5 米左右，对 1922 年计算的珠峰高度应再减去 9.5 米，即为 8854.4 米。

时隔近一个世纪后，在 1852 年测量的基础上，1952—1954 年，印度政府又组织了一次对珠峰高度的测量。

这次印度测量局征得尼泊尔同意，把三角测量推进到尼泊尔境内，在尼泊尔境内布设了一个长达 480 千米的地形三角锁。锁的两端闭合在印度三角网的边上，构成一个四边形的闭合环，在三角锁内测了 4 个拉普拉斯方位角，量了 3 条基线，在这条锁的侧翼又布设了一个扩充网，共有 8 个点作为观测珠峰的测站点。这些测站至珠峰的距离为 46 ~ 75 千米，它们的高程为 2642 ~ 4472 米，水准路线是从大吉岭引进的，没有连测到 8 个测站上，8 个测站点的高程是经短边三角高程传算过来的。

这次测量最值得重视的是在观测珠峰的 8 个测站上，都由等高仪测定了经纬度，求得了它们的垂线偏差，使计算结果不受垂线偏差的影响。还沿着这条三角锁的子午方向到大吉岭的东支的三角点上，测定了天文经纬度，从而可以利用天文水准方法推算大地水准面差距，为把椭球体高程化为大地水准面高程创造了有利条件。为了内插和外插垂线偏差，以便推算大地水准面差距，还计算了一些点的地形垂线偏差和均衡地形垂线偏差，得到每个测站到珠峰大地水准面升高 9 ～ 16 米。

这次所测高程，相当于珠峰南坡覆雪最少的情况。折光计算采用福特公式，大气温度随高度递减率（梯度）采用 5.83℃ /1000 米。最后计算出来的珠峰高程的加权平均值为 8847.6 米，各方向最大互差为 5 米，中误差为 ±1.5 米。

印度以前测定的高程值是不精确的，是在数据很不完备的情况下计算的，如计算时采用带有误差的折光值，也没有考虑到基准面，用现代科学的标准来判断，早期计算出来的珠峰高程，由于忽略或没有周密地考虑到某些物理因素，求得的高程值不仅误差大，其理论概念也是模糊的。可以看出，新的高程值与老的高程值从意义上来说是完全不同的，两者是不能相比较的。

印度在 1952—1954 年测定珠峰高程的精度较高，许多国家都改用此值，即近似为 8848 米，它也作为印度官方的珠穆朗玛峰高程。

壮观美妙的珠峰地图

　　清朝康熙皇帝主持绘制的《康熙皇舆全览图》，最早绘制了珠穆朗玛峰。此后，万余种山川疆野地图，包括西藏地图及珠峰地图庋藏于皇家的舆图馆，秘不外传。

　　从 19 世纪以来，关于珠穆朗玛峰的地图，由简到繁，由少到多，由东渐西，从中到外，由古老到现代，画出一道跌宕起伏、斑斓多姿的轨迹。

　　1832 年（道光十二年），李兆洛编绘《皇朝一统舆地全图》，以京师为中心，制图范围东至大海，西至喀什噶尔，南起海南岛崖州，北至黑龙江。在《皇朝一统舆地全图》中的西藏地图部分，珠穆朗玛峰以山峰符号标绘，标名为"珠穆朗玛山"。

　　1847 年起，印度三角测量队在喜马拉雅山附近地区测量，1849 年，珠穆朗玛峰被列为第 XV 号峰，它的高度 29002 英尺（8839.8 米）

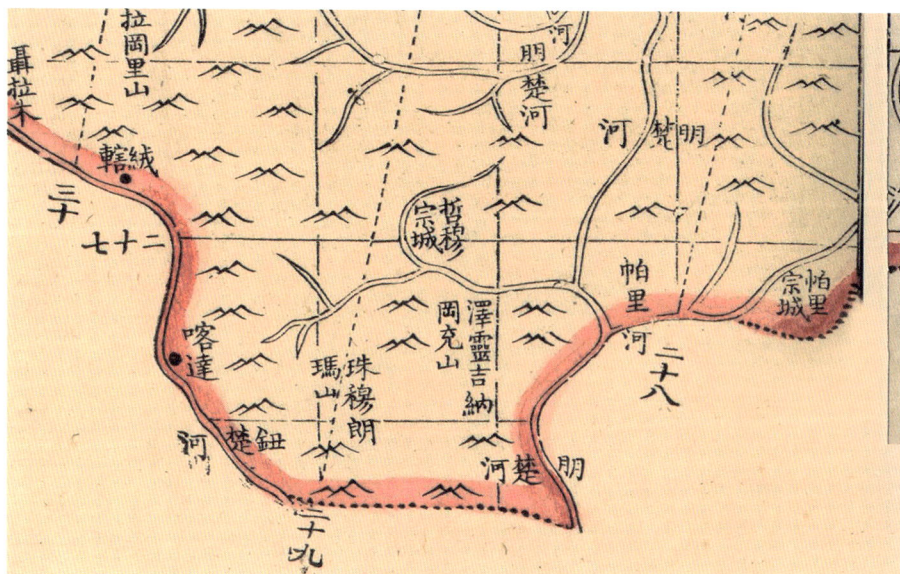

1832 年《皇朝一统舆地全图》珠峰部分

直到 1852 年才计算出来，英国皇家地理学会随即在 1856 年发布了世界最高峰的地图。1870 年，印度测量局绘制了一张地图，显示了印度的大三角测量使用断面，并采用了 1852 年计算出的珠峰高程数据。在这张地图上，以"MOUNT EVEREST"之名标注了珠穆朗玛峰，并且标注了珠峰的高度为 29002 英尺。

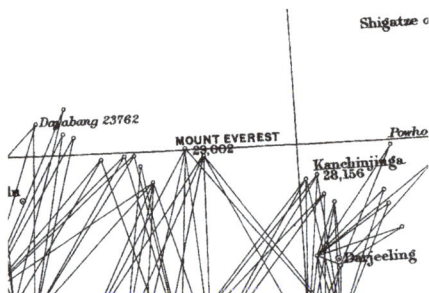

1870 年，印度测量局地图珠峰部分

1900 年，英国皇家地理学会出版《西藏及周边地区》地图，图上标明系根据当时英国人在西藏游历测绘的最新的资料汇编，比例尺 1：3800000，地图准确标绘珠穆朗玛峰，用 MT.EVEREST 标名。

1922 年，英国珠峰委员会启动了又一次向珠峰冲击的登山活动，英

英国皇家地理学会《西藏及周边地区》地图（1900 年），标绘珠峰

国珠峰登山探险队进行了第二次远征，陆军准将查尔斯·布鲁斯担任领队，登山探险队一行人从英国出发，到达印度，然后从印度进入西藏，计划从珠峰的北坡登上世界第一高峰。这次攀登珠峰的探险活动，使用了英国珠峰登山探

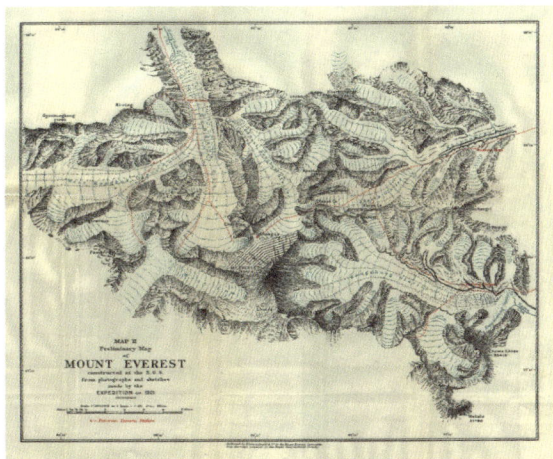

英国珠峰登山探险使用的珠穆朗玛峰登山地图，1922 年

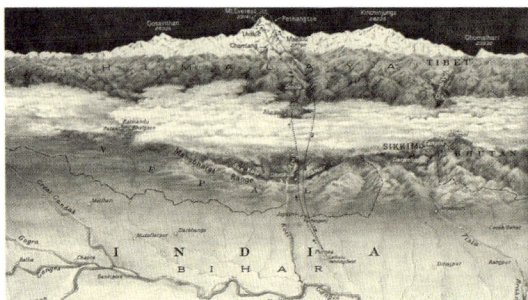

1933年美国《国家地理》珠峰地图

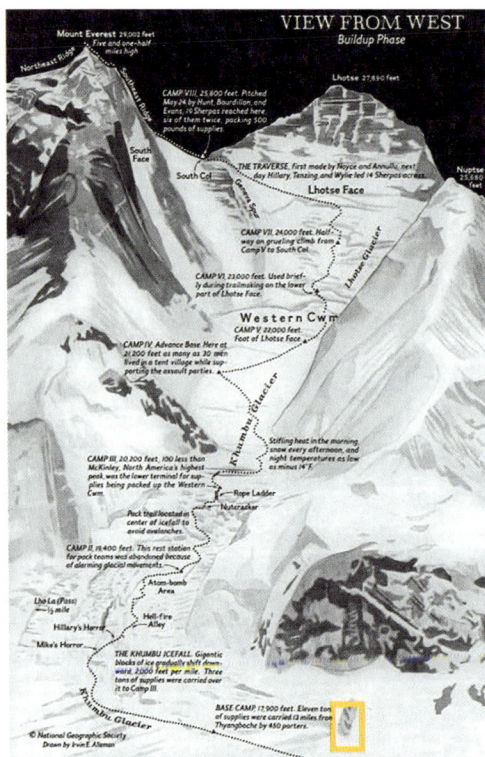

珠峰登顶地图，美国《国家地理》，1954年

险队测量绘制的珠峰登山路线图。

1924年12月，美国《国家地理》杂志发表了珠穆朗玛峰雕版地图，使用了Everest的名称。1933年，美国《国家地理》杂志发布了珠穆朗玛峰地图。

1953年5月29日，埃德蒙·希拉里和丹增·诺尔盖成为世界上首次登顶珠峰的人。1954年7月，美国《国家地理》刊登了一幅珠峰登顶地图。

奥地利制图大师海因里希·贝兰（1915—1999年），将古老的欧洲绘画传统与现代地图学相结合，制作出独特的珠峰全景地图，享誉全球。1963年，第一支美国探险队成功登顶珠峰。美国国家地理邀请最具天赋的艺术家海因里希·贝兰绘制了一幅美丽的珠峰全景地图，此图描绘出6位探险队成员登顶所选择的2条线路，其中包括一条全新线

海因里希·贝兰于 1963 年绘制的珠穆朗玛峰全景地图

路——珠峰西脊。为了获取绘制地图所需的细节信息，贝兰租了一架直升机带着自己环绕珠峰飞行。他创作的这幅佳作，不仅表现了珠峰的美，还彰显了珠峰险峻的地势。

　　中国科学院寒区旱区环境与工程研究所的米德生研究员，多年来从事世界海拔 8000 米以上雪山地图绘制，其作品集科学性与艺术性于一体，具有独特的风格，是我国地图领域绘制雪山地图的大师级专家。1968年，米德生参加中国科学院在喜马拉雅山珠穆朗玛峰北坡的科学考察，为期长达 4 个月，其中 2 个月他们住在绒布冰川上，承受了多次险象环生的生死考验，获得了大量第一手资料，米德生据此绘制出我国第一张

米德生于 1968 年绘制的我国第一张 1 ： 25000 比例尺珠峰地图（局部）

米德生绘制的珠穆朗玛峰地图，郭沫若先生题名

1988 年美国国家地理学会发布的珠穆朗玛峰地图

1 ： 25000 比例尺珠峰地图。

1988 年 11 月，美国国家地理学会发布的珠穆朗玛峰地图，是一张影像地图，依靠哥伦比亚航天飞机上的高分辨率相机，由 160 张航摄图像重叠而成。整个绘制时间长达 4 年。此图的珠穆朗玛峰地名，采用了中国、尼泊尔和西方三种称呼和文字。

第十一章

红色觇标

　　地球之巅珠穆朗玛峰的准确高度，素为世人瞩目。人类对珠峰的科学意义上的认识，最初是从测量其高度开始的。从中华人民共和国成立一直到 21 世纪，红色觇标多次矗立在珠峰顶峰。

　　珠穆朗玛峰的唯一性与最高性，使它成为人类十分宝贵的自然地理资源。珠穆朗玛峰到底有多高，近代历史上众说纷纭，测量珠峰高程，描绘珠峰地形地貌，是人类认识地球、了解自然的过程，也是人类检验科技水平、探索科技发展的过程。

1975 年的辉煌

　　1975 年 3 ～ 5 月，由国家测绘总局与总参测绘局共同组建测绘分队，在登山队的协助下，对珠穆朗玛峰高程再次进行测量，这次测量是在 1966—1968 年测定珠峰高程的基础上进行补测，以进一步提高精度。

　　辉煌的 1975 年珠峰测量，历时 7.5 个月。1975 年 3 月中旬，由登山探险者、测绘工作者、气象工作者、后勤工作者、警卫战士等组成 400 多人的大部队，在中国登山队长史占春的带领下，浩浩荡荡地来到珠峰脚下扎营露宿。这次攀登珠峰，要让鲜艳的五星红旗高高飘扬在珠峰顶上，并拍摄和拿回顶峰上的各项第一手科学考察资料，其中在顶峰竖立测量觇标是主要任务之一。

　　1974 年底中央批准再测珠峰，1975 年初组建 49 人构成的测量分队，包括 38 名测绘官兵和 11 名地方测绘工作者，另有民工 25 人。

同年 2 月，测量分队出发赴珠峰地区作业；3 月 21 日，赶在登山队员攀登珠峰之前，从绒布寺大本营出发，把大地控制网推向珠峰北麓的东绒布、中绒布和西绒布 3 条大冰川。

4 月初，组建北坳观测组，执行重力测量工作。4 月 8 日，陈顺斌、王玉琨、吴泉源、郁期青、普布、徐东升、大扎西 7 人，日出冰上行，夜来雪中卧，登上了海拔 7007 米的"天险"北坳，夜间冒着零下三四十摄氏度的严寒、冰裂和雪崩的危险，进行重力测量，完成了海拔 7050 米处的重力测量和航测刺点。

4 月 20 日，普布、徐东升随登山队到达了第二道难关高空风口。此处海拔 7790 米,是三面临空的"刀背地",穿堂狂风刮来，人站不稳脚跟，重力仪的水准气泡晃动

行进在珠峰绒布冰川，1975 年

1975 年中国登山队珠穆朗玛峰测绘分队

登山队伍像一把利剑直插珠峰北坳，1975年

不止。普布觉得戴着鸭绒手套不便操作，便毅然脱掉右手手套，在距珠峰1.9千米处，咬紧牙关趴在冰面上，冒着−40℃的严寒测得了重力数据，创造了世界重力测量史的奇迹。而普布的4根手指头却被冻伤坏死，做了手指截除手术。

中国登山队全队上下同心协力，艰难地完成了3次适应性行军和物资运输，建立了海拔7790米的营地。在此基础上实施了第4次行军，以完成和建立海拔8000米以上的营地和物资的运送任务。

在副队长邬宗岳的带领下，队员们顶着强烈的暴风雪，终于冲过了"大风口"，到达海拔8600米的突击营地。不幸的是，当邬宗岳举着沉重的电影摄影机拍摄前行队伍时，由于极度缺氧造成滑坠，牺牲在登顶的前夕。队员们万分悲痛，但没有放弃登顶的决心。他们在海拔8600米的突击营地，在猛烈的狂风中奋战了两天两夜。

第三天早晨准备实施登顶时，一名女队员因极度缺氧而晕倒在地。

当时食品已用完，报话机也没了电，在弹尽粮绝的情况下，不得不下撤到海拔 8200 米处和第二梯队会合。领导号召大家自愿报名，从海拔 8200 米处组织人员再次实施登顶。此时，尽管已经精疲力竭，但仍有 9 名队员报名，组成了男女混合队，其中 7 名队员是刚从海拔 8600 米处下来的。9 人从海拔 8200 米处出发，艰难地攀登到海拔 8300 米位置时，下撤了 3 名队员，攀登到海拔 8500 米时又下撤了 2 名队员。剩下的 4 名队员继续前进，走着走着却迷了路，这次冲顶以失败告终。

5 月 27 日清晨，东方天际朝霞喷薄，金字塔般的峰顶金光灿烂。3 颗红色信号弹从指挥所腾空而起，大本营向海拔 8600 米的突击营地发出命令，登山队九勇士向着峰顶迈出了历史性的一步。

最后组建的突击队员大都是已经两三次到达过海拔 8600 米位置的队

登山突击队队员翻越珠峰第二台阶，1975 年

员，是 130 多名队员中的精英。当时提出的口号是"没有氧气，要靠志气，只要有一口气，爬也要爬到峰顶"。在海拔 8600 米处召开的党支部会上他们还提出："不怕冻掉手脚，不怕冻掉耳朵，不怕老婆离婚，不怕找不到对象。"

14 时 30 分，潘多、索南罗布、罗则、侯生福、大平措、贡嘎巴桑、次仁多吉、桑珠、阿布钦从珠峰北坡成功登上地球之巅，五星红旗在珠峰绝顶处高高飘扬。在峰顶，罗则从背包中取出报话机交给了侯生福，由他向大本营汇报登顶成功的喜讯，请大本营向毛主席和祖国人民报喜。大家不约而同地流着热泪高呼："祖国万岁！毛主席万岁！共产党万岁！"喜讯通过报话机传达到大本营，又从大本营传播到北京。

9 名男女登山队员在珠峰顶上度过了艰辛而辉煌的 70 分钟。胜利的喜悦，让他们忘记了 6 个多小时连续奋力攀登的疲劳，大家不休息，不吸一口氧气，一丝不苟地一件一件去做在峰顶必须完成的各项任务。在峰顶上，队员们站在一起，高举国旗，拍摄电影和照片。潘多静静地躺在雪地上，忍受着透入骨髓

1975 年 5 月 27 日下午 2 时 30 分，中国登山队 8 名男队员和 1 名女队员潘多成功登顶珠峰

的严寒，为山下的高山生理组提供心电遥测，世界第一份最高峰上登山队员的心电图被成功获得。队员们还采集了岩石样品和冰雪样品。

为了给测量珠峰高度提供精确数据创造有利条件，这次登顶必须在

顶峰竖立起测量觇标。

　　5 千克重的红色觇标，是由大平措背上峰顶的。大家一起把觇标连接起来，整理好圆笼和三根尼龙绳，然后把觇标竖起来，用三根尼龙绳向三个方向拉起，用冰锥固定在冰面上。但是，由于峰顶上刮着七八级大风，用红绸子做的圆笼被刮倒了。队员们想："要测出精确的数据，觇标一定要立直，圆笼一定要放正。"于是又把刚立好的觇标放下来，重新修好后

1975 年 5 月 27 日下午，登山队员在珠峰峰顶架起红色觇标

再次立起。他们一锤一锤地把冰锥扎进去，把觇标竖立在峰顶，底部埋在雪下一米深。这样高 3.52 米的红色测量觇标牢固地矗立在地球之巅，为测量珠峰的高度提供了瞄准点。

　　分布在珠峰左右两肩之上的 10 个观测点，坚守了 9 昼夜的测绘人员早已架好仪器，调节归准，盼望着那激动人心的时刻。队员轮流盯着望远镜，用报话机向其他测绘点做"实况转播"，当登山健儿竖立的 3.52 米高的红色测量觇标终于出现在峰顶时，测绘的关键时刻来到了。口令传来，10 部经纬仪同时瞄向珠峰，测绘队员们强捺心中的喜悦，小心翼翼地旋动仪器，争分夺秒地对觇标观测、记录。连续 3 天，队员们进行了 4 个不同时段及 16 个测回的水平、导线、天文、气象、重力、三角等测量，掌握了大量第一手珍贵的珠峰测量数据。

　　5 月 29 日，在 9 个测站上完成交会观测，观测夹角 75°，距珠峰最

近距离 8.5 千米；最高测站 6242 米高；同时完成重力加密 11 点，天文观测 3 点，水准观测 100 千米，并完成制图调绘工作。6 月 13 日完成计算，7 月 13 日发布成果。

此次测量珠峰是在 1966 年、1968 年两次测量的基础上，综合利用三角、导线、水准、天文、重力、三角高程、天文水准测量及温度垂直梯度测量方法，沿东绒布冰川布设三等三角锁，增测 3 个三角点，锁端点测天文方位角，沿西绒布冰川布设三等导线，增测 5 个导线点，端点测天文方位角；在东、中、西绒布冰川均匀测量 4 个天文点和 1 个天文方位角；在一些三角点、导线点和营地测量 17 个重力点；复测已测的二等水准路线，将原四等改测为二等精度，复测、改测水准路线共 74.6 千米；进行了高空和地面温度、气压测定。经过这次测量，三角点、导线点平均延伸到距珠峰顶 10 ~ 15 千米处，最近点 8.5 千米，最远点 21.1 千米，点的高程均在 5600 米以上，最高点为 6242 米。重力点测量达到 7790 米处，距珠峰顶 1.9 千米，是世界上最高的重力点。天文点选点观测到 6336 米处，距珠峰顶 5 千米。

1975 年珠峰高程测量

同时，分布在东、中、西绒布 3 条冰川的 9 个测站上的测量队员，对珠峰顶上的觇标进行了天顶距和水平角观测。为获得更多折光影响小的中午观测数据，在 5 月 27 ~ 29 日连续观测三天，有的测站观测了三四十个测回，取得了不同时间段的观测数据。从珠峰附近选择的 9 个测站点，它们分布在以珠峰为中心的 69° 的扇形区域内，至珠峰的距离为 8.5 ~ 21.1 千米，高程为 5600 ~ 6240 米。这 9 个点的坐标和高程分别利用三角测量、导线测量、水准测量和三角高程测量方法求得。在 9 个测站点对珠峰觇标观测水平角和垂直角。根据水平角确定珠峰的水平位置和各测站至珠峰的水平距离。根据三角高程测量原理，由这些垂直角和水平距离确定各测站同珠峰之间的高差，进而推得从我国黄海平均海面算起的珠峰高程。

这次珠峰高程测定第一次在峰顶竖立了高 3.52 米的觇标，使观测目标时照准误差很小。高程测定的结果中扣除了覆盖雪的厚度 0.92 米。采取了一系列技术措施，有效地削弱了大气折射对三角高程测量精度的影响。在严密的理论基础上，推算了高程化算的改正数，得出了珠峰的高程。这次珠峰高程测量为中国特高山地区的测量积累了丰富经验，为地质、地球物理等科学考察提供了宝贵资料。

1975 年 7 月 23 日，中国政府授权新华社向全世界宣布：我国测绘工作者精确测得世界最高峰珠穆朗玛峰的海拔高程为 8848.13 米。这一精确数据得到了全世界的认可。

1975 年 6 月 28 日，邓小平、李先念等在首都体育馆亲切接见了珠峰登山和测量队员。邓小平与大家一一握手，当他来到藏族战士普布面前时，普布正欲收回此前在珠峰测量时因右手冻伤而被截的手臂，却被邓小平一把攥住："你就是普布吧？我早就听说了，你破了重力测量的世界纪录，普布不普通哟！"

1999 年，美国国家地理实施"千禧年珠峰测量"计划，他们在登山时发现了中国 1975 年的觇标，深藏在距峰顶东南侧 30 米下的冰雪中。这说明随着冰雪厚度的增加，大风迫使冰雪夹带觇标沿山体下滑，其上又重新覆盖了新的冰雪。他们曾想挖出这个觇标当作文物，但因尼泊尔夏尔巴向导的滑坠未能成功。

再测珠峰

2005 年 2 月，中国启动新一轮珠峰高程测量。国家测绘局再次组织开展对珠穆朗玛峰高程测量，在西藏登山协会的协助下，首次由专业测绘人员和专业登山人员合作，携带测绘仪器、测量觇标，登上珠峰峰顶进行观测，以求精确测得高程数据。与此同时，由中国科学院青藏高原研究所、地理与资源研究所、寒区与旱区环境与工程研究所、生态与环境研究中心组成的中国科学院珠峰地区科学考察队，分为大气化学、大气物理、冰川、生物与环境和地质 5 个专题进行综合科学考察，这也是 21 世纪中国首次对珠峰地区进行多学科综合科学的考察。

2005 年 4 月 9 日下午，经过 6 个小时的飞行旅程，笔者又一次从北京飞抵西藏首府拉萨。这一次，拉萨只是中转站。笔者和另外几位媒体朋友此行的目的地，是距离拉萨 600 多

珠峰脚下的测量营地，2005 年

千米的珠穆朗玛峰北坡大本营。我们这个记者团队，带着 200 余千克的设备、行李，任务是前往珠峰测区，追踪珠峰测量队的足迹，现场采访、报道 2005 年珠峰高程复测。

2005 年为了复测珠峰高程，在珠峰地区做了大量的基础测绘工作，用几何水准测量从拉孜起测，经过近 500 千米的路程通过 4 条水准路线，逐段地推进到珠峰脚下，并连测至交会珠峰的 6 个观测点上，确保了观测点的高程精度（观测点的高程为 5200 ～ 6300 米），同时在青藏高原和珠峰地区选择 30 个点，构建全球定位系统控制网，进行全球定位系统的联机同步观测。这些观测数据不仅对精确测量珠峰高程起到重要作用，而且对研究珠峰地区和青藏高原地区地壳运动变化的细节提供重要资料。

全球定位系统综合测量，2005 年，藏北

此次珠峰高程复测既采用传统经典的测量方法，又采用现代先进的测量技术，两者同时进行，测量专业人员在登山队员的协助下，携带双频卫星导航定位仪和冰雪雷达探测仪登顶，在珠峰峰顶进行全球定位系统实测和探测峰顶的冰雪深度，首次揭开峰顶神秘的冰雪厚度，同时在峰顶上竖立了用航天材料特制的 2.5 米高的红色觇标，作为 6 个观测站交会珠峰峰顶的照准目标。这次采用的现代测量手段和比较完善的实施方案，对提高珠峰高程测量精度十分有利。

面对 2005 年珠峰复测的巨大挑战，国家测绘局组建了中国珠峰测量队，40 多名队员被分成了全球定位系统综合测量分队、水准测量分队、重力测量分队及登山冲顶分队 4 个分队，同时展开各自的测量工作。

根据周密拟订的测量计划，整个测量行动按照下列路线图展开：

第一阶段，从 2005 年 3 月 17 日到 4 月 17 日，进行珠峰外围地区的测量工作。全球定位系统综合测量分队在青藏高原广大地区的 30 个主测量点和 40 多个附测量点展开 6 轮联机观测行动，这些测量点大都分布在藏北无人区和昆仑、唐古拉、喜马拉雅、冈底斯等藏族聚居的大山中，都是被精心选择的青藏高原板块典型的地理标点，联机观测的数据结果将反映青藏高原地壳变化进程的细节。重力测量分队从拉萨开始向珠峰边测量边推进。水准测量分队从已经取得相对青岛水准原点精确高度的西藏拉孜县起测，逐步向珠峰推进。登山冲顶分队在珠峰大本营随西藏登山队开始适应性训练。

国测一大队登山冲顶分队的队员，2005 年，珠峰

第二阶段，从 2005 年 4 月到 5 月，在珠峰周边地区进行测量。全球定位系统综合测量分队完成珠峰全球定位系统控制网 32 点及峰顶全球定位系统联测网 8 点的布测。水准测量分队分别通过 4 条路线向珠峰推进，选定珠峰下的交会测量点，完成二等水准 379.7 千米、三等水准 17.3 千米、测距高程导线 20.5 千米。重力测量分队进驻珠峰地区展开测量，完成二等重力点及引点 5 个、加密重力点 86 个、登山路线上重力点 5 个。登山冲顶分队进行高海拔适应性训练和登山训练。

第三阶段，珠峰登山测量队 5 月择机登顶珠穆朗玛峰，在峰顶竖立觇标，在 6 个交会点进行珠峰峰顶交会测量，采用三角测量方法，从 6 个方向对峰顶进行前方交会，在 5 个测站对峰顶进行电磁波测距。

第四阶段（5 月至 6 月），在西安的国家测绘局大地测量数据处理中心和北京的国家基础地理信息中心进行数据整理、分析和计算，并汇总数据。

第五阶段（6 月至 7 月），在国家测绘局大地测量数据处理中心和国家基础地理信息中心进行数据的分析和计算，获得珠峰高程最终数据。并在北京组织召开 2005 珠穆朗玛峰高程测量项目验收会议。项目验收后，报请国务院批准公布 2005 珠峰高程测量成果。

2005 年 5 月 21 日下午，珠峰测量登山指挥部宣布，24 名登顶队员都已经顺利到达 8300 米登顶突击营地，并在那里进行短暂的休息。按照登山的惯例，登顶队员将在 22 日凌晨从 8300 米营地出发。但是这天下午，原本晴空万里的珠峰却被乌云笼罩了。"看这天，山上肯定下雪了！而且雪还不小。"《中国测绘报》记者吴江说。"只要不刮风，下雪不怕！"测量队副队长陈永军说。

晚上 9 时许，传来最新消息，队员们将在凌晨 1 时出发。

测量队员在西戎布作业点，2005 年，珠峰

过了半小时，登山指挥部又传来消息，出发时间推迟到凌晨 2 时。到了晚上 10 时 30 分，指挥部再次传来消息，由于明天下午峰顶可能有大风，不利于队员安全下撤，因此，出发时间仍为凌晨 1 时。

凌晨 1 时，到了冲顶队员们计划中的出发时间了。往日的这个时候，珠峰大本营早已是漆黑一片。但是今天，几乎所有的帐篷都亮着灯，在寂静的夜空中，发电机的轰鸣声交织在一起，奏响了一支冲顶的进行曲。

看来在这个夜晚，整个珠峰北坡，从 5200 米的大本营到 8300 米的营地，所有的人几乎都没有合眼。此刻的珠峰，在夜色中若隐若现。夜空中星稀月朗，云淡风轻，似乎是一个适宜登山的好天气。

在登山测量指挥部里，大家都在有条不紊地忙碌着。但是从报话机里传来海拔 8300 米营地的消息，却让所有人都把心提了起来："这里的风太大，路根本看不清，没有办法出发，没有

挺进！2005 年，珠峰

办法出发……"指挥部的气氛骤然紧张，仿佛空气的温度也上升了好几度。此刻，帐篷外的温度已经是零下好几十摄氏度了，在帐篷内的人却能感觉到一丝热意。过了好一会儿，总指挥终于下达了指令："在原地待命。"

让人没想到的是，这一待命，就是好几个小时。午夜时分，一位记者搓着手跺着脚走出帐篷，发现以往墨黑一片的大本营，今天几乎所有的中国营地都透出微弱的灯光，不时有拿着手电筒或者戴着头灯的人们走来走去。所有的发电机都在和着风声轰鸣着连夜工作。这个夜晚显得格外紧张而焦灼。

珠峰交会测量示意图，2005 年

在测量营地新闻中心帐篷里，为了保持体温，几位记者不得不钻进睡袋继续工作，一眼望过去，就像一条条弯曲的虫子。为了保持清醒，他们开始喝水提神。因为这里天气太冷，喝了水很快就会想上厕所，而帐篷外的寒风会让人迅速变得清醒冷静。

凌晨 1:00、1:15、1:30、1:45……到了 2:00，依然没有接到登顶队员出发的消息。所有人都再次紧张起来，不知出现了什么变故。记者们拿着对讲机连续呼叫有关负责人，然而一点回音也没有。焦急之下，新华社记者张景勇从睡袋里一跃而起，穿上羽绒衣裤，决定到 300 米远的登山指挥部去看一下情况。正好那边也有一名新华社西藏分社的年轻记者边巴次仁来这边传递消息，两个人在中途碰上。大家得知，海拔 8300 米的突击营地外面狂风大作，吹得满天飞雪，以至于连路都看不清，根本无法出发。

凌晨 1 时 30 分，中科院珠峰地区综合科考队的李茂善博士等人释放了无线电高空探测气球。凌晨 2 时 15 分左右，最高可以飞 2 万米的气球传回来海拔 8848 米的气象信息，风速 22.7 米 / 秒，气温为 –31.2℃，或许这是个不适合登顶的日子，按通常情况，登顶时风速不能大于 15 米 / 秒，否则会有危险，气象数据很快在大本营传递。

直到凌晨 3 时 30 分，从海拔 8300 米的营地传来消息：风小了一些，道路能辨清了。"再不能耽搁了，必须出发了！"第一批冲顶队员在队长小嘉布的带领下，迎着大风，顶着月光，出发了。

5 月 22 日早晨，旭日映红珠峰，薄薄的"旗云"轻柔地挂在珠峰的山顶。但这实在不是好兆头，旗云与风为伴，风是登顶大敌。

中科院珠峰地区综合科考队释放的无线电探空气球传回的数据，当日风速最小的时间为中午 12 时，风速为 16.2 米 / 秒，气温为 –29.9℃，风速依然大于 15 米 / 秒的登顶安全数值。

登顶队员们依然在大风中艰难地向上攀爬。

8 时，冲顶队员们已经攀登了 4 个多小时，山下的人们也同样焦心了 4 个多小时。随着天光大亮，山下的人们已经架起了高倍望远镜和经纬仪，从镜头中紧紧跟随着冲顶的队员们。在仪器旁更是排起了长队，虽然能看到的只是一个个小黑点，但是大家还是都想看一看队员们到哪儿了。

8 时 40 分，从望远镜中看，队员们已经聚集在"第二台阶"下了。"第二台阶"是冲顶路途中最困难的一段，是一截直上直下的"梯子"。整整 1 个小时，山下的人一直在揪着心。

为了继续了解峰顶气象状况，科学家们再次释放气球，数据仍然不理想：风速19米/秒，差不多9级，温度-31℃。在望远镜中，小黑点移动的速度非常慢。西藏女子登山队教练桂桑说："他们的体力消耗很大，可能登顶的时间要往后推了。"大本营的人们只能耐心等待。

9时40分，望远镜中的黑点终于往前跳动了。"越过第二台阶了！"山下的人一片欢腾。

9时50分，有人发布消息说，在望远镜里看到，有人离峰顶只有20多米了，关于20分钟后就会登顶的消息不胫而走。人们用各种倍数的望远镜盯着珠峰，等着那个激动人心的时刻。

但没过多久，又有新消息传出来说："至少还要1小时。"今天的大本营就像个小道消息集散地，在指挥部和登山队没联系上之前，专业和非专业的人士都大胆地"兜售"着自己的看法。

9时56分，温度开始回升，风力也逐渐变小。所有队员都翻过第二台阶，第一名队员距离峰顶大约还有15分钟的行程。通过望远镜看，他的步伐轻松。

上午10时，阳光普照大地，天空湛蓝，万里无云。在大本营紧张的人们突然发现，天气已是格外的好。面前的珠峰异常清晰，峰顶飘出朵朵旗云。科学家们再次释放气球，数据竟然大为好转：风速已经降到15米/秒，大约7级。

望远镜中的小黑点逐渐接近峰顶了，大本营的人们都在默默地等待。

10时50分，根据指挥部消息，有一名队员马上就要登顶了，但他停下来在等候后面的队员。上面的风力瞬时达到8级。队员们背着6.6千克的氧气和食品，还有机器设备，走几步，歇几步，比较累，不便过多地通话。

11时4分，探测气球传回的天气数据显示，珠峰峰顶风速16.2米/秒，气温为-29.6℃，太阳也出来了。专家表示，这样的天气对登顶有利，大本营内情绪高涨。

"我们已经登上来了⋯⋯"11时8分，随着报话机里传来珠峰登山测量队长小嘉布不太清晰的声音，珠峰大本营一片欢腾。彻夜未眠、焦急等待的人们长出了一口气，登顶终于成功了！

来自西藏登山队的小嘉布、普布和西藏登山学校的阿旺给吨、多吉格桑4名中国测量登山队队员，由4名夏尔巴高山协作和另外16名登山队员及高山协作人员24人组成A队，于当天凌晨3时30分自海拔8300米的突击营地出发，冒着9级大风、-32℃低温向珠峰挺进，经过艰苦卓绝的攀登，于11时8分第一名队员成功登上珠峰顶峰，历时7个半小时。

珠峰峰顶竖起红色觇标，2005年

当人群中传出欢呼声时，登山总指挥立刻下达了指令："如果身体允许，如果身体允许，请立刻安装觇标，请立刻安装觇标⋯⋯"的确，这不是一般意义上的登山，只有获得了峰顶的测量数据，才能算是成功。

登山测量队队员登顶之后，很快在20多平方米的珠峰顶峰开展了紧张的测量工作。登山测量队员首先对峰顶的氧气罐、绳索等杂物进行了清理。在完成仪器设备的保温处理后，11时38分49秒，冰雪雷达探测仪和装在上面的全球定位系统接收机开始工作，记录全球定位系统和雷

珠峰峰顶交会测量，2005 年

达数据。接着，队员们在峰顶雪面高处安装竖立觇标，11 时 43 分 55 秒，觇标顶端的全球定位系统接收机开始观测。上午 11 时 50 分，红色的金属觇标终于在地球之巅竖起来了。6 个交会测量点几乎同时发现目标。报话机里传来激动的声音："东绒发现觇标，西绒发现觇标，中绒发现觇标……"

11 时 59 分，登山测量队员开始拖动雪深雷达探测仪进行剖面测量工作，探测珠峰顶峰神秘的冰雪厚度，这也是我国首次在珠峰高程测量中尝试用先进的仪器测量峰顶冰雪高度，12 时 18 分 24 秒结束，有效记录 38 分 55 秒数据。

冰雪层雷达探测仪上的全球定位系统于 11 时 39 分开始工作，12 时 19 分 12 秒结束，正常观测了 40 分 12 秒的数据。觇标顶端的全球定位系统于 11 时 43 分 55 秒开始工作，12 时 19 分 33 秒结束，有效观测数据时间为 35 分 38 秒。

在位于海拔 5200 ～ 6300 米之间的珠峰大本营、Ⅲ 7-1、西绒、中绒、东绒 1、东绒 2 六个交会测量点，近 20 名测绘队员早已严阵以待。

参加六个交会点的测量队员是：大本营总指挥站陈永军；大本营测量站王新光、章铮、施仲强、刘伟辉；Ⅲ 7-1 点郭庆生、高北占；转接站张忠辉；中绒点李明生、韩超斌；西绒点张建华、张伟；东绒 1 点郑林、程虎锋；东绒 2 点张仲宁、吴兴旺。张兆义在东绒充电站，高国平、邢建路留守二本营。

从这六个点上都能够看到珠峰峰顶，当期盼已久的觇标出现在经纬仪 40 倍的镜头里，对讲机发出测量总指挥的命令："峰顶交会测量开始。"一刹那，多台测量仪器开启，六点联动，千百条数据录入系统。

从登顶之时起，山下观测站要连续观测 48 小时。中绒、东绒、西绒、Ⅲ 7-1 四个点，各观测点的对讲机几乎同时在呼叫，通知各点密切关注峰顶的动态，只待峰顶觇标竖起。十几分钟后，二本营传来高国平中队长的声音，通知各测量点：峰顶觇标已经竖起，各测量点抓紧时间观测。

20 分钟后，各点的消息传到大本营陈永军副大队长的对讲机中，各点的测距、测角的观测数据都已拿下。

2005 年珠峰复测项目总指挥张燕平在珠峰大本营对记者说："现在峰顶觇标已竖立，我们几十台系统正在不间断地进行 48 小时的数据记录。我们可以自豪地宣布，2005 年珠穆朗玛峰登顶测量成功。这也标志着中国 2005 年珠峰高程测量取得决定性胜利。"

5 月 22 日登顶当天，珠峰峰顶风力为 8 ～ 9 级，气温 -40℃左右。在此次登山、测量活动中担任高山电视直播摄影的阿旺占堆、参加测绘觇标架设和雪深测量的测量登山队员普布在顶峰奋战 80 多分钟，普布右脚严重冻伤，右脚大拇趾、二拇趾两关节被截；阿旺占堆右脚严重冻伤。5 月 23 日凌晨四五点钟，由于天气转坏，风大，二梯队队员丹增多吉在

2005 珠峰高程测量纪念碑

海拔 8600 米处等待接应陆续到达的其他队员，停留 1 个多小时，造成右脚严重冻伤。右脚大拇趾关节被截。

2005 年 10 月 9 日，经国务院审批，国家测绘局向全世界公布了2005 珠峰高程测量成果：珠穆朗玛峰峰顶岩石面海拔高程为 8844.43 米。

同时，公布 2005 珠穆朗玛峰高程测量有关参数：珠穆朗玛峰峰顶岩石面高程测量精度 ±0.21 米；峰顶冰雪深度 3.50 米。

新的高度

　　2015 年 4 月尼泊尔发生 8.1 级大地震后，国际科技界包括测绘界认为，此次地震表明印度洋板块运动剧烈，珠峰高度发生了较大变化。但是，这次地震对珠峰高度究竟有没有影响？是一个什么程度的影响？这些只有通过精确测量才能得到证实。所以说，有必要对珠峰重新进行测定。

　　2018 年，尼泊尔对外公开提出将重测珠峰高程。随之，我国测绘部门积极与尼方测绘部门沟通协商，提出了联合进行珠峰高程测量的建议。

　　2019 年 4 月，"一带一路"高峰论坛期间，习近平主席与尼泊尔班达里总统达成"中尼两国共同发布珠峰新高度"的重要共识。此后，在习近平主席对尼泊尔进行国事访问期间，两国于 2019 年 10 月 13 日发表《中华人民共和国和尼泊尔联合声明》，明确提出："双方将共同宣布珠峰高程并开展科研合作。"

为贯彻落实中尼两国元首达成的重要共识和联合声明的要求，自然资源部会同外交部、国家体育总局和西藏自治区政府组织实施了 2020 珠峰高程测量工程。

2020 珠峰高程测量大本营

2020 年，正值中国和尼泊尔建交 65 周年，自 1955 年两国建交以来，中尼关系始终持续、稳定、健康发展，此次珠峰高程测量是发展两国友谊的新举措。2020 年，也是人类首次从北坡成功登顶珠峰 60 周年、中国首次精确测定并公布珠峰高程 45 周年，开展此次珠峰高程测量具有重要的历史意义。

为推动 2020 珠峰高程测量工作顺利开展，保证测量工作的科学性、高程成果的精确性，自然资源部组织了中国测绘科学研究院、陕西测绘地理信息局以及中国地质调查局等单位的精锐力量，编制珠峰高程测量技术设计书和实施方案。陈俊勇院士、杨元喜院士领衔的测绘科技与管理方面的专家，对方案进行了严格审查把关，充分肯定"综合运用全球导航卫星系统测量、精密水准测量、光电测距、雪深雷达测量、重力测量、天文测量、卫星遥感、似大地水准面精化等多种传统和现代测绘技术，精确测定珠峰高程"的技术路线。

此次测量登山队由自然资源部第一大地测量队（简称国测一大队）的测绘人员和专业登山运动员构成。他们将携带全球导航卫星系统接收机、重力仪、雪深雷达、气象测量仪器和觇标到达顶峰进行测量作业。

原国家测绘地理信息局第一大地测量队、现自然资源部下属国测一大队，始建于1954年，1991年被国务院授予"'功绩卓著、无私奉献'的英雄测绘大队"称号，负责国家测绘基准体系的建设与维护，多年来为国家经济社会发展提供了坚强的测绘保障。

国测一大队是一支艰苦奋斗、无私奉献的英雄队伍，他们与珠穆朗玛峰有着不解之缘。1966年、1968年、1975年、1992年、1998年、2005年，为精确测量珠峰高程，国测一大队六闯"生命禁区"，凭着顽强意志，两次测定珠峰高度。1975年5月27日，红色觇标第一次竖立在珠穆朗玛峰的峰顶。海拔8848.13米，这是中国人对珠峰高度的首次精确测量，并立即得到联合国教科文组织和全世界承认。30年后的2005年，我国政府决定复测珠峰，国测一大队的队员再攀珠峰，并精确测出了8844.43米峰顶岩石面海拔的高度，查明了珠峰峰顶3.5米深的冰雪厚度，重新修正了珠峰的"身高"。同时，第一次将卫星定位等现代测量手段与传统测量技术相结合；第一次把重力测量推到海拔7790米的高度；第一次成功完成了珠峰峰顶雷达雪深探测任务，并创造了6个"世界第一"。

2015年5月25日，国测一大队邵世坤、郁期青等6位珠峰测高老队员、老党员，给习近平总书记写信汇报国测一大队的光辉历程和年轻一代薪火相传的奋斗足迹。2015年7月1日，习近平总书记给国测一大队老队员、老党员回信，充分肯定国测一大队爱国报国、勇攀高峰的感人事迹和崇高精神，对全国测绘工作者和广大共产党员提出殷切希望。

2020年1月12日，测量登山队开始在北京集训，队伍每天6点起床出操跑步，气温常低至 −10℃

2020年3月2日起，国测一大队53名测绘队员，在珠峰及外围地区，克服环境、气候恶劣及新冠肺炎疫情影响等重重困难，陆续开展了水准、重力、全球导航卫星系统、天文等测量工作，完成了一等水准测量480千米、二等水准测量240千米、加密重力测量190点、绝对重力测量1点、天文测量1点、局部全球导航卫星系统控制网测量60点、板块运动监测网21点，布设卫星导航定位连续运行临时基准站2点，完成了6个珠峰高程测量交会点的踏勘、选埋、高程传递等基础性测量工作。

剩余少量基础性测量工作正稳步推进，由国测一大队和中国登山队组成珠峰高程测量登山队开展测量工作。

3月20日至4月2日，测量登山队员在羊八井登山训练基地隔离14天，同时训练技能。

3月31日，国测一大队参加此次珠峰测量的队员谢敏进驻测量二本营，在交汇点上坚守的谢敏，整张脸黑得不像样子，布满小小的裂纹，裤子上、鞋上全是泥和污迹。4月2日下午，在定日采购物资的谢敏得知他父亲去世了，因为疫情的原因马上就要火化。谢敏一边流泪，一边做出继续回二本营工作的决定。谢敏负责的东绒3交会点，海拔5950米，那里环境恶劣、生活艰苦，谢敏一直坚守岗位，圆满完成工作任务。

4月3日，测量登山队启程前往珠峰大本营。

4月5日，测量登山队抵达珠峰大本营。

国测一大队在珠峰期间，严禁队员在珠峰自然保护区内出现驱车追赶野生动物、滥采滥挖野生植物等违法行为，外业工作中产生的生活垃圾，集中收集后带出保护区，最大限度地减少人为活动对自然保护区及其冰川的影响。距离大本营4000米的测量二本营珠峰高程测量交汇点的补给站，日常约有10名测量队员在那里食宿。国测一大队给营地配备了特制环保厕所、厨余垃圾收纳桶、生活垃圾收纳桶，配备了专职的垃圾清理清除工人，定时将厨余垃圾及生活垃圾背运至大本营指定回收点。

2020年4月30日早上，珠穆朗玛峰北坡大本营飘起了雪花。上午10时许，绒布冰川河谷彤云密布，唯独大本营上空透出了一片蓝天，珠峰峰顶也若隐若现。

5月4日，测量登山队员们爬上了珠峰大本营旁的山坡，在冰雪上模拟练习峰顶觇标树立和仪器操作。特制的铝合金测量觇标，上部是一个倒立的圆锥形，装有6个光学棱镜，顶部安装有全球导航卫星系统接收天线。觇标的底座、三脚支架用冰锥固定在冰雪里，顶部还有3根固定绳，确保觇标在峰顶的大风中屹立不倒。

2020年5月6日，

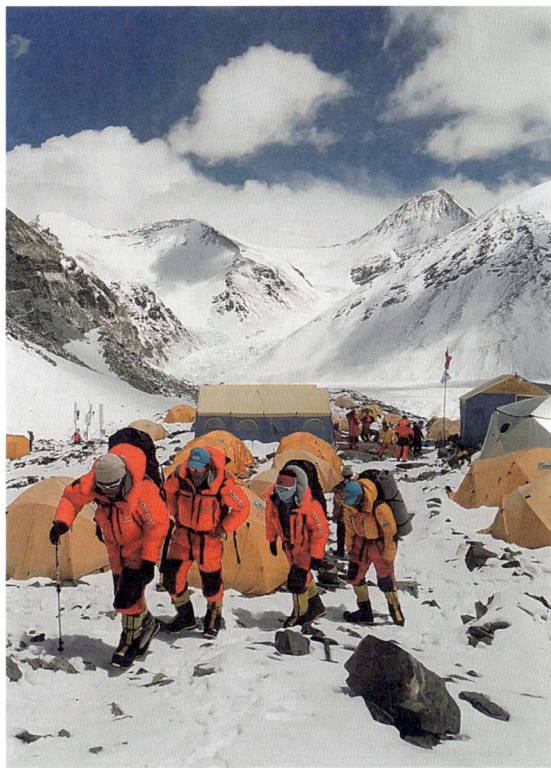

2020年5月8日测量登山队的修路队出发（次落　摄）

珠峰高程测量登山队出发仪式在珠峰登山大本营举行。30 多名队员当日从海拔 5200 米的大本营出发，开启珠峰高程登顶测量。

5 月 8 日，海拔 6500 米的前进营地天气状况一般，风比较大，有雪。2020 珠峰高程测量登山队全体队员在前进营地进行休整。当天早上，西藏拉萨喜马拉雅登山向导学校的 6 名修路向导、7 名北坳运输人员、20 名海拔 8300 米运输人员从前进营地出发，准备通过北坳冰壁。当他们攀登到海拔 6700 米的时候，发现攀登路线上的雪比较深，有流雪的危险，所有人员撤回前进营地。

5 月 9 日，2020 珠峰高程测量登山队全体队员将在海拔 6500 米营地继续休整，练习使用测量仪器，并进行攀登技能训练。

5 月 10 日，修路组前往海拔 7028 米处进行探路，观察判断北坳以下路段的流雪危险性，以确定接下来的日程安排。

5 月 12 日，2020 珠峰高程测量登山队修路队队员曾尝试打通从海拔 8300 米至珠峰顶峰的路线，但因高空风力过大，只能下撤。

5 月 16 日，2020 珠峰高程测量登山队经过休整后，在珠峰大本营召开动员大会，第二次向顶峰发起突击，中国登山队队长王勇峰公布了冲顶计划和人员安排。14 时，动员大会结束后，队员们在珠峰脚下集体合影，随后徒步向海拔 5800 米的过渡营地进发，18 时 40 分左右抵达过渡营地。

5 月 17 日 11 时左右，2020 珠峰高程测量登山队从过渡营地出发，用了将近 5 个小时，走了将近 9000 米，到达海拔 6500 米的前进营地。

5 月 18 日，测量登山队在前进营地休整，整理高山营地所需物资。同时，将对人员进行分工，成立攻顶组、支援组、接应组。

5 月 21 日，修路队队员在海拔 8000 米处遇到约一米深的积雪。因山上的流雪险些使队员多吉发生冲坠，修路队队长边巴扎西在保护多吉时头部受伤流血。在第六次修路尝试中，修路队员们在海拔 7790 米的大风中几个人挤在一顶帐篷里紧紧抓着帐篷杆避风。即便如此，大家还是小心护卫着峰顶测量要用的仪器，生怕仪器受到丝毫损伤。由于珠峰海拔 7790 米以上区域积雪过深等原因，修路队也未能按计划打通至珠峰顶峰的攀登路线。受气旋风暴 "安攀" 的影响，7790 米以上区域积雪过深，为保障队员安全，再次撤回 6500 米前进营地休整待命。

5 月 22 日，珠峰大本营大雪纷飞。2020 珠峰高程测量队临时党支部开展主题党日活动，动员全体队员进一步坚定信心、攻坚克难，确保项目圆满完成。活动中，全体参会人员围绕 "遇到问题怎么办" 这一主题，谈了感想和体会，并与东绒 3 交会点队员和自然资源部大地测量数据处理中心的工作人员视频连线。

珠峰是世界最高峰，山势陡峭险峻，冰雪覆盖，空气稀薄，天气变化莫测，登顶珠峰开展峰顶测量的难度非常大。

据悉，2020 珠峰测量路线包括 6 个营地，直线距离约 19 千米，高差约 3600 米。珠峰高程测量登山队员们从海拔 5200 米的珠峰大本营出发，途经绒布冰川和东绒布冰川，抵达海拔 5800 米的中间营地宿营，再前往海拔 6500 米的前进营地，此处氧气非常稀少，高原反应强烈。

队员们休整完毕后，需途经海拔 6600 ～ 7000 米的北坳大冰壁，途经海拔 7028 米的 1 号营地、海拔 7500 米的大风口、海拔 7790 米的 2 号营地，到达海拔 8300 米的 3 号营地，最后的冲击需经过海拔 8680 ～ 8700 米的第二阶梯。

5 月 24 日 14 时 15 分，2020 珠峰高程测量登山队部分人员从海拔 6500 米的前进营地出发，前往海拔 7028 米的北坳准备第三次向顶峰发起突击。18 时 15 分，测量登山队队员到达海拔 7028 米的北坳营地。

5 月 25 日，队员从海拔 7028 米的 C1 营地出发时风就比较大，行进至海拔 7500 米的大风口时风力变大。大风迫使队员们无法正常攀登，只能趴在路线上慢慢前进。终于抵达海拔 7790 米的 C2 营地之后，队员们在大风中花了一个小时也没能把帐篷搭起来，只能抱着石头趴下躲避大风。晚上，队员们在大风中艰难地搭起 7 顶帐篷后，一直担心帐篷会被大风吹走或吹坏。三个人挤在一顶帐篷里，只能抓着帐篷杆坐着休息。顶峰测量所需的仪器被队员们小心保护着。队员们一晚上几次出来加固帐篷，大风一直刮到 26 日 5 时才减弱。

5 月 26 日凌晨 3 时，6 名修路队队员起床后发现风太大，向前进营地汇报后，得到延后一小时出发的指令。11 时，修路队抵达海拔 8600 米。16 时，经过连续作业，2020 珠峰高程测量登山队修路队 6 名队员将通往珠峰顶峰的路线修通。

5 月 26 日 11 时，2020 珠峰高程测量登山队 8 名攻顶队员次落、袁复栋、李富庆、普布顿珠、次仁多吉、次仁平措、次仁罗布、洛桑顿珠从海拔 7790 米的 C2 营地出发，抵达海拔 8300 米的突击营地。

2020 年 5 月 27 日，凌晨 2 时许，2020 珠峰高程测量登山队 8 名攻顶队员从海拔 8300 米营地出发，向第二台阶进发，大风将积雪不停地吹向他们身上。经过 9 个小时的艰难攀登，11 时整，珠峰大本营前线指挥部的对讲机响了，所有的目光瞬间投向国家登山队队长王勇峰，2020 珠峰高程测量登山队队长次落在珠峰峰顶说："报告指挥部，2020 珠峰高程测量登山队登顶成功！" 8 名攻顶队员全部登顶珠峰，五星红旗插上世界最高峰峰顶。

成功登顶后，测量登山队员们顾不上休息，马上争分夺秒地竖立起测量觇标，开展各项测量。队员们把觇标用雪锥牢固地竖立在珠峰之巅，6 个光学棱镜对准了大本营的方向。全球导航卫星系统测量仪器开机了，不一会儿就接收到 50 多颗卫星的信号，其中一多半是中国北斗卫星导航系统的信号；雪深雷达探测仪开机了，在峰顶移动进行雪深探测；重力仪首次登上珠峰峰顶，获取的重力值不仅能提升珠峰高程的精度，还具有重要的科学意义。这些仪器均由我国自主研发。

在登顶测量中，为保证数据收集质量，次落等 8 名测量登山队队员在珠峰峰顶停留 150 分钟，创中国人在珠峰峰顶停留时间最长纪录。2020 珠峰高程测量登山队总指挥王勇峰说："这不是简单一个纪录，在空气稀薄地带，每多停留一分钟，都增加一丝危险。为了祖国的事业，队员们心甘情愿付出巨大的牺牲。"

在珠峰顶峰，含氧量和气压不足海平面的三分之一，人的反应会变迟钝，仅测量觇标就架设了 3 次才成功。测量觇标装不好，全球导航卫星系统接收器就收不到信号，雪深雷达也无法工作。情急之下，测量登山队副队长普布顿珠摘掉氧气面罩，在无氧状态下重新连接测量觇标，

2020 年 5 月 27 日，2020 珠峰高程测量登山队成功登顶（边巴　摄）

各项测量数据得以相继获取完成。而普布顿珠也在无意间，创造了在珠峰峰顶无氧气面罩工作近 150 分钟的纪录。

2020 珠峰高程测量登山队队员登顶十几分钟后，西绒交会点的测量队员程璐和薛强强，通过仪器上的光学倍镜看到了测量觇标在峰顶立起，已在交会点坚守 8 天的他们激动地挥舞起拳头。与此同时，珠峰脚下 6 个交会点的队员们开始进行峰顶交会测量，同步开展全球导航卫星系统测量。

测量登山队在峰顶工作了两个多小时后，国测一大队队长李国鹏在珠峰大本营高兴地宣布："2020 珠峰高程测量峰顶测量任务圆满完成！"

2020 年 5 月 27 日，2020 珠峰高程测量登山队队员在珠峰峰顶开展测量工作（扎西次仁 摄）

巧合的是，45 年前的这一天，1975 年 5 月 27 日，中国登山队登顶珠峰，首次将觇标带至峰顶，测绘人员根据交会测量原理，推算出珠峰高程为 8848.13 米。

5 月 28 日，8 名攻顶队员安全返回海拔 5200 米的珠峰登山大本营，标志着 2020 珠峰高程测量登顶测量阶段圆满结束。

2020 年 12 月 8 日，中国国家主席习近平同尼泊尔总统班达里互致信函，共同宣布珠穆朗玛峰高程。

习近平指出："去年，我们就中国和尼泊尔共同宣布珠穆朗玛峰最新高程达成共识。一年多来，两国团队克服种种困难，扎实开展工作，最终确定了基于全球高程基准的珠穆朗玛峰雪面高程。今天，我愿同班达里总统一道，代表中尼两国向全世界正式宣布，珠穆朗玛峰的最新高程为 8848.86 米。"

班达里在信函中表示："珠穆朗玛峰是尼中传统友谊的长久象征，我很高兴同阁下一道，共同宣布珠穆朗玛峰最新雪面高程为 8848.86 米。今天双方共同宣布珠穆朗玛峰最新高程，具有历史意义。"

这一次珠峰高程测量有所不同的是，2019 年，尼泊尔历史上第一次独立完成珠峰外业测量，尼泊尔方面做了精心的技术准备，还召开有世界顶级专家参加的珠峰高程测量研讨会，同年 5 月完成了珠峰测量。中国 2020 年完成珠峰测量。珠峰峰顶积雪变化非常频繁，一场大风就能把积雪卷起，使雪面发生变化。中尼珠峰测量相隔一年，峰顶积雪一定会发生变化。而中尼两国要发布统一精准的高程值，这本身就是一个很大挑战。所以，经过协商沟通，中尼测绘专家采取了先各自处理各自数据，对两国数据进行比较和检核，在此基础上，再制定两国联合数据处理方案，最终发布一个珠峰高程结果的办法。双方尊重彼此为此次联合珠峰测量

2020 年 5 月 27 日，测量登山队队员在珠峰峰顶测量（扎西次仁 摄）

2020 年 5 月 27 日，登山测量队员在珠峰峰顶重力测量

外业数据采集和内业数据处理所做的努力，并采取背对背数据检核，在此基础上寻找最佳解决方案，最后获得了双方都很满意的结果。

2020 珠峰高程测量的成果，可用于地球动力学板块运动等领域研究。精确的峰顶雪深、气象和风速等数据，将为冰川监测、生态环境保护等方面的研究提供第一手资料；全球导航卫星系统测量、水准测量、重力测量的成果结合以前相关资料，不仅可以准确地分析目前地壳运动变化影响情况，同时也可为后续的似大地水准面模型建立提供准确的重力异常数据。重力测量成果可用于珠峰地区区域地球重力场模型的建立和冰川变化、地震、地壳运动等问题的研究。这些成果对阐明全球构造运动、发展地球科学理论都具有重要的价值。

2020 珠峰高程测量与以往测量相比，有了许多技术创新和突破。一是采用了我国自主北斗导航卫星高精度定位技术开展测量工作；二是应用航空重力和地面重力测量技术，对珠峰峰顶和周边地区进行重力观测，填补了重力测量的空白，提升了测量精度。这一次是人类在最高海拔进行的实地重力观测，首次把重力测量仪推进到海拔 8000 米以上，送到

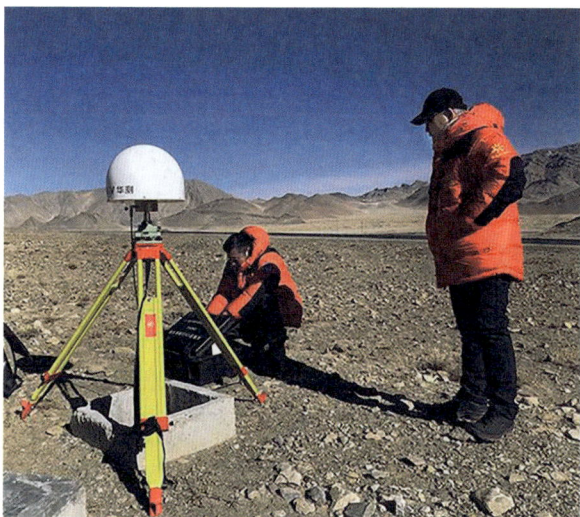

测绘队员在作业点进行全球导航卫星系统测量，2020 年

珠峰峰顶，同时进行了航空重力测量；三是利用实景三维技术，首次对珠峰地区开展三维建模，直观展示珠峰自然资源状况；四是采用似大地水准面精化技术，在珠峰地区做到了厘米级精度，这在国际上处于领先水平。

2020 珠峰高程测量的测绘装备仪器全面实现国产化，而在以往的几次测量中，测量仪器全都依赖进口。从峰顶的全球导航卫星接收机、雪深探测雷达，到航空重力仪，还有超长距离 19 千米长的光电测距仪，这几大关键设备全部由我国自主研制，全面实现国产化。不光精度上满足珠峰高程测量要求，而且可以在 –40℃、海拔接近 9000 米只有 0.3 个大气压的环境下稳定工作。

珠峰情未了

应该说，这些年来我与珠穆朗玛峰结下不解之缘。

2020 年 4 月 30 日下午，在飘雪的珠峰北坡大本营的帐篷里，召开了 2020 珠峰高程测量首场新闻发布会。作为 2005 年珠峰高程测量亲历者，我怀着兴奋的心情观看了发布会的网络直播。这场发布会由自然资源部宣教中心副主任陈兰芹主持，我和兰芹是多年的老同事，几天前还与正在西藏定日工作的她通了话。

5 月 27 日，2020 珠峰高程测量登山队突击登顶之日。下午，应商务印书馆邀请，我来到涵芬书院，对抖音、京东的网友做了一场有关珠峰测量历史和珠峰测量科普知识的网络直播。此前一天，还为商务印书馆的公众号写了一篇《怎样给珠峰测身高》，凤凰网、光明网、中新社、北京电视台公号、今日头条都转发了。

5～6月，2020珠峰登顶测量成功后，著名极地集邮家、85岁高龄的周良先生策划制作《2020珠穆朗玛峰登顶测量》纪念邮封，美术设计武晓淦找我参与，随后做了一点文字工作。

9月，商务印书馆出版了我的《珠峰简史》（修订版），承蒙商务印书馆抬爱，修订版为精装本，设计考究，印制精美，封面用的是我的朋友、著名画家李新建的珠峰油画。

10月12日，来自青藏高原的青海人民出版社编辑王凤莲女士打来电话，约我写一本关于珠峰的书。那时候，国内的新冠肺炎疫情开始呈强弩之末趋势，我的心情也像秋日的天空一样日渐晴朗。我很感谢青海人民出版社的信任，尽管已经写过《珠穆朗玛峰到底有多高》（合著）《登峰造极·珠穆朗玛峰测量记》《珠峰简史》等几本有关珠峰的书，仍然答应了编辑的邀约。希望能趁这次机会，回溯地理变迁，展现自然风貌，梳理人文蕴涵，讴歌登山壮举，介绍测绘经纬，做一本全面、客观、准确、生动地介绍珠峰的读物。

2021年，早春三月，我完成了《万山之巅：珠峰传》。这是向青少年和海内外一般读者传播珠峰知识的读物，我尽量让它内容准确，文字简练，通俗易懂。需要向读者传送、表达的信息和意思，都体现在书里了，就不再赘言。

珠峰情谊浓，珠峰情未了。

谨以这本小书，表达我对珠穆朗玛峰的敬意。祝亲爱的读者们扎西德勒！

徐永清

2021年3月6日于北京

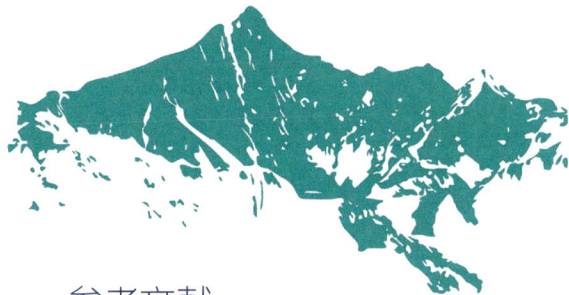

参考文献

[1] 林超 . 珠穆朗玛的发现与名称 [J]. 北京大学学报：人文科学，1958，4.

[2] 国务院总理周恩来 4 月 28 日在加德满都记者招待会上答外国记者问 [N]. 中华人民共和国国务院公报，1960–04–12.

[3] 我国西藏南部珠穆朗玛峰地区的自然特征和地质发展史 [J]. 科学通报，1973–01–16.

[4] 徐福荣 . 尼泊尔夏尔巴人 [J]. 民族译丛，1980，1.

[5] 李炳元，王富葆，杨逸畴，张青松 . 试论西藏全新世古地理的演变 [J]. 地理研究，1982，4.

[6] 李吉均 . 青藏高原的地貌轮廓及形成机制 [J]. 山地研究 ,1983,1.

[7] 陈乃文 . 夏尔巴人源流探索 [J]. 中央民族大学学报：哲学社会科学版，1983，4.

[8] 於福顺 . 清雍正十排《皇舆图》的初步研究 [J]. 文物，1983，12.

[9] 高建国 . 西藏古代科学技术大事年表 [J]. 西藏研究，1984，3.

[10] 杨逸畴 . 青藏高原国土整治中的若干地貌问题 [J]. 地理学与国土研究，1985，2.

[11] 克·冯·菲雷尔·海门道夫，陈乃文 . 尼泊尔夏尔巴人的氏族及其功能 [J]. 民族译丛，1987，5.

[12] 袁超俊 . 夏尔巴人概况 [J]. 西藏研究，1989，1.

[13] 邹启才 . 夏尔巴人风俗简介 [J]. 西藏民俗，1994，3.

[14] 戴逸 . 一场未经交锋的战争——乾隆朝第一次廓尔喀之役 [J]. 清史研究，1994，3.

[15] 王璐 . 尼泊尔境内的夏尔巴人 [J]. 西藏研究，1994，4.

[16] 霍巍 . 从考古材料看吐蕃与中亚、西亚的古代交通——兼论西藏西部在佛教传入吐蕃过程中的历史地位 [J]. 中国藏学，1995，4.

[17] 杨逸畴 . 世界最高峰的形成及其瞩目的奇观 [J]. 中国西藏 : 中文版，1996，1.

[18] 陈智梁 . 寻觅失踪的特提斯海 [J]. 海洋世界，1996，4.

[19] 秦国经 .18 世纪西洋人在测绘清朝舆图中的活动与贡献 [J]. 清史研究，1997，1.

[20] 沈福伟 . 外国人在中国西藏的地理考察（1845—1945）[J]. 中国科技史料，1997，2.

[21] 成崇德 . 十八世纪的中外舆图与清朝疆域（提要）[D]. 第二届国际满学研讨会论文集（上），1999.

[22] 叶至善 . 珠穆朗玛峰的正名 [J]. 民主，1999，7.

[23] 李渤生 . 雪域奇葩——珠穆朗玛峰自然保护区 [J]. 人与生物圈，2001，2.

[24] 翁连溪 . 清代内府铜版画刊刻述略 [J]. 故宫博物院院刊，2001，4.

[25] 李吉均，方小敏，潘保田，赵志军，宋友桂 . 新生代晚期青藏高原强烈隆起及其对周边环境的影响 [J]. 第四纪研究，2001，5.

[26] 孙喆 .《中俄尼布楚条约》与《康熙皇舆全览图》的绘制 [J]. 清史研究，2003，1.

[27] 郭超人 . 英雄登上地球之巅 [J]. 西藏体育，2003，2.

[28] Jamling Tenzing Norgay, 宋克超. 山地——体现在宗教、环境和文化中的存在资源 [J].AMBIO- 人类环境杂志，2004，S1.

[29] 孙冬虎. 清代国人对西藏地理的考察与记载 [J]. 测绘科学，2004，S1.

[30] 任纪舜. 读《中国主要地质构造单位》：中国大地构造的经典著纪念黄汲清先生诞辰 100 周年 [J]. 地质论评，2004，3.

[31] 刘志群. 夏尔巴人生活习俗及其婚俗 [J]. 中国西藏，2005，4.

[32] 徐永清. 敬礼，珠穆朗玛峰 [J]. 中国测绘，2005，5.

[33] 康世昌. 珠穆朗玛：科学的制高点 [J]. 百科知识，2005，17.

[34] 岳林才，黄文建 .30 年前首测珠峰揭秘 [J]. 时代潮，2005，10.

[35] 切排，桑代吉. 夏尔巴人的历史与现状调查 [J]. 西北民族研究，2006,1.

[36] 张玮，张镱锂，王兆锋，丁明军，杨续超，蔺学东，阎宇平. 珠穆朗玛峰自然保护区植被变化分析 [J]. 地理科学进展，2006，3.

[37] 高登义. 认识珠穆朗玛 [J]. 科学，2006，4.

[38] 邓锐龄. 乾隆朝第二次廓尔喀之役（1791—1792)[J]. 中国藏学,2007,4.

[39] 王杰学，巴乔. 走访陈塘夏尔巴人 [J]. 中国西藏，2009，1.

[40] 房建昌. 清代西藏历史地图的编纂、史料及方法 [M]. 上海：上海人民出版社，2010.

[41] 汤惠生. 青藏高原旧石器若干问题的讨论 [J]. 青海民族大学学报：社会科学版，2010，1.

[41] 顿珠拉杰. 西藏珠峰自然保护区人文遗产综合考察 [J]. 西藏研究，2010，3.

[42] 巴桑卓玛,尼玛玉珍,欧珠罗布,央啦,达瓦普赤,边巴,索曲,毕卫忠,普布,丹增,丁玲辉,崔超英. 血管紧张素转换酶基因插入 / 缺失多态性与康巴藏族心功能的关系研究 [J]. 医学研究杂志，2010，12.

[43] 汤惠生. 青藏高原史前的"广谱革命"[J]. 青海民族大学学报：社会科

学版，2011，1.

[44] 齐鹏飞. 中尼边界谈判的历史进程和基本经验 [J]. 当代中国史研究，
2011，2.

[45] 除多，拉巴卓玛，拉巴，普布次仁. 珠峰地区积雪变化与气候变化的
关系 [J]. 高原气象，2011，3.

[46] 汤惠生. 青藏高原旧石器时代晚期至新石器时代初期的考古学文化
及经济形态 [J]. 考古学报，2011，4.

[47] 穆阿妮，周恩来与中尼边界谈判 [J]. 理论视野，2012，1.

[48] 董海龙，朱洪云，刘海平，芮亚培. 西藏动物遗传资源保护现状与对
策 [J]. 世界农业，2012，2.

[49] 杨秀海，卓嘎，罗布，王伟. 珠峰地区天气气候特征分析 [J]. 冰川冻土，
2012，2.

[50] 王丽莺，杨浣，马升林. 夏尔巴人族源问题再探 [J]. 四川民族学院学
报，2012，3.

[51] 马娟. 美学视野下的非物质文化遗产研究 [D]. 西安电子科技大学硕
士论文，2013.

[52] 王忠彦，马耀明，刘景时，韩存博. 珠穆朗玛峰北坡水文及其相关气
象要素的特征分析 [J]. 高原气象，2013，1.

[53] 穆阿妮. 刍议中尼边界谈判中的焦点：“珠峰”问题的处理 [J]. 党史
研究与教学，2013，1.

[54] 黄维忠. 论廓尔喀第三次侵藏战争 [J]. 西藏大学学报：社会科学版，
2013，1.

[55] 普卓玛，罗布. 西藏自治区定日县近 30 年的日照变化特征 [J]. 农技
服务，2013，4.

[56] 我国海拔最高气象站是如何架成的？ [N]. 科技日报，2014-07-18.

[57] 徐永清 . 登峰造极 : 珠穆朗玛峰测量记 [M]. 北京 : 社会科学文献出版社，2010，1.

[58] 徐永清 .18 世纪珠峰测绘考略 [N]. 中国测绘报，2015-04-28.

[59] 徐永清 . 珠峰简史 [M]. 北京 : 商务印书馆，2017,1.